Biologische Arbeitsbücher 2

Rainer Flindt

Ökologie im Jahreslauf

4., überarbeitete Auflage

Quelle & Meyer Verlag Heidelberg · Wiesbaden

Prof. Dr. Rainer Flindt
Pädagogische Hochschule
– Fach Biologie –
Postfach 220
7140 Ludwigsburg

CIP-Titelaufnahme der Deutschen Bibliothek

Flindt, Rainer:
Ökologie im Jahreslauf : naturkundliche Wanderungen und Beobachtungen von Januar bis Dezember / Rainer Flindt. [Zeichn.: Peter Schweitrieg]. – 4. Aufl. – Heidelberg ; Wiesbaden : Quelle-u.-Meyer-Verl. Heidelberg, 1989
(Biologische Arbeitsbücher ; 2)
Früher u. d. T.: Siedentop, Werner: Arbeitskalender für den biologischen Unterricht
ISBN 3-494-01174-5
NE: GT

Die erste bis dritte Auflage erschienen unter dem Titel „Siedentop: Arbeitskalender für den biologischen Unterricht".

4. Auflage 1989

Zeichnungen: Peter Schweitrieg, Stuttgart
Einbandgestaltung: Klaus Neumann, Wiesbaden
Herstellung: Allgäuer Zeitungsverlag, Kempten

Printed in Germany / Imprimé en Allemagne

ISBN 3-494-01174-5

Inhaltsverzeichnis

Vorwort

Das vorliegende Buch geht auf den „Arbeitskalender für den Biologischen Unterricht“ von W. SIEDENTOP zurück, dessen dritte Auflage bereits von mir bearbeitet wurde. Die Natur ist zwar, wenn man einmal davon absieht, daß wir inzwischen sehr viel zerstört und manche Tier- und Pflanzenart ausgerottet haben, in ihrem Jahresablauf die gleiche geblieben, die Betrachtungsweise ist aber heute eine etwas andere als zu der Zeit (1959), als die erste Auflage des „Arbeitskalenders“ erschien. Wir betrachten heute nicht mehr so sehr die einzelne Pflanze und das einzelne Tier, sondern sehen die Natur mehr in einem Gesamtzusammenhang, im Zusammenspiel der einzelnen Organismen untereinander und in ihrer Abhängigkeit von abiotischen sowie biotischen Faktoren. Der Begriff „Ökologie“ im Titel dieses Buches wird also hier in dem ursprünglichen wissenschaftlichen Sinn verwendet und reduziert sich nicht, wie das in der Umgangssprache heute häufig geschieht, auf Umweltschutz. Die Problematik unseres Umgangs mit der Natur wird aber nicht ausgeklammert, sondern ebenfalls gezielt angesprochen.

Das Buch ist auch jetzt noch in der Hauptsache für den Biologie-Lehrer gedacht, der Wanderungen oder Exkursionen plant und einen sinnvollen Stoffverteilungsplan erstellt. Da sich das vorliegende Buch aber auch an Laien wendet, die an der Natur und der Biologie interessiert sind, werden manche Aspekte breit dargestellt (für einen Biologen vielleicht etwas zu breit), damit sich auch der Laie direkt, ohne Zuhilfenahme anderer Bücher, über Ursache und Wirkung von beobachtbaren Formen und Zeichen in der Natur auf seinen Wanderungen informieren kann. Das Buch soll Hinweise für der jeweiligen Jahreszeit angepaßte Beobachtungsmöglichkeiten zur Biologie und Ökologie geben, es soll aber nicht ein ökologisches Lehrbuch ersetzen oder Ökosysteme umfassend beschreiben und erklären. Dafür ist genügend Spezialliteratur vorhanden.

Die einzelnen Wandervorschläge werden zwar für einen bestimmten Monat gemacht, die Wanderung sollte sich allerdings eher nach der Phänologie richten, als nach dem kalendarischen Monat.

Verschiedene Wanderungen zu den gleichen Biotopen stehen jeweils unter einem anderen, der jeweiligen Jahreszeit angepaßten Aspekt. Die Beschreibungen gehen von beobachtbaren Phänomenen aus, die auch jedem Laien ins Auge fallen, und versuchen die Beobachtungen zu klären und sie in einen ökologischen Zusammenhang zu stellen.

Für jeden Menschen erreichbare Orte wie Wald, Feld, Wiese und Stadt erscheinen in mehreren Monatsbeschreibungen. Darüber hinaus werden knappe Vorschläge für einige nicht für jeden erreichbare, ausgefallenere Orte wie Hochgebirge, Watt, Hochmoor, Weinberg usw. gemacht.

Die am Ende jedes Kapitels gegebenen tier- und pflanzenkundlichen Hinweise wenden sich vor allem an Lehrende, die auch eine gewisse Ausrüstung an Optik und Versuchsgeräten zur Verfügung haben. Hier werden beobachtbare

Ereignisse der jeweiligen Jahreszeit aufgezeigt und Hinweise gegeben, welche Versuche jetzt gerade sinnvoll durchzuführen sind. Über die Hinweise hinaus fehlen spezielle Anleitungen zu Versuchsdurchführungen. Sie würden den Rahmen dieses Buches sprengen, und sie sind zudem in vielen Spezialwerken, so z. B. in den einzelnen Bänden dieser Reihe, explizit abgehandelt.

Ludwigsburg, Sommer 1989 R. Flindt

Januar

Der Januar ist bei uns meistens der kälteste und härteste Wintermonat. Die Natur ruht, viele Gewässer sind zugefroren, und über Wiesen und Weiden liegt normalerweise eine Schneedecke. Diese Bedingungen sind zunächst keine günstigen Voraussetzungen für biologische Beobachtungen in der freien Natur. Allerdings kann man jetzt ökologische Zusammenhänge in manchen Biotopen leichter erkennen. Da der Dezember und der Februar in der Natur meistens ähnliche Aspekte zeigen, sei auch auf die Beschreibungen zu diesen Monaten verwiesen.

Der **Wald** bietet jetzt interessante Beobachtungsmöglichkeiten. Unser Waldgesetz gibt uns das Recht, den Wald zu betreten. Das gilt nicht nur für die staatlichen und kommunalen Wälder, sondern auch für die in Privatbesitz befindlichen, die die Hauptmasse des deutschen Waldes (etwa 40% gegenüber 35% kommunal und 25% staatlich) ausmachen. Dieses Betretungsrecht bringt aber auch die Pflicht mit sich, sich im Wald so zu verhalten, daß Schäden an den Gehölzen und Störungen der Tiere vermieden werden.
Beim Betreten des Waldes, z.B. von der offenen Feldflur her, fällt uns sofort die Bedeutung des Waldes für das Klima auf. Zunächst stellen wir subjektiv einen Unterschied zwischen Wald und offenem Gelände fest. Während uns der Wind im Freien die Kälte viel stärker fühlen läßt, erscheint es uns in der Windstille des Waldes geradezu warm.

Wie groß die Unterschiede in der Windgeschwindigkeit sind, läßt sich durch vergleichende Messungen mit einem Schalenkreuzanemometer feststellen. Am besten mißt man auf dem offenen Feld, am Waldrand und im Inneren des Waldes (2–3 m und 50 m vom Rand entfernt). Die Unterschiede werden sogar noch augenfälliger sein, wenn wir die Messungen im Laufe des Sommers wiederholen.

Messen wir auch noch in verschiedenen Entfernungen von der Luv- und Leeseite des Waldes, stellen wir fest, daß sich die bremsende Wirkung des Waldes auf den Wind nicht nur im Inneren des Waldes bemerkbar macht. Auf der Leeseite, also der dem Wind abgewandten Seite, nimmt die Geschwindigkeit nur langsam wieder zu. Erst in einer Entfernung, die dem 10- bis 15fachen der Baumhöhe entspricht (bei einer Wipfelhöhe von 30 m sind das 400 m), erreicht der Wind wieder seine volle Stärke. Selbst auf der dem Wind zugewandten Seite, der Luvseite, wo sich der Wind staut und gezwungen wird aufzusteigen, wirkt der Wald bis zu einer Entfernung, die dem 4fachen der Wipfelhöhe entspricht, davor winddämpfend. Diese bremsende Wirkung ist unabhängig von der Breite des Waldes (s. Abb. 1). Auf die weiteren kleinklimatischen Wirkungen wird im Juni (Hecken) eingegangen.

In den Laubwäldern fehlt jetzt das Blätterdach, der Wald ist dadurch durchsichtiger und zum Teil auch heller geworden. Die Wuchsformen der einzelnen

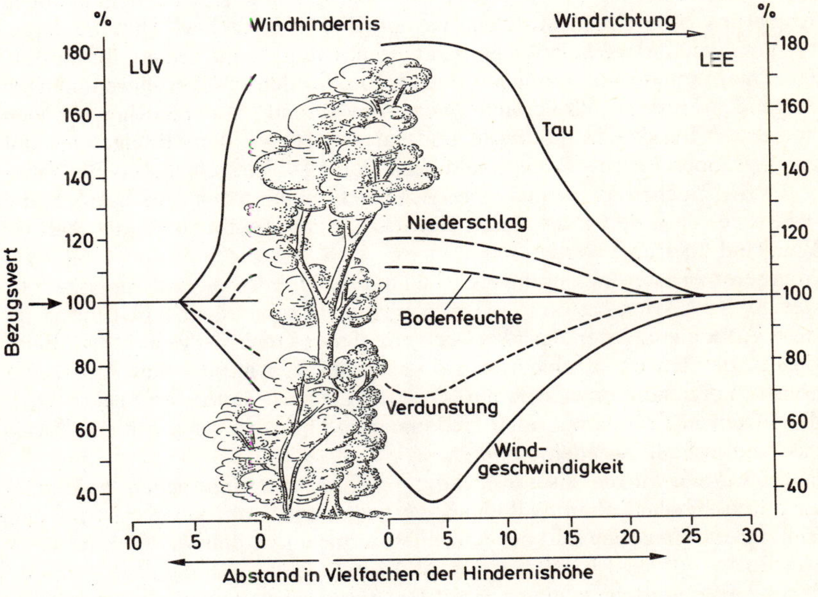

Abb. 1: Einfluß des Waldes oder einer Hecke auf das Mikroklima der Umgebung. (Nach Kreutz, 1968, verändert.)

Baumarten, ihre Kronen und Verzweigungen sind so besser zu sehen. Wir können gut das filigranartige Verzweigungsmuster einer Linde von dem kräftigeren, gekrümmten Astwerk einer Eiche unterscheiden (s. auch Dezember).
Der Winter ist die Zeit der Waldarbeiten, besonders des Baumfällens, dem wir u. U. zusehen können. Das Fällen der Bäume bietet sich für den Winter an, da jetzt das Stammholz am dauerhaftesten ist. Pilze und Bakterien, die in der Wärme des Sommers die durch das Fällen entstandenen Wundflächen befallen würden, fehlen weitgehend. Außerdem ist das Holz jetzt wasserarm.
Waldarbeit ist auch heute noch körperlich schwer, obwohl die meisten der früher mit der Hand durchgeführten Tätigkeiten inzwischen von Maschinen übernommen werden. Das gilt nicht nur für das Fällen, sondern auch für das Entasten und das Entrinden. Selbst der Abtransport der Stämme, der früher durch Pferde geschah, wird weitgehend maschinell bewerkstelligt.
Der Aufbau und die Form unserer Wälder sind auf diesen Maschineneinsatz zugeschnitten. Unsere Wälder sind längst keine Naturwälder mehr. Trotzdem erscheinen sie uns als noch recht intakte, naturnahe Biotope, die es zu schützen und zu erhalten gilt. Der heutige Wald ist das Ergebnis vieler unterschiedlicher Interessen: Für den Normalbürger soll er Erholungsraum sein, für den Jäger Lebensraum für das Wild und für den Forstwirt oder Eigentümer eine Holzproduktionsstätte. Jetzt, bei dem Fällen von Bäumen, der „Ernte" im Wald, fällt uns der letzte Aspekt stärker auf.
Ohne den Einfluß des Menschen wäre fast ganz Mitteleuropa ein Waldland. Die Endstufe der ungestörten Vegetationsentwicklung wäre bei dem heutigen Klima in weiten Teilen Mitteleuropas ein Eichen-Buchen-Mischwald, durchsetzt mit den übrigen heimischen Baumarten. Das gilt natürlich nur für mittlere Höhenlagen und einen normalen Boden. Entlang den zu Überschwemmungen neigenden Flüssen wird sich mit einem Auwald, auf kargen Hochmoorböden mit einem Bergkiefernmoorwald und auf den Höhen der Mittelgebirge mit einem Tannen-Fichten-Buchenwald ein anderer Typ einstellen als der erwähnte Eichen-Buchen-Mischwald. Die Waldfläche nimmt heute in Deutschland wieder zu, da viele Felder, deren Bewirtschaftung nicht mehr rentabel ist, in Waldland überführt werden.
In unseren Wäldern wachsen verglichen mit denen in Asien und Amerika sehr wenige Baumarten, etwa 35. Das hängt damit zusammen, daß Europa im wesentlichen von Osten nach Westen verlaufende Gebirgszüge aufweist. Beim Beginn der Eiszeit verhinderten sie anders als in Amerika und Asien eine „Flucht" der Bäume vor dem anrückenden Eis nach Süden. So blieben nach der Eiszeit in Europa nur noch 35 Baumarten übrig, die nach der Tundrazeit das Land wieder besiedeln konnten.
Sicher werden wir bei unserer Wanderung durch den winterlichen Wald auch an unterschiedlich alten Waldteilen vorbeikommen, an denen wir uns den Einfluß des Menschen und der forstwirtschaftlichen Arbeitsweise klarmachen können.

Für die Forstwirtschaft, die zwar auf Generationen voraus plant und anbaut, die aber doch rentabel arbeiten will, sind viele Eigentümlichkeiten des natürlichen Waldaufbaus ungünstig. Für einen Zeit und Geräte sparenden Einschlag

des Holzes ist es notwendig, daß alle Stämme möglichst aus gleichem Holz bestehen, also der gleichen Art angehören sollten, daß sie möglichst die gleiche Größe und die gleiche Dicke haben, also gleich alt sein sollten, und daß sie für den Einsatz von Maschinen und zum Abtransport möglichst in Reihen stehen sollten. Und da in den Zeiten, wo möglichst schnell viel Holz benötigt wurde, bevorzugt schnellwüchsige Nadelbäume angepflanzt wurden, ist aus dem Eichen-Buchen-Mischwald in vielen Gegenden ein Nadelwald geworden. Auch wenn heute z. T. wieder ein naturnäherer Aufbau des Waldes angestrebt wird, lassen sich die genannten Tendenzen nicht übersehen. Die mit diesen forstwirtschaftlichen Vorteilen solcher „geordneter" Monokulturen verbundenen ökologischen Nachteile werden später (Mai, S. 55) erörtert werden.
In den wenigsten Fällen verjüngt sich der Wald von selbst, meist wird er gepflanzt. In Anzuchtgärten werden vom Förster aus ausgesuchtem Saatgut Sämlinge herangezogen. Diese werden nach 1–2 Jahren verschult. Durch das Mehr an Raum kräftigt sich der Sämling an Sproß und Wurzel, so daß er nach 3–4 Jahren in sogenannte Schonungen gesetzt werden kann. Schonungen sind meistens eingezäunt, ihr Betreten ist verboten. Die jungen Bäume wachsen nun kräftig, sie sind in dieser Zeit vor allem durch Wildverbiß (s. u.) gefährdet. Die Schonung geht bei weiterem Wachstum in eine Dickung über, die nun vom Förster geläutert werden muß, indem schlecht gewachsene und kranke Exemplare herausgeschlagen werden. Mit 30–40 Jahren ist das Alter des Stangenholzes erreicht. Der Wald wird wiederum durchforstet, und es bleiben nur die besten Stämme stehen. Dieses Altholz wird je nach Baumart nach 60 bis 200 Jahren geschlagen.
Vom Sämling bis zum Baum im Altholz benötigt und bekommt die einzelne Pflanze immer mehr Raum. Während in einer Schonung aus z. B. siebenjährigen Fichten 20 Bäume auf 30 m^2 Platz finden, sind es bei dem 50jährigen Stangenholz nur noch 4 Bäume auf der gleichen Fläche. Ein 100jähriger Baum benötigt diesen Raum allein für sich. Es ist eine lohnende Aufgabe, die Zahl von Bäumen unterschiedlichsten Alters auf einer Flächeneinheit auszuzählen und zu vergleichen. Als Größe bietet sich eine Fläche von 10 × 10 m an. Von den ca. 10000 Buchensämlingen pro Hektar in der Kultur sind zur Zeit des Schlagens 180 Bäume übriggeblieben. Für die Fichte lauten die entsprechenden Zahlen 5900 und 300, für die Kiefer 20000 und 270.
In unseren Wirtschaftswäldern wachsen nicht zu wenige, sondern im Vergleich zu natürlichen Verhältnissen zu viele Bäume. Und das hat für das zu erntende Holz durchaus positive Folgen. Steht ein Baum frei, so nimmt der Durchmesser seines Stammes sehr schnell von unten nach oben ab. Diese in der Forstwirtschaft als abholzig bezeichneten Stämme verlieren pro Meter Höhe bis über 1 cm im Durchmesser. Beim Wachsen in dichtem Bestand bildet der Baum dagegen einen säulenförmigen Stamm mit einem regelmäßigen gleichbleibenden Querschnitt von unten bis oben. Er nimmt nur 4–7 mm pro Höhenmeter an Durchmesser ab. Solche als vollholzig bezeichneten Stämme lassen sich natürlich besser zu Brettern oder Furnierscheiben zersägen als die kegelförmigen, die bei freistehenden Bäumen ausgebildet werden.

Das Aufwachsen eines Baumes in zu engen Beständen bietet noch einen weiteren Vorteil: Die unteren Äste, an die nicht genügend Licht gelangt, sterben frühzeitig ab, wodurch die Ausbildung eines glatten, astfreien Stammes gewährleistet wird. Das ist besonders bei den wertvollen Furniereichen wichtig. Der heute vielfach propagierte naturnahe Waldbau behilft sich, indem wertvolle Eichenstämme mit anderen jungen Bäumen, meistens Buchen, umpflanzt werden, deren Schatten verhindern soll, daß „schlafende Augen“ (Knospen, die zu Seitenzweigen werden können) austreiben und Äste bilden.
Der naturnahe Waldbau strebt eine natürliche Altersstruktur und Artenzusammensetzung, Naturverjüngung und einen natürlichen Kreislauf der Stoffe an. Im Vordergrund steht hier nicht die Fläche, ein Baumacker, sondern der einzelne Baum als Individuum. Wichtigste Maßnahmen sind Einzelstammnutzung statt Kahlschlag – dadurch fällt die Nutzung des Waldes nicht oder kaum auf – und die Pflanzung standortgemäßer Gehölze in einer entsprechenden Artenmischung.
Die Bäume werden je nach Art in einem ganz bestimmten Alter geschlagen. Dieses Hiebalter wird Umtriebszeit genannt. Fichten werden nach 80–120 Jahren geschlagen, Eichen dagegen normalerweise erst nach 180–300 Jahren. Das Waldgesetz schützt die Bäume vor zu frühem Einschlag. Bei Nadelbäumen muß ein Alter von mindestens 50 Jahren erreicht sein, bei Laubbäumen ein Alter von 80 Jahren. Kaum ein Baum unserer Kulturwälder erreicht sein mögliches Höchstalter. Während unsere Nadelbäume ein natürliches Alter bis zu 600 Jahren erlangen können, ist ihre Umtriebszeit weitaus kleiner. Deswegen finden wir auch in unseren Wäldern kaum Baumgreise oder Baumleichen, höchstens im Gebirge oder in sogenannten Bannwäldern, in denen jegliche Bewirtschaftungsmaßnahmen verboten sind.
Wenn wir bei unserer Wanderung an geschlagenen Stämmen vorbeikommen, können wir deren Alter recht gut abschätzen, indem wir auf der Schnittstelle die Jahresringe zählen (Abb. 2). Jeder Baumstamm bildet unter seiner Rinde von einer zu Zellteilungen fähigen Schicht, dem Kambium, ausgehend, Holzmaterial nach innen aus, in dem die Leitungsbahnen für das nach oben zu transportierende Wasser verlaufen. Wenn im Frühjahr der Wasserbedarf hoch ist, werden großvolumige, aber dünnwandige Bahnen gebildet, im Herbst kleinere, aber dickwandigere. Die kleineren Röhren bilden den dunklen Ring, die größeren den hellen. Jeweils ein dunkler und ein heller Ring bilden zusammen den Holzzuwachs eines Jahres. Eine einfache Probe mit dem Fingernagel zeigt uns, daß die hellen Ringe weiches, die dunklen härteres Holz enthalten.
Manche Baumarten setzen pro Jahr mehr, andere weniger Holz an. So kann in guten Jahren die Jahresringbreite einer Fichte 4–5 mm betragen, die einer Eiche oder Buche liegt im Durchschnitt bei 1 mm. Die höchsten Zuwachsraten besitzt die Pappel, die geringsten die Buche. Einen guten Standort vorausgesetzt, hat eine 60jährige Pappel in der Brusthöhe eines Menschen einen Stammdurchmesser von 75 cm, eine gleichaltrige Fichte einen von 23 cm und eine Eiche oder Buche einen Durchmesser von 20 bzw. 18 cm. Das allein erklärt, warum Eichenholz so besonders teuer ist, und warum Pappeläcker bei schnellem Holzbedarf angepflanzt werden.

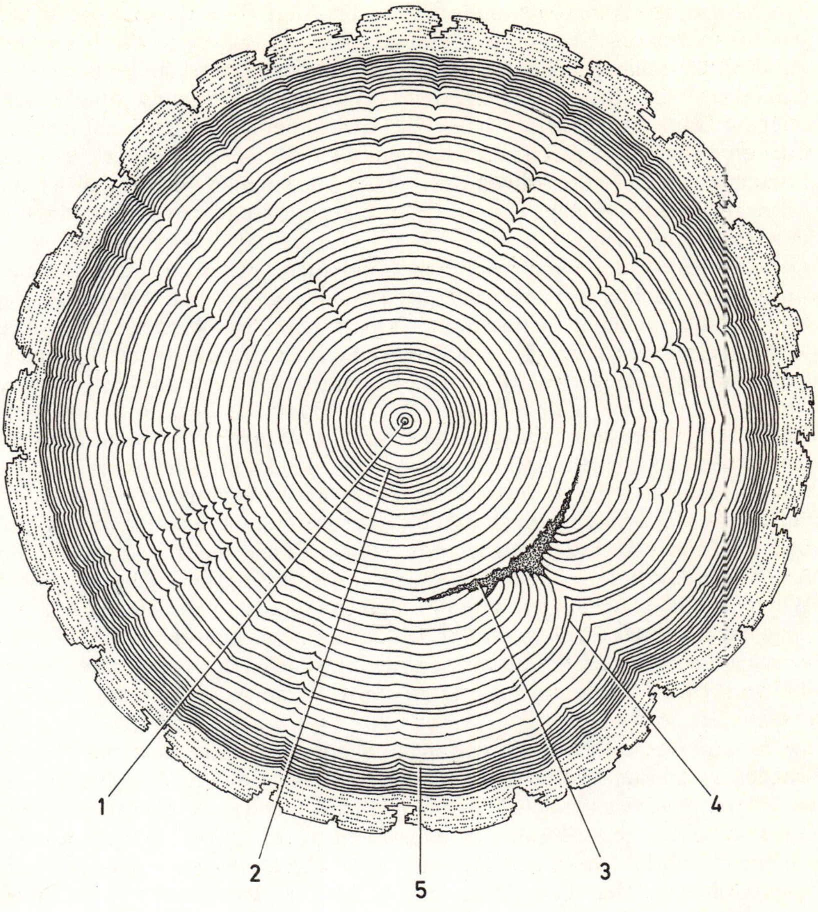

Abb. 2: Der Querschnitt durch einen Kiefernstamm erzählt den Lebenslauf des Baumes. 1. 1943 keimt ein Kiefernsame, der Baum beginnt zu wachsen. 2. 1944–1948 wächst die Kiefer schnell, die Jahresringe sind weit. 2. 1949–1955 wächst der Baum in einer Dikkung. Die Nachbarbäume nehmen ihm viel Licht und Nährsalze weg, das Wachstum wird geringer. 3. 1964 wird bei Waldarbeiten die Rinde großflächig an einer Seite beschädigt. Es dauert 9 Jahre, bis die Wunde überwallt ist. 1963–1970 ist das Wachstum gut, da die Dickung ausgelichtet wurde und der Baum nun freier steht. 4. 1975 war ein Schädlingsjahr, der Jahreszuwachs ist sehr gering. 5. Ab 1981 erfolgt, obwohl das Klima günstig war, nur noch ein sehr geringer Zuwachs. Der Baum zeigt trotz seiner Jugend Symptome des Waldsterbens. Er wird deswegen 1989 geschlagen.

Jahresringe offenbaren viel mehr als nur das Alter eines Baumes, sie stellen gewissermaßen das Jahresbuch des Baumes dar. Wir sollten einmal versuchen, aus den unterschiedlichen Jahresringformen auf den Lebenslauf des Baumes zu schließen. In der Breite der Jahresringe zeigt sich, ob ein Jahr gut für ihn war oder ob Dürre herrschte, ob hohe Nachbarbäume dem Baum Licht nahmen oder ob Insektenfraß den Baum schädigte (Abb. 2). Der Wechsel an Zuwachsraten in Form von Jahresringen ist so prägnant, daß man durch Vergleich der Jahresringbreiten in alten Hölzern Bauwerke exakt datieren kann (Methode der Dendrochronologie).
Gelegentlich werden wir bei unserer Wanderung auch Schäden an Bäumen beobachten können, die auf die ungünstige Witterung von Herbst und Winter zurückzuführen sind. Herbststürme haben u.U. zu Windbruch geführt. Manchmal werden durch die Wucht eines Sturmes ganze Stämme abgeknickt oder Bäume umgeworfen. Besonders windwurfgefährdet sind die Fichten in Monokulturen. Die Fichte ist ursprünglich ein Baum der Gebirge, sie hat keine Pfahlwurzeln, sondern ein flaches tellerförmiges Wurzelsystem. Bei ungestörter Entwicklung bilden sie im Alter von 20–30 Jahren noch Senker aus, die z.B. in Hangschuttböden bis zu 2 m tief reichen können und die Bäume fest verankern. Als typische Nutzholzlieferanten wurden die Fichten aber in großem Umfang auch auf ungeeigneten Böden der Ebene angepflanzt, wo sie nur flache Wurzelteller ausbilden, die keine große Standfestigkeit bieten. Diese Wurzelteller sind bei umgestürzten Fichten jetzt gut zu sehen. Sie bilden Höhlungen und Verstecke, die gerne von Tieren angenommen werden. Wir können verschiedene Wurzelteller ausmessen, die entstandenen Löcher untersuchen und versuchen herauszufinden, warum nur so flache Wurzelsysteme ausgebildet wurden.
Interessanterweise ist es nicht der dichte Saum eines Waldes, der von Windschäden am meisten bedroht ist, sondern es sind die dahinter liegenden Partien im Inneren. Die sich vor dem Waldrand stauenden und nach oben ausweichenden Luftmassen eines Sturmes werden durch diesen Umweg sogar noch beschleunigt und bilden an der durch die unterschiedliche Form der einzelnen Baumkronen rauhen Oberfläche des Waldes Turbulenzen. Die meistens schlankeren und damit weniger stabilen Stämme des Waldesinneren sind diesen Turbulenzen nicht gewachsen. Sie brechen ab oder werden entwurzelt.
Gelegentlich verursacht auch der Schnee Bruchschäden. Nadelbäume sind davon stärker betroffen als Laubbäume. Während der Schnee durch das laubfreie, dünne Geäst der Laubbäume hindurchfällt, bleibt er auf den durch ihre Nadeln mehr flächig ausgebreiteten Ästen der Nadelbäume besser liegen. Wenn der Schnee zudem naß und damit schwer ist, häufen sich auf den Bäumen gewaltige Lasten an, denen diese nicht mehr standhalten können. Äste brechen ab oder der gesamte Baum neigt sich zur Seite und stürzt um.
Zur Lebensgemeinschaft Wald gehören nicht nur Pflanzen. Bei günstiger Schneelage finden wir immer eine Reihe von Tierspuren und -fährten. Mit Hilfe von guten Bestimmungsbüchern wie z.B. Bang & Dahlström (1973) kann man feststellen, welche Tierart die Spuren hinterlassen hat (Abb. 3). Darüber hinaus sind Beobachtungen hinsichtlich der Gangart und der Unter-

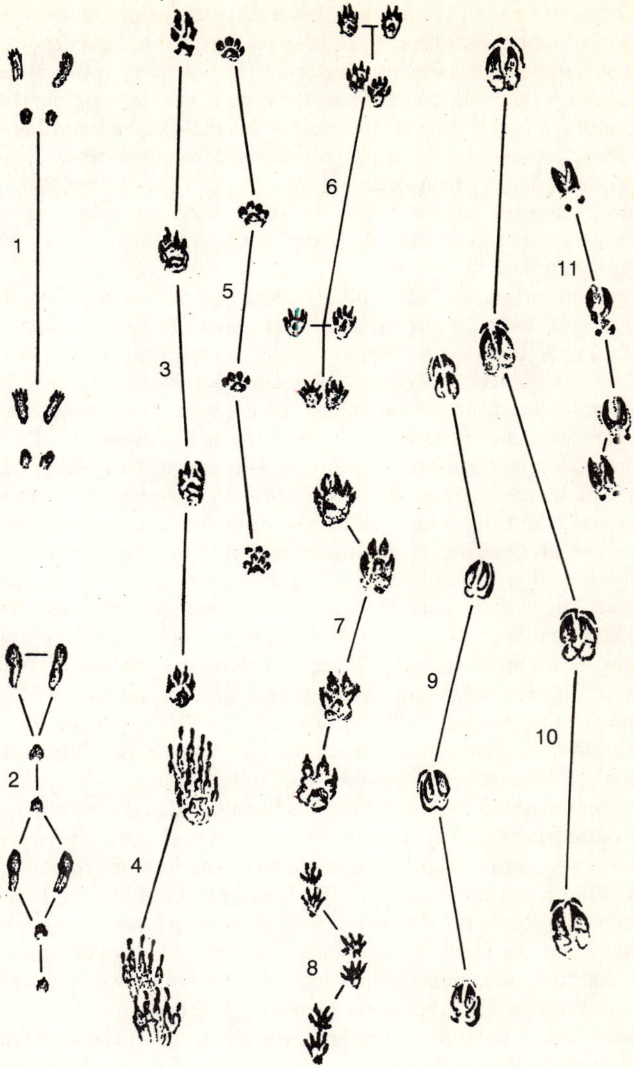

Abb. 3: Tierspuren im Schnee. 1. Eichhörnchen, 2. Hase, 3. Fuchs, 4. Dachs, 5. Katze, 6. Iltis, 7. Hund, 8. Igel, 9. Reh, 10. Rothirsch, 11. Gemse. Man beachte den unterschiedlichen Abbildungsmaßstab. (Aus Brohmer 1988.)

schiede innerhalb einer Art möglich. So erscheinen beim schnellen Lauf vieler Tiere jeweils Doppelabdrücke, wobei die vorderen von den Hinterfüßen stammen. Auch lassen sich Fährten der Rehböcke von denen der Ricken unterscheiden. Bei Vögeln können wir entscheiden, ob sie an einer bestimmten Stelle aufgeflogen oder dort gelandet sind. Im Falle einer Landung sind selbst im Tiefschnee keine Schwingenmarken neben den Fußspuren zu erkennen; ist der Vogel aufgeflogen, finden wir sie immer.

Auch andere Spuren und Zeichen der Tiere sind im Schnee deutlicher zu erkennen als sonst, z.B. Wechsel, Losungs- und Gestüberstellen, Kröpfplätze von Greifvögeln usw.

Viele Tiere hinterlassen Fraß- und Nagespuren, die für die einzelnen Arten charakteristisch sind und nach denen man den Verursacher auch bestimmen kann. Für Fraßspuren an der Rinde von Bäumen und Sträuchern kommen neben Hasen, Kaninchen, Reh- und Rotwild auch Mäuse (hauptsächlich Erdmäuse, Wanderratten und Rötelmäuse) in Frage. Die Rötelmaus klettert gut und nagt an Sträuchern die Rinde nicht nur am Boden ab wie Erdmaus und Wanderratte, sondern auch an den Zweigen in einiger Höhe über dem Erdboden. Da Zahnmarken meistens deutlich zu erkennen sind, kann man auch entscheiden, ob hier die Äste wirklich von Nagetieren oder vom Wild geschält wurden, oder ob Spechte – kenntlich an den Schnabelmarken – die Äste entrindet haben.

Der Verbiß durch Reh- und Rotwild bildet heute für die Aufforstung von Kahlschlägen und auch für die Naturverjüngung ein großes Problem. Für den Verbiß gibt es mehrere Gründe. Unsere Wälder sind heute mit Wild überbesetzt. Lebten früher auf einem km^2 Wald ein Hirsch und zwei Rehe, so kommen heute auf die gleiche Fläche 6 Hirsche und 20 Rehe. Wäre die Wilddichte wie in früheren Jahren gering, so ergäben sich kaum die Probleme für den Jungwuchs der Bäume, wie sie heute vorhanden sind.

Das Wild bevorzugt als Nahrung hauptsächlich krautige Pflanzen, die im Wald im Winter aber nicht vorhanden sind. So werden sämtliche erreichbaren Jungbäume verbissen, wobei manche Arten überall, andere nur regional betroffen sind. Im Winter werden hauptsächlich Knospen, Gipfeltriebe und Sämlinge abgefressen. Da Rot- und Rehwild abwechslungsreiche Nahrung bevorzugen, werden nicht nur die Hauptbaumarten verbissen, sondern auch die selteneren Arten, die dadurch besonders gefährdet sind. Die Umwandlung von Monokulturen in artenreiche Mischbestände wird so z.B. erschwert.

Neben dem Verbiß kommt es aber auch vor allem durch Hirsche zum Schälen der Rinde bereits älterer Bäume, die dadurch zugrunde gehen können.

Früher wichen unsere großen Wildtiere im Winter in die Niederungen aus. Das ist heute nicht mehr möglich, da erstens der Mensch mit seinen Siedlungen die Niederungen besetzt, zweitens die freibleibenden Niederungen durch das dichte Straßen- und Autobahnnetz für die Tiere gar nicht mehr zu erreichen sind. Eine noch stärkere Überbevölkerung im Winter und damit erhöhte Wildschäden sind für die waldreichen Höhenlagen die Folge.

Um der Zerstörung des Jungwuchses im Wald entgegentreten zu können, müssen kostenaufwendige Zäune um die Schonungen errichtet werden oder Jagdpächter und Förster müssen füttern. Eine konsequente Dezimierung des Wildbestandes wäre die einzige natürliche Alternative zu Einzäunungen, chemischen Verbißschutzmitteln und Anlage von Futterstellen und Wildäckern.

Auch in **Ortschaften und Städten** läßt sich im Winter allerlei Biologisches beobachten, und es stellen sich dem aufmerksamen Betrachter ökologische Fragen. Häufig sind es allerdings negative Aspekte ökologischer Zusammenhänge, die uns hier auffallen.
Trotzdem gibt es immer wieder auch Erstaunliches zu sehen. Auf den jetzt laubfreien Straßenbäumen, ja selbst in Sträuchern und auf Bäumen, die auf Marktplätzen oder an Straßen in Kübeln stehen, entdecken wir Vogelnester, die uns im Sommer verborgen waren und die davon zeugen, daß selbst so wenig Grün in der Stadt von Tieren angenommen wird und ihnen als Lebensraum dienen kann.
Für biologische Beobachtungen sind Parks und Friedhöfe, Wohngebiete mit großen alten Gärten und der Stadtrand, wo Freiflächen oder Wald an die Siedlungsfläche heranreichen, besonders geeignet.
Unsere im Sommer anwesenden Zugvögel befinden sich in ihren Winterquartieren im Süden. Andere sind als Strichvögel nur eine kurze Strecke nach Süden ausgewichen. Für sie sind aber meistens Vertreter der gleichen Art aus Norden zu uns nachgerückt, wie es z. B. häufig beim Rotkehlchen der Fall ist. Auch sonst bei uns nicht vorkommende Arten lassen sich am Stadtrand beobachten, so die Rotdrossel, der Bergfink und gelegentlich auch der Seidenschwanz.
Aus dem östlichen Ostseegebiet kommen in jedem Winter große Schwärme von Saatkrähen nach Deutschland geflogen und suchen in der Stadt (z. B. auf Mülldeponien, Schulhöfen und an Kläranlagen) sowie auf den Feldern nach Nahrung. Sie sammeln sich abends wieder und fliegen in großen Scharen zu ihren Schlafplätzen.
In Parks und auf Friedhöfen finden wir u. U. die Schlafplätze der Waldohreulen, die ebenfalls zum größten Teil aus nördlichen Gefilden stammen. Solche

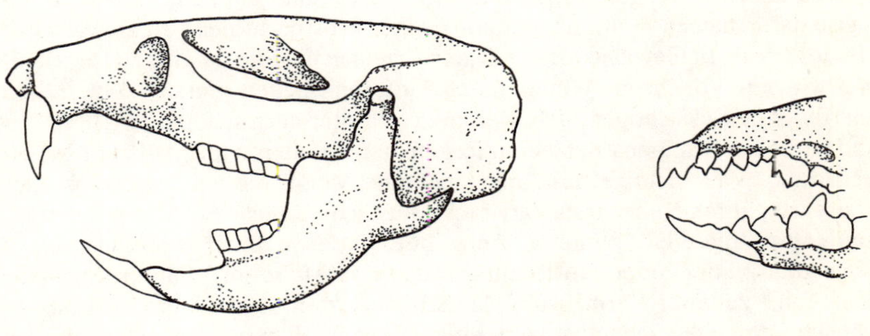

Abb. 4: Schädel der Feldmaus (links) und Gebiß der Waldspitzmaus (rechts).

Schlafplätze werden oft jahrzehntelang von Eulen besucht. Hier kann man leicht zu einer größeren Zahl von Gewöllen kommen, die wir unter den Schlafbäumen suchen. Eulengewölle enthalten im Gegensatz zu den Gewöllen der Taggreifvögel neben Haaren und Federn der Beutetiere auch Knochen, selbst die feinsten, da der Magensaft der Eulen nicht sauer reagiert und somit die Knochen nicht aufgelöst werden. Man kann deshalb leicht einen Aufschluß darüber gewinnen, wie das Beutespektrum der Eulen zusammengesetzt ist und wie es sich mit der Witterung ändert. Normalerweise werden wir in der Hauptsache Knochen von echten Mäusen (die Zähne zeigen Schmelzhöcker) und Feldmäusen (die Zähne haben Schmelzfalten) finden (Abb. 4). Nur wenn die Beute z.B. infolge der Schneelage knapp wird, enthalten die Gewölle auch Spitzmausknochen, und die Zahl der Vogelknochen nimmt zu. Ein gutes Bestimmungsbuch, z.B. BROHMER (1988) oder MÄRZ (1972), und eine Lupe sind für solche Untersuchungen unerläßlich.
Jetzt balzt auch schon der Waldkauz, dessen dumpfen Ruf man abends gelegentlich in Parks oder auf Friedhöfen hören kann.
In Gärten oder Vorgärten finden wir häufig Futterhäuschen für Vögel. Es ist immer wieder erstaunlich, wie viele Arten, die wir sonst nur schwer zu Gesicht bekommen, sich hier einfinden. Neben den allgegenwärtigen Haussperlingen und Amseln treffen wir Buch- und Grünfinken, Blau- und Kohlmeisen. Auch Dompfaffen und Kleiber gehören fast regelmäßig zu den Besuchern. Etwas seltener werden wir Hänflinge, Bergfinken und Kernbeißer beobachten können, und die Heckenbraunelle wird von Ungeübten häufig mit einem Sperlingsweibchen verwechselt. Auch Buntspechte, die zu füttern gar nicht beabsichtigt war, stellen sich ein und vertreiben die kleineren Singvögel von der Futterstelle. Das Füttern der Vögel im Winter stellt somit eine ideale Beobachtungsmöglichkeit einheimischer Arten dar.
Natürlich sollten wir uns fragen, ob Vögel überhaupt gefüttert werden müssen. Kleine gleichwarme Tiere, wie unsere Vögel, haben wegen ihres ungünstigen Verhältnisses zwischen Körpergewicht bzw. -volumen und Körperoberfläche große Schwierigkeiten, ihre hohe Körpertemperatur in der kalten Jahreszeit aufrecht zu erhalten. Die täglich benötigte Nahrungsmenge einer Blaumeise (ihr Körpergewicht beträgt etwa 12 g) liegt bei 30% ihres Eigengewichts. Das ist eine enorme Menge an Insekteneiern, Larven und Puppen, die eine Blaumeise dafür suchen muß. Sie verliert in einer Frostnacht bei −10°C zusätzlich bis zu 10% ihres Gewichts. Diese Daten scheinen eindeutig dafür zu sprechen, daß wir den Vögeln im Winter durch Fütterung helfen müssen. Wir sollten allerdings berücksichtigen, daß Meisen den Winter auch schon überlebt haben und heute noch in menschenleeren Regionen überleben, ohne daß der Mensch sie füttert. Viel wichtiger erscheint, daß eine Meise, die am Vogelhaus oder Meisenring ihren Nahrungsbedarf deckt, für die natürliche Schädlingsbekämpfung ausfällt. Jedes Winterei eines Insekts, etwa einer Blattlaus, eines Schwammspinners oder Frostspanners, das eine Meise im Winter nicht mehr frißt, führt zu einer Vermehrung der Schadinsekten. Gerade bei Blattläusen, wo sich infolge der schnellen Generationsfolge im Sommer aus jedem Ei, das den Winter übersteht, Tausende von Nachkommen entwickeln können, muß

eine solche Rechnung zu denken geben. Mit der Vogelfütterung im Winter begünstigen wir Schadinsekten in starkem Maße. Gegen diese werden im Frühjahr Insektizide gespritzt, und es sterben dann u. U. die insektenfressenden Vögel, die wir glücklich über den Winter gefüttert haben. Unsere Vögel werden zudem durch die menschliche „Fürsorge" abhängig vom Menschen und sind mit der Zeit auf seine Fütterung angewiesen. Wir züchten abhängige Tiere. Die in Deutschland beheimateten Mönchsgrasmücken, die früher im Winter nach Spanien zogen, haben sich mit der Zeit immer mehr nach Südengland gewandt, da sie dort exzessiv gefüttert werden. Sollten diese Fütterungen dort einmal ausbleiben, könnte das für diese Art zu einer großen Katastrophe führen.

Viel wichtiger als Meisen, Sperlinge und Amseln zu füttern wäre es, denjenigen Tieren zu helfen, die bei ungünstiger Witterung nicht mehr genügend Nahrung finden, da der Mensch ihnen durch weitgreifende Biotopveränderungen die Möglichkeit, Beute zu machen, genommen hat. Das gilt vor allem für die Eulen und Greifvögel. Wenn aber unser Mitleid über sachliche Überlegungen gesiegt hat und wir wirklich füttern, dann sollten wir es richtig tun und einige Dinge beachten.

Auf keinen Fall sollte gleich beim Einsetzen kühler Witterung mit dem Füttern begonnen werden, sondern wir sollten bis zum Eintreffen wirklich kritischer Wetterlagen warten. Diese sind bei sehr hohem Schnee oder vereisten Sträuchern und Bäumen gegeben.

Daß die verschiedenen Vogelarten einen unterschiedlichen Nahrungsbedarf haben und meistens Spezialisten sind, was ihr Futter angeht, kann man bereits ihren unterschiedlichen Schnabelformen ansehen. Landläufig werden unsere Singvögel in die beiden großen Gruppen Weichfresser und Körnerfresser eingeteilt.

Die Weichfresser, zu denen u. a. Amsel, Star, Zaunkönig, Rotkehlchen, Heckenbraunelle und Baumläufer gehören, sind die Gruppe, bei denen eine Winterfütterung noch am ehesten angezeigt sein kann. Ihnen kann man außer Haferflocken Beeren unserer einheimischen Sträucher und Bäume (z. B. Wilder Wein, Liguster, Eberesche, Weißdorn, Efeu), die u. U. selbst gesammelt wurden, und auch Obst anbieten. Äpfel und Birnen, ruhig auch bereits angefaulte, kann man im Ganzen auslegen.

Die Körnerfresser, bei uns hauptsächlich durch die Finkenarten, den Dompfaff, den Kernbeißer, die Sperlinge und Meisenarten repräsentiert, erhalten Samen, entweder frei oder mit Talg zu Meisenringen oder Fettkugeln verbakken. Die meisten Futtermischungen gibt es fertig zu kaufen. Ungeeignet als Futter sind stark gesalzene Speckschwarten, Wurst- und Speisereste sowie Abfälle von sauerteighaltigem Brot. Am besten sollten für Körnerfutter Futtersilos gewählt werden. Bei den gängigen Futterhäuschen stehen nämlich die Vögel direkt im Futter, und die Verunreinigung des Futters durch Kot kann zu einer Ansteckung durch Salmonellen führen.

Pflanzen- und tierkundliche Hinweise

In dieser Jahreszeit stehen naturgemäß sehr wenige lebende Pflanzen für Untersuchungen zur Verfügung. Von den Gartenpflanzen lassen sich aber im Januar bereits eine Reihe zum Blühen bringen, so z.B. Kirsche, Flieder, Forsythie, Maiglöckchen u.a. Die Möglichkeit, die Knospenruhe künstlich zu durchbrechen, um die Blütezeit vorzuverlegen, wird in den Gärtnereien ausgenützt.

Zweige der Kätzchenblüher (Hasel, Erle), die ihren Blütenstaub bereits im Herbst des Vorjahres ausgebildet haben, können ohne besondere Vorbehandlung im warmen Zimmer leicht zum Stäuben gebracht werden. Legt man ein Blatt Papier darunter, so kann man den Pollen sammeln.

Wer rechtzeitig (Ende Oktober) Hyazinthen auf Wassergläser gesetzt hat, kann sie jetzt für Blütenuntersuchungen verwenden.

Im Januar blüht der als Weihnachtskaktus bekannte Blattkaktus der Gattung *Epiphyllum*. An ihm kann man die Besonderheit solcher Blüten demonstrieren, die nicht von Insekten, sondern von Vögeln (Kolibris) bestäubt werden. Die Blütenfarbe ist im Gegensatz zu den meisten Insektenpflanzen rot; die Blüten duften nicht und haben keinen Insekten-Anflugplatz. Staubgefäße und Narbe liegen zudem über dem Blüteneingang. Als Anpassung an den selteneren Besuch durch Vögel ist die lange Blütezeit zu sehen.

Lohnende Untersuchungen lassen sich an Zimmerpflanzen durchführen. Die Dreimasterblume (*Tradescantia*) besitzt einfach gebaute, leicht zu untersuchende Schließzellen in der Epidermis der Blattunterseite. Zur Herstellung eines Präparats zieht man die Epidermis mit der Pinzette ab. An den Blättern von *Tradescantia* sind die glashellen Blattrandzellen ohne Vorbehandlung unter dem Mikroskop zu erkennen. Untersucht man Stengelquerschnitte, dann fallen neben den Gefäßen Einlagerungen von Calciumoxalat auf, die teils als Nadelbündel, teils als große Kristalle ausgebildet sind. Besonders leicht lassen sich die Schnitte anfertigen, wenn die Stengel vorher fixiert wurden. Auch das Rhizom der Schwertlilie oder die Epidermis von Gummibaumblättern enthalten in manchen Zellen Kristalleinschlüsse. Bei *Begonia* fertige man Schnitte durch die Blattstiele an; sie zeigen in den Randzellen Kristalldrüsen. Auch durch Flechten lassen sich schöne Schnitte für mikroskopische Untersuchungen anfertigen, die selbst dem weniger Geübten gelingen. Besonders geeignet sind Rentierflechte, Isländisch Moos und Becherflechte.

Im Januar sind wie in allen Wintermonaten Chromosomenpräparate verhältnismäßig einfach herzustellen. Zwiebeln kann man leicht zum Austreiben der Wurzeln und Pferdebohnen und Mais leicht zum Keimen bringen. Die stark wachsenden Wurzelspitzen zeigen Mitosen. Wegen der geringen Chromosomenzahl ist die Pferdebohne besonders zu empfehlen. Ein anderes Verfahren, Wurzelspitzen, die reich an Mitosen sind, zu erhalten, besteht darin, jetzt Zweige und Pflanzen, die sich leicht bewurzeln, zum Austreiben zu bringen. Man kann hierzu Stecklinge von *Tradescantia*, Weide oder Efeu nehmen. Oft genügt es, sie in Wasser zu stellen. Besser ist aber das Einpflanzen in feuchten Sand, da die Bewurzelung bei vielen Stecklingen im Wasser zwar sehr gut vor sich geht, die Ausbildung von Wurzelhaaren aber unterbleibt, so daß die Pflanzen nach dem Pflanzen in Erde absterben. Da die Teilungsvorgänge vorwiegend nachts ablaufen, empfiehlt es sich, das Material in der Nacht zu fixieren.

Für tierkundliche Untersuchungen bietet sich die Beobachtung der Vögel am Futterhäuschen an. Hierin liegt die eigentliche Berechtigung der Aufstellung von Futterhäuschen und die der Winterfütterung. Da die Artenzahl jetzt gering und damit übersichtlich ist, bieten sich Kennübungen regelrecht an.

Februar

Die Klimabedingungen sind im Februar noch nicht viel anders als im Januar oder auch im Dezember, so daß auf die Hinweise in diesen Kapiteln verwiesen werden kann. Die Sonne steht aber schon sehr viel höher, und wenn sie scheint, zeigt sich ihre bereits zunehmende Kraft. In klimatisch begünstigten Gebieten zieht mit dem Stäuben der Hasel Ende des Monats bereits der Vorfrühling ein.

Ein lohnendes Ziel ist jetzt ein größeres eisfreies **Gewässer.** Das kann ein See, eine Kiesgrube oder auch nur der Staubereich vor einer Schleuse sein. Viele aus dem Norden zu uns gekommene Wasservögel überwintern hier. Häufig werden über Jahrzehnte hinweg dieselben Gewässer Winter für Winter aufgesucht. Das macht es möglich, Veränderungen im Bestand der einzelnen Arten von Jahr zu Jahr zu verfolgen. Die Internationale Wasservogelzählung hat bereits Mitte Januar stattgefunden. Vielfach werden Zählungen auch in den anderen Monaten vorgenommen, die Zählung im Januar ist aber international verbindlich.
Unter den Wasservögeln finden wir Enten, Taucher, Höckerschwäne und die zu den Rallen gehörenden Bläß- und Teichhühner fast regelmäßig. Viel seltener, aber doch immer wieder einmal tauchen Gänse, Säger, Seetaucher, Kormorane und Singschwäne auf, und an den Ufern lassen sich gelegentlich Limikolen beobachten. Besonders die Limikolen-Arten sind für den Anfänger mei-

stens schwer zu unterscheiden. Ein gutes Bestimmungsbuch (z. B. PETERSON, MOUNTFORT & HOLLOM 1985) sollte man auf einer solchen Exkursion dabei haben.

Der Februar ist für die Beobachtung dieser Wintergäste geeigneter als der Januar. Die meisten Wasservögel zeigen nun schon das viel buntere Sommerkleid und sind dadurch leichter zu bestimmen. Da sich die meisten Enten bereits zu Paaren zusammengefunden haben und auch paarweise schwimmen, kann man die im Gegensatz zu den Erpeln recht gleichförmig gefärbten Weibchen der verschiedenen Entenarten nun ebenfalls unterscheiden.

Leicht sind Tauchenten (z. B. Reiher- und Tafelente) von Schwimmenten (z. B. Stock-, Krick- und Spießente) zu unterscheiden. Schwimmenten suchen ihre Nahrung durch Gründeln von der Oberfläche des Wassers aus und halten sich folglich oft an flachen Stellen und an den Rändern der Gewässer auf. Sie ragen hoch aus dem Wasser heraus, und ihre Schwanzfedern werden beim Schwimmen aufragend getragen. Beim Auffliegen aus dem Wasser erheben sie sich unmittelbar in die Luft. Tauchenten dagegen liegen tief im Wasser, ihre Schwanzfedern liegen beim Schwimmen auf dem Wasser auf. Sie suchen ihre Nahrung tauchend und laufen beim Auffliegen eine kurze Strecke auf der Wasseroberfläche dahin.

Bei den Enten kann man jetzt gut die recht vielfältigen und komplizierten Balzhandlungen der Erpel beobachten. Die typischen Einzelbestandteile der Balz eines Stockerpels, wie Grunzpfiff, Kurzhochwerden, Nickschwimmen, Hinterkopfzuwenden und Aufreißen, lassen sich bald sicher unterscheiden (Abb. 5).

Für viele Tiere bietet der Februar bei anhaltendem Winterwetter noch ungünstigere Bedingungen als der Januar, besonders wenn Schnee liegt. Die Sonne hat jetzt in den Mittagsstunden bereits die Kraft, die Oberfläche der Schneedecke zum Schmelzen zu bringen. Nachts gefriert diese Schicht und bildet eine Eisdecke, die größere Tiere, vor allem Schalenwild, nicht mehr trägt, so daß diese durch das Eis brechen und sich die Läufe wundreiben. Kleinere Tiere können nun nicht mehr den Schnee wegscharren und an ihr Futter gelangen.

Im **Wald** werden häufig Wildfutterstellen eingerichtet. Hier kann man jetzt selbst am Tage Rehe, Fasanen und Rebhühner beobachten. Zumindest findet man bei Schnee immer eine Fülle von Spuren und Fährten.

Wollen wir Rehe beobachten, müssen wir ihr feines Geruchsvermögen und ihr gutes Gehör berücksichtigen und uns gegen den Wind nähern, da diese Sinne besser ausgeprägt sind als ihr Sehvermögen. Rehe sind uns normalerweise in ihrer rotbraunen Sommerfarbe bekannt; das Winterfell, das sie jetzt tragen, ist dunkler und grauer. Rehböcke stehen nun im Bast. Wenn Rehe vor uns fliehen, fallen zwischen den Bäumen besonders die weißen „Spiegel“, die hellen Flächen um den After, auf, die innerhalb des Rudels als optisches Signal für den Zusammenhalt dienen.

Bearbeitete Tannen-, Fichten- und Kiefernzapfen sollten wir genauer betrachten – aus den Fraßspuren kann man auf den „Bearbeiter“ schließen.

Abb. 5: Typische Phasen der Balz eines Stockerpels. Die zusätzlich auftretenden Elemente „Schnabelschütteln“ und „Schwanzschütteln“ sind nicht dargestellt. 1. Schüttelstrecken, 2. Grunzpfiff, 3. Kurzhochwerden, 4. Hinsehen zur Ente, 5. Hinterkopfzuwenden, 6. Nickschwimmen, 7. Aufreißen, 8. Auf-Ab-Bewegung.

Spechte klemmen Zapfen in Ritzen oder Astgabeln und zerhacken die Schuppen der Länge nach, so daß ein von ihnen bearbeiteter Zapfen zerfasert und zerhackt aussieht. An „Spechtschmieden" finden wir oft eine große Ansammlung bearbeiteter Zapfen.
Kreuzschnäbel beißen die Schuppen längs durch, woran ihre Tätigkeit leicht zu erkennen ist. Da Kreuzschnäbel sich hauptsächlich von Samen der Nadelbäume ernähren, können sie zu allen Jahreszeiten, auch im Winter zur Zeit der Zapfenreife, brüten und Junge aufziehen.
Eichhörnchen und Mäuse fressen ebenfalls die nährstoffreichen Samen aus den Zapfen. Eichhörnchen reißen die Schuppen vom unteren Ende des Zapfens beginnend ab, an der Spitze, wo sie die Zapfen festhalten, bleiben kleine Schuppen stehen. Für die genaue Zuordnung von Fraßspuren an Früchten und Samen schaue man bei Bang & Dahlström (1973) nach.

In **Ortschaften** lassen Tiere und Pflanzen die ersten Zeichen erkennen, daß der Frühling nicht mehr allzulange auf sich warten läßt. Die ersten Frühblüher schieben sich durch die Schneedecke oder beginnen zu blühen. Christrose und die Zaubernuß *(Hamamelis)* haben ihre Blüten bereits geöffnet, und auch die ersten Schneeglöckchen, Krokusse und der Winterling *(Eranthis)* blühen an einigen Stellen. Gegen Ende des Monats kommen noch der Jasmin und die Forsythie dazu.
In der umliegenden freien Landschaft ist die Natur noch nicht so weit. Städte sind durch ihre geschlossene Bauweise immer 1–3°C wärmer als das Freiland. Der Schnee taut daher in der Stadt schneller, der Boden erwärmt sich eher, und Pflanzen können früher im Jahr beginnen zu blühen.
Schön kann man auch die kleinklimatischen Unterschiede in den Gärten beobachten. Der Boden auf der Südseite eines Hauses hat sich viel schneller erwärmt und ist in seiner Vegetation bereits viel weiter gediehen als der auf der Nord- oder Ostseite.
Gegen Ende des Monats kehren die ersten Zugvögel zurück (Tabelle V, S. 162). Als erste erscheinen Buchfinken, Lerchen, Bachstelzen, Stare und Singdrosseln. Von den Buchfinken fliegen im Herbst nur die Weibchen fort, sie sind Teilzieher. Die Weibchen, die nun wieder erscheinen, ziehen jetzt noch gemeinsam in Scharen herum. Andere, die den Winter bei uns verbrachten, ziehen wieder nach Norden ab, so z. B. die Rotdrosseln.
An warmen Abenden gegen Ende des Monats beginnen auch die ersten Amseln mit ihrem flötenden Gesang. Sie suchen sich dazu meistens erhöhte Stellen, einen Dachfirst, einen Masten oder ähnlich markante Punkte aus, von denen sie singen. Solche Singwarten stellen die Grenzen der Brutreviere der einzelnen Männchen dar, die sie gegen Artgenossen verteidigen.
Wir können den Februar, in dem die Natur außerhalb der Stadt noch nicht allzuviel bietet, für weitere Exkursionen und Untersuchungen in der Stadt benutzen. Wenn wir die Rinde von Straßen- oder Parkbäumen genauer untersuchen, so werden wir feststellen, daß auf ihnen Flechten sitzen. Von diesen eigenartigen Pflanzen, die ja einen symbiotischen Komplex von Algen und Pilzen darstellen, finden wir in der Hauptsache drei Wuchstypen: Krusten-

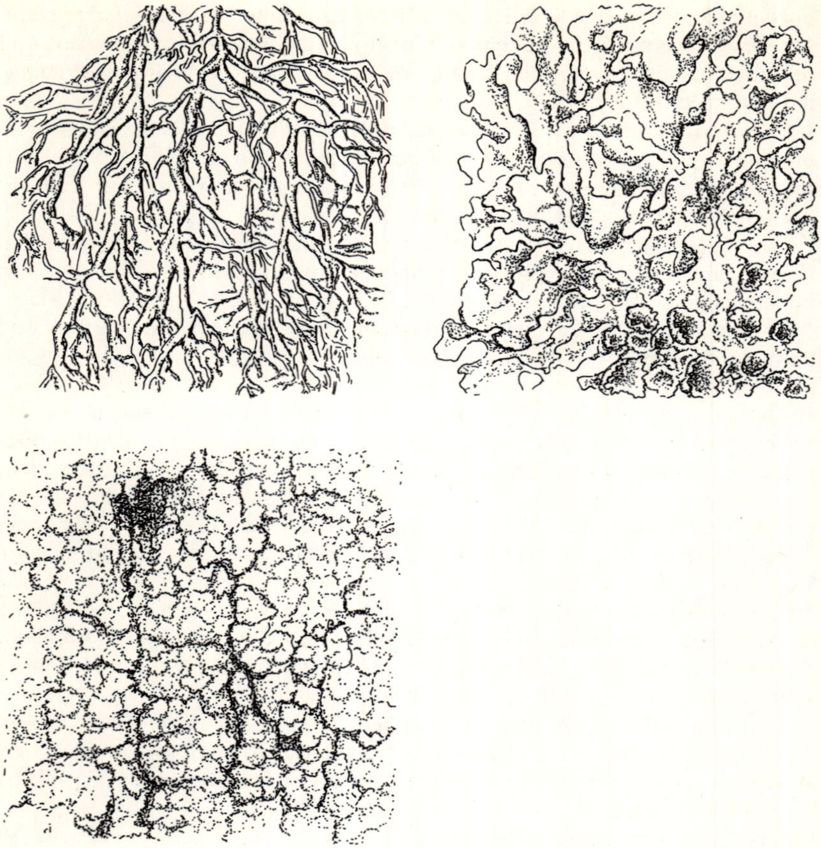

Abb. 6: Beispiele für die unterschiedlichen Wuchsformen von Flechten auf Baumrinden. Strauchflechte (*Evernia prunastri,* oben links), Blattflechte (*Parmelia acetabulum,* oben rechts) und Krustenflechte (*Lecanora conizaeoides,* unten).

flechten, wie z.B. die häufige Gattung *Lecanora,* die der Unterlage direkt anliegen, Blattflechten (z.B. Gattung *Xanthoria* und *Parmelia*), die oft nur locker dem Substrat aufliegen, und Strauchflechten, die in der Regel als strauchförmige Büsche wachsen (Abb. 6); ihre Bestimmung erfolgt am besten mit Jahns (1980) oder Frey (1959) und für Süddeutschland mit Wirth (1980). Wenn genügend Feuchtigkeit vorhanden ist, werden wir fast auf jedem Baum an der Wetterseite Flechten entdecken. Sind keine Flechten vorhanden, so liegt das häufig an den in der Stadt vorkommenden schädlichen Emissionen von Kraftfahrzeugen, Häusern (Heizung!) oder Fabriken.

Flechten sind – allerdings von Art zu Art unterschiedlich – besonders empfindlich gegenüber Schwefeldioxid. Krustenflechten z. B. sind relativ resistent; liegt der SO_2-Gehalt der Luft aber über 125 $\mu g/m^3$, so können auch sie nicht mehr gedeihen. Blattflechten sind empfindlicher als Krustenflechten, Strauchflechten wiederum empfindlicher als Blattflechten. Genaue Werte für die Belastungsgrenzen bestimmter Arten, oberhalb derer sie nicht mehr existieren können, gibt JAHNS (1980).
Die unterschiedliche Empfindlichkeit der einzelnen Flechtenarten gegenüber dem Schwefeldioxidgehalt der Luft erlaubt es, mit Hilfe einer Kartierung der Flechten in verschiedenen Stadtteilen auf die jeweilige Verunreinigung der Luft mit SO_2 zu schließen.
Auch für eine einfache Kartierung müssen einige Bedingungen eingehalten werden, damit die Ergebnisse eine Aussage erlauben. Da Flechten auch auf die Beschaffenheit des Substrates reagieren, muß man Stellen auswählen, die untereinander gleich sind. Häufig wird empfohlen, die Untersuchungen auf die Rinde von Straßenbäumen auf der Wetterseite in der Höhe zwischen einem und zwei Metern zu beschränken. Dort legt man ein Meßfenster (Folie o. ä.) auf und erfaßt die in diesem Quadranten vorkommenden Flechten. Da bei Luftbelastung durch Schadstoffe die Artenzahl und der Deckungsgrad geringer werden, kann man beide Phänomene für die Untersuchung benutzen. Will man nur die Artenzahl feststellen, ohne die speziellen, eine SO_2-Obergrenze markierenden Arten mit ihrem Namen zu erfassen, so kann man auf die genaue Determination sogar verzichten und nur die im Meßquadranten vorkommende Artenzahl erfassen, indem man prüft, wie viele verschiedene Flechten gefunden wurden.

Pflanzen- und tierkundliche Hinweise

Wie im Januar müssen wir für Untersuchungen an Pflanzen vorwiegend auf Zimmerpflanzen und Nadelhölzer zurückgreifen. Es bieten sich Untersuchungen an, wie sie auch für den Januar beschrieben wurden.
Es lohnt sich jetzt, Schnitte durch Knospenanlagen zu machen. Diese zeigen die Lage und Faltung der jungen Blättchen. Leider zerfallen die Knospen leicht oder blättern auseinander; dagegen hilft die Einbettung in Zelloidin. Zur Untersuchung genügt oft schon die binokulare Lupe, die Beobachtungen im auffallenden Licht erlaubt und die Objekte plastisch zeigt.
Im Keller beginnen die Augen der Kartoffeln auszutreiben; die bleichen Triebe zeigen Vergeilungserscheinungen. Zum Vergleich lasse man eine Kartoffel am Licht keimen und betrachte die grünen und die bleichen Triebe vergleichend in Längs- und Querschnitt. Ähnliches Etiolement kann man auch bei anderen Pflanzen hervorrufen (Bohnen, Gräser).

Im Winter bieten sich Besuche in Zoologischen Gärten oder in Museen an. Viele Zoos und Naturkundemuseen haben heute bereits einen fest angestellten Schulreferenten und bieten ausgearbeitete Unterrichtseinheiten an.

Wer Nistkästen anbringen will, muß jetzt daran denken, die alten zu säubern und neue zu bauen oder zu beschaffen. Sie werden Ende des Monats angebracht, damit die in den nächsten Wochen zurückkehrenden Zugvögel sie an den endgültigen Stellen finden. Merkblätter und Hinweise für den Bau und das Anbringen von Nistkästen bekommt man bei den Landesgeschäftsstellen des Deutschen Bundes für Vogelschutz.

März

Im März treffen wir auf unseren Wanderungen mit Sicherheit schon auf die ersten zurückgekehrten Zugvögel. Lerchen und Bachstelzen sind nicht selten und häufig zu sehen und zu hören. Ende des Monats hören und sehen wir in ausgedehnten Niederungen auch schon die Rufe und Balzspiele des Kiebitz.

Der **Laubwald** ist in diesem Monat ein ideales Ziel für eine biologische Wanderung. Nur jetzt können wir einige Pflanzen beobachten, von denen wir schon kurze Zeit später im Jahr nichts mehr sehen werden, die Frühblüher.
Der Wald beginnt sich zwar zu begrünen, aber noch kann das Licht ungehindert durch die kahlen Äste bis zum Boden dringen. Die Begrünung erfolgt in Form einer sogenannten „Assimilationswelle“ von unten nach oben. Jetzt können wir die Einflüsse des Faktors Licht auf das Ökosystem Wald am besten erkennen.
Tag für Tag treffen in unseren Breiten auf jeden cm^2 Erdoberfläche Sonnenstrahlen mit einem Energiegehalt von 270 cal auf. Von den Blättern eines Waldes werden davon bereits 12% wieder reflektiert. Für die Verdunstung werden weitere 56% verbraucht und für die Lufterwärmung noch einmal 21%. Die Erwärmung der Biomasse und des Bodens verbraucht weitere 10%, so daß lediglich 1% für die Fotosynthese übrigbleiben. Diese Werte sind natürlich von Waldart zu Waldart verschieden. Ein Rotbuchenwald reflektiert z. B. mehr Strahlung als andere Wälder.

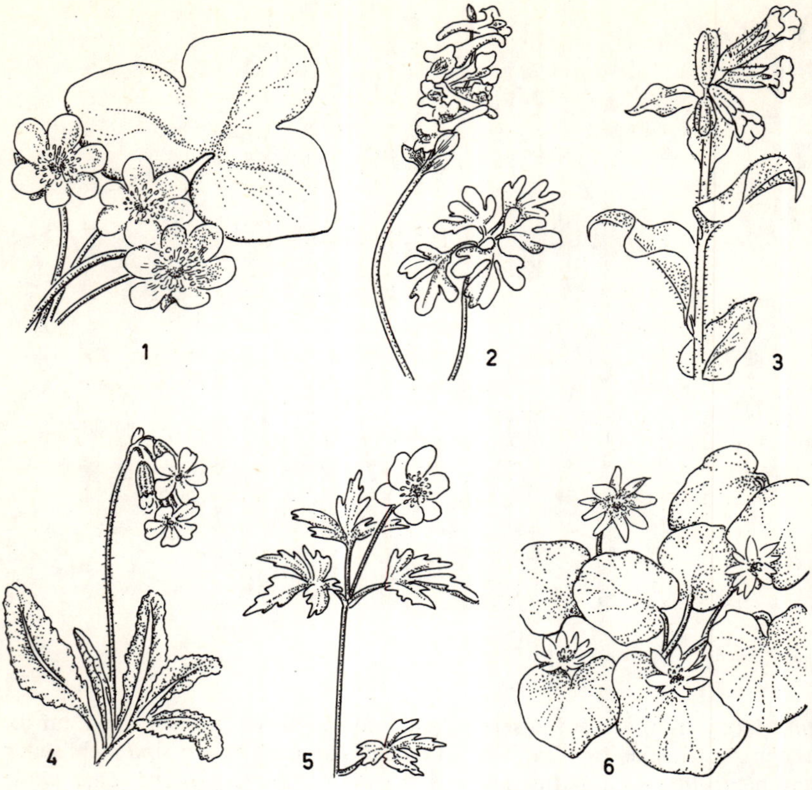

Abb. 7: Typische Frühblüher des Waldes: 1. Leberblümchen *(Hepatica nobilis)*, 2. Hohler Lerchensporn *(Corydalis cava)*, 3. Lungenkraut *(Pulmonaria officinalis)*, 4. Primel *(Primula elatior)*, 5. Buschwindröschen *(Anemone nemorosa)*, 6. Scharbockskraut *(Ranunculus ficaria)*.

Nur ca. 1 % des Lichts gelangt im Sommer bei dichtester Belaubung bis auf den Boden. Das ist für die meisten Pflanzen zum Gedeihen zu wenig. Die Bodenpflanzen eines Waldes haben sich deshalb auf unterschiedliche Weise diesen ungünstigen Lichtverhältnissen angepaßt.

Einige Pflanzen, wie Moose und Farne und unter den Samenpflanzen z. B. der Sauerklee, können als Schattenpflanzen mit diesem Licht noch ausreichend assimilieren. Die übrigen Bodenpflanzen, die einen höheren Lichteinfall benötigen, müssen ihre Vegetationsperiode in den Teil des Jahres verlegen, in dem Sträucher und Bäume noch nicht belaubt sind, das Licht also noch den Boden erreichen kann. Sie treiben im Frühjahr sehr zeitig aus und haben ihre Blätter und Blüten meistens schon wieder verloren, bis die Bäume grün sind.

Wie unsere Zierpflanzen im Garten können sie diese frühe Jahreszeit nur ausnützen, wenn sie im letzten Jahr Vorräte gesammelt und gespeichert haben. So besitzen fast alle Frühblüher Speicherorgane. Als solche kommen, wie auch bei den Frühblühern im Garten, Zwiebeln – z. B. beim Bärenlauch, *Allium ursinum* –, Knollen – z. B. beim Scharbockskraut, *Ranunculus ficaria,* und Lerchensporn, *Corydalis* – oder Wurzelstöcke – z. B. beim Buschwindröschen, *Anemone nemorosa* – in Frage. Die wichtigsten Frühblüher sind in Abbildung 7 zusammengestellt.

Die Schicht mit den Frühblühern stellt (vom Boden her gerechnet) bereits das zweite „Stockwerk" des Waldes dar, die sogenannte Krautschicht, die eine Höhe von 50 cm erreichen kann. Zu ihr gehören außer den Frühblühern weitere krautige Pflanzen sowie Zwergsträucher. Die Krautschicht ist in lichten Wäldern auch im Sommer noch gut ausgebildet. Unter ihr liegt die Moos- oder Bodenschicht. Sie beherbergt außer den Moosen an Pflanzen hauptsächlich noch Pilze.

Die Krautschicht wird von der Strauchschicht überragt. Sie besteht, wie der Name sagt, aus Sträuchern und dem Jungwuchs der Bäume. Diese Schicht erreicht eine Höhe bis zu 5 m. Darüber befindet sich die Baumschicht, das

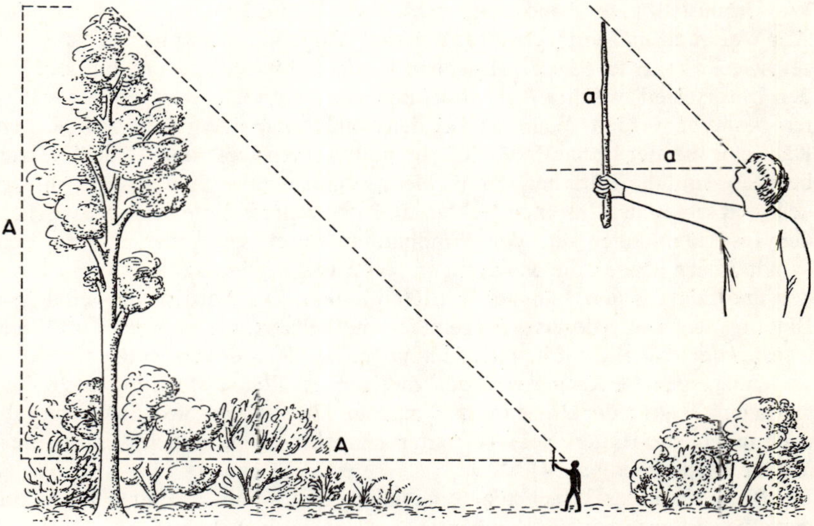

Abb. 8: Möglichkeit einer einfachen Höhenmessung von Bäumen: Man suche sich einen Ast, der genau die Länge vom Auge bis zur Hand hat. Bei waagerecht ausgestrecktem Arm visiere man über die Spitze des Stockes den Wipfel des Baumes an und gehe solange auf den Baum zu bzw. von ihm weg, bis beide genau in einer Linie liegen. Die Meterzahl vom Standpunkt bis zum Baum entspricht dessen Höhe, zu der man noch die eigene Schulterhöhe addieren muß.

höchste Stockwerk des Waldes, das bis zum Kronendach reicht. Eichen können zwar bis zu 50 m hoch werden, Buchen bis zu 44 m, in unseren Wäldern liegt die Höhe des Kronendachs aber meistens bei ca. 35 m. Jetzt im Frühjahr, wo noch die Spitzen der Bäume zu sehen sind, können wir die Höhe eines Baumes leicht selbst feststellen. Über eine einfache Methode informiert Abbildung 8. Die Höhe gleichalter Bäume variiert je nach Standort sehr stark. Während eine Fichte an einem guten Standort nach 40 Jahren fast 20 m hoch gewachsen sein kann, hat sie auf einem schlechten Standort erst 8 m Höhe erreicht. Für eine 120 Jahre alte Fichte liegen die Werte bei ca. 22 m an einem schlechten und bei über 40 m an einem sehr guten Standort.
Die jeweils höhere Schicht nimmt der darunterliegenden Licht weg. Daher ist in einem dichten Wald eine derartige Stockwerksgliederung nur sehr schlecht zu beobachten. Lediglich am Waldrand oder an einer breiten Schneise im Wald kann man diese Schichtenbildung deutlicher erkennen. Am Waldrand ist wegen des Lichtes auch die Artenvielfalt höher als im Waldesinneren.
Wir sollten uns einmal die Mühe machen, die Menge des noch vorhandenen Lichts an den unterschiedlichen Stellen im Wald und zu den verschiedenen Jahreszeiten zu messen und zu vergleichen. Ist für eine solche Messung kein Luxmeter zur Hand, so kann man sich auch mit einem Belichtungsmesser behelfen. Ein Vergleich von Sommer und zeitigem Frühjahr oder der unterschiedlichen Waldschichten bietet sich an. Den Einfluß eines Waldes auf den Wasserhaushalt einer Landschaft werden wir uns im September anschauen.
Am Waldrand und in Hecken blühen jetzt einige kätzchentragende Laubhölzer, wie Birke, Erle, Pappel, Hasel und Weide (Abb. 9). Man erkennt sehr gut den Unterschied zwischen den windblütigen Arten und denen, die durch Insekten bestäubt werden. Während bei den windblütigen Arten die männlichen Kätzchen meistens unauffällig gefärbt sind, keinen Duft und keinen Nektar besitzen, sind die Kätzchen der Weiden, wenn sie aufgeblüht sind, leuchtend gelb und bieten den Insekten Nektar an. Noch weitere Unterschiede zwischen den Insektenblütigen und den Windblütlern lassen sich erkennen: Bei den Windblütlern hängen die Kätzchen an den Zweigen, der Blütenstaub ist trokken und fällt aus den männlichen Blüten heraus. Die Narben der weiblichen Blüten sind meist federartig ausgebildet und behaart, um den mit dem Wind transportierten Pollen auffangen zu können. Bei den insektenblütigen Weiden stehen dagegen die Kätzchen an den Zweigen, ihr Pollen ist klebrig und haftet gut in den Haaren der Bienen und Hummeln. Hier bieten sowohl weibliche als auch männliche Blüten Nektar. Weitere Aspekte der Windblütigkeit werden im Mai besprochen (S. 54).
Bei Birke, Erle und Hasel stehen männliche und weibliche Blütenstände auf derselben Pflanze, sie sind einhäusig, bei den Weiden befinden sie sich auf verschiedenen Sträuchern, sie sind zweihäusig.
Häufig sind im Wald jetzt bereits Vögel zu sehen und vor allem zu hören. Die Spechte suchen sich zur beginnenden Balzzeit vibrierende Äste, Rindenstücke oder gelegentlich sogar Blechverkleidungen und Antennen an Häusern, auf die sie in schneller Folge einhämmern, sie „trommeln“. Sehr häufig und anhaltend trommeln Grauspecht und Buntspecht (beide Geschlechter), während Grün-

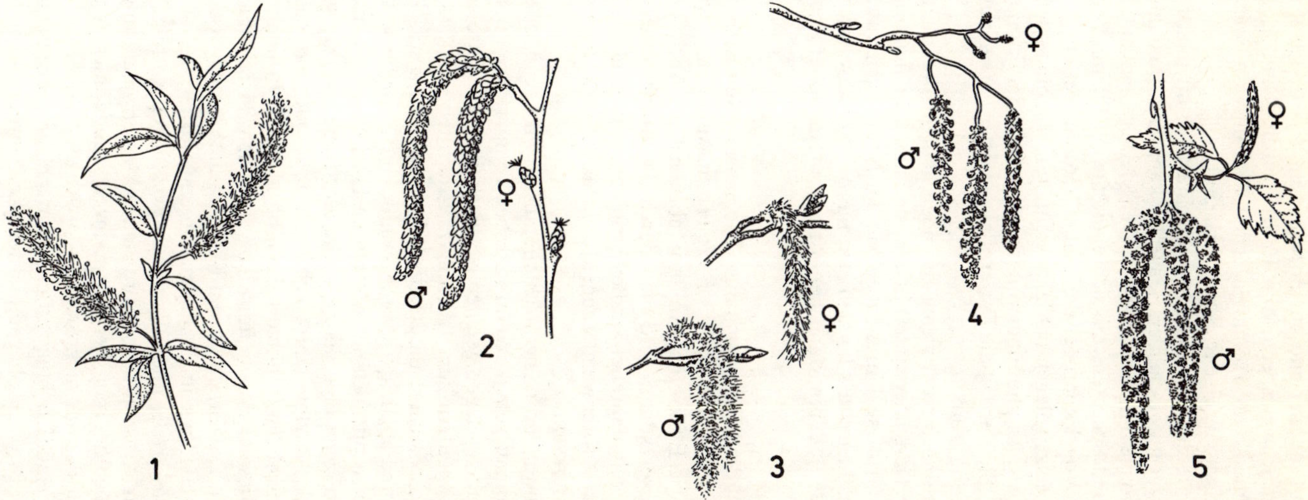

Abb. 9: Blütenstände von Kätzchen tragenden Sträuchern und Bäumen. Siehe auch Text. 1. Silberweide *(Salix alba)*, 2. Hasel *(Corylus avellana)*, 3. Schwarz-Pappel *(Populus nigra)*, 4. Schwarz-Erle *(Alnus glutinosa)*, 5. Hängebirke *(Betula pendula)*.

specht und Mittelspecht seltener und kürzer trommeln. Ein sehr lautes Trommeln deutet auf einen Schwarzspecht hin. Er ist allerdings nur in größeren Waldungen zu vernehmen. Das Trommeln erfüllt die Funktion eines Gesanges. Damit wird akustisch das eigene Revier markiert.
Auch die typischen Rufe der verschiedenen Spechtarten sind jetzt häufig zu hören und lassen sich gut unterscheiden. Daneben kann man Baumläufer und Kleiber beobachten und die Singdrossel hören. Der Kleiber kann im Gegensatz zu den Baumläufern und Spechten, die sich ebenfalls am Stamm der Bäume aufhalten, als einziger Vogel kopfüber den Baum herunterklettern.
Am Waldrand fliegen jetzt gelegentlich Zitronenfalter, Tagpfauenaugen und Kleine Füchse. Sie haben als Falter überwintert und nehmen im Frühjahr keine Nahrung mehr zu sich. Sie werden die Futterpflanzen ihrer Larven aufsuchen, Eier an diese ablegen und sterben.
Insekten sind ansonsten noch recht wenig zu finden, lediglich Laufkäferarten, die als geschlechtsreife Tiere überwintert haben, sind unter Steinen o. ä. aufzustöbern. Typisch sind für diese Jahreszeit – wie der Name auch ausdrückt – die März- oder Markusfliegen. Es handelt sich hierbei um schwarze behaarte Haarmücken (Bibioniden), deren Männchen wir jetzt oft in großer Zahl fliegen sehen.

Der März ist der Monat des Frühlingsanfangs. Die meisten **Gewässer** sind jetzt wieder eisfrei, und es erscheinen nun auch die ersten Amphibien, wie Gras- und Springfrösche, sowie Erdkröten, um darin abzulaichen. Auch wenn man selbst kein Laichgewässer kennt, wird man durch die Amphibienzäune, die Naturschützer entlang vielbefahrener Straßen errichten, und durch die Schilder mit Warnhinweisen auf Krötenwanderungen, welche die Straßenmeistereien aufstellen, darauf aufmerksam.
Wollen wir eine Krötenwanderung beobachten, müssen wir abends oder in den frühen Nachtstunden hinausgehen. Wenn tagsüber Temperaturen über 10° C erreicht werden und zudem Regen gefallen ist, erscheinen die Tiere aus ihren Winterquartieren und wandern zum Laichplatz. Erdkröten und Grasfrösche sind sogenannte Explosivlaicher, die sämtlich innerhalb kürzester Frist am Laichplatz erscheinen und ablaichen. Die Abwanderung erfolgt etwas schleppender, da die Männchen oft noch einige Zeit am Laichplatz ausharren.
Besonders die Erdkröte zeigt eine derartige Standorttreue, daß sie sich auch durch eine im Laufe des letzten Jahres gebaute Straße oder ein Zuschütten ihres Laichgewässers nicht daran hindern läßt, im nächsten Frühjahr wieder dorthin zu wandern. Diese Ortstreue führt dazu, daß viele Tiere auf den Straßen überfahren werden. Das Errichten von Krötenzäunen kann bei sachgemäßer Betreuung hier eine Hilfe sein. Es hat zudem den Vorteil, daß die einzelnen Arten zahlenmäßig erfaßt und Bestandsentwicklungen verfolgt werden können. Aber nicht nur Arten mit ausgesprochenen Massenwanderungen sind vom Tod auf den Straßen bedroht; bei vielen einzeln wandernden Arten, wie z. B. den Molchen, fällt das nur nicht so stark ins Auge.
Das Verhalten der Tiere am Laichplatz können wir auch am Tage beobachten. Die Laichballen des Grasfrosches liegen meistens konzentriert an einer seich-

ten Stelle des Gewässers. Pärchen oder einzelne Männchen sitzen zwischen den Klumpen. Der Laich der Erdkröten, der in Schnüren abgelegt wird, findet sich mehr an verkrauteten Stellen. Er ist in der Regel um vorjährige Schilfstengel, im Wasser liegende Äste oder ähnliches vielfach herumgewickelt. Für Bestimmungen von Laich und Larven der einheimischen Amphibien siehe ARNOLD & BURTON (1979), BROHMER (1988), STRESEMANN (1961).
Bei der Erdkröte sind, wie auch bei den anderen Arten der Gattung *Bufo,* die Männchen in der Überzahl. Nur 20% einer Population sind Weibchen. Das führt dazu, daß sehr viele überzählige Männchen am Laichplatz vorhanden sind. Die Männchen erkennen die Weibchen zunächst nicht, sondern umklammern alles, was ungefähr ihre Größe hat und sich bewegt, also auch andere Männchen, sogar Tiere anderer Arten. Erst jetzt setzt der Erkennungsmechanismus ein. Hat ein Männchen ein paarungsbereites Weibchen geklammert, so läßt sich dieses die Umklammerung gefallen. Ein nicht paarungsbereites Weibchen oder ein Männchen macht durch rhythmische Flankenbewegungen – das Männchen zusätzlich durch leise Rufe – kenntlich, daß der Umklammernde ein falsches Objekt erwischt hat. Diese Befreiungsrufe sind in Laichgewässern der Erdkröten, wo viele Hundert überzählige, auf Weibchen wartende Männchen sich ununterbrochen anschwimmen und zu klammern versuchen, den ganzen Tag über zu hören. Sie dürfen nicht mit den normalen Paarungsrufen anderer Krötenarten oder denen der Frösche verwechselt werden.

In den **Gärten** laufen bereits die Vorbereitungen für den Sommer. Wollen wir Nistkästen für Meisen oder andere Singvögel aufhängen, so sollte das spätestens jetzt geschehen. Genauso wichtig ist das Reinigen bereits vorhandener Nistkästen, da viele Vögel Flöhe haben. Die Flohlarven des vorigen Jahres haben sich im Gemüll des alten Nestes verpuppt und warten auf neue Nahrung. Die Puppen schlüpfen bei Erschütterung, wodurch für sie gesichert ist, daß sie erst beim Eintreffen neuer Wirte ihr Ruhestadium beenden. Beim Reinigen können wir dann gelegentlich die Erfahrung machen, daß sich die lange ohne Nahrung gebliebenen Flöhe auf uns stürzen, obwohl sie gar nicht auf den Menschen spezialisiert sind. Sie bleiben auch nicht am Menschen, sondern verlassen ihn bald wieder. Bei starkem Flohbesatz in einem nicht gereinigten Nistkasten kann die Brut später stark geschädigt werden oder sogar eingehen. Auch Mehlschwalben sind auf Hilfe angewiesen, und man kann ihnen mit Nisthilfen das Brüten erleichtern. Das Fehlen von Schlamm auf unseren asphaltierten Straßen hat die Schwalben ihres Nestbaumaterials beraubt. Wollen wir sie bei uns am Haus ansiedeln, so können wir künstliche Nester, die heute überall zu kaufen sind, anbringen.
Wir sollten bei den Bruthilfen jedoch nicht nur an Vögel denken, denn auch manche Insekten bedürfen unserer Hilfe. Zu denken ist an die bei uns vorkommenden Wildbienen. Dazu gehören außer den staatenbildenden Hummeln auch viele seltene solitär lebende Bienenarten. Da sie häufig stark auf einzelne Pflanzenarten spezialisiert sind, kommt ihnen bei der Bestäubung der Wildblumen eine große Bedeutung zu.

In dem Maße, in dem bei uns in den Gärten und Obstkulturen alte und morsche Bäume oder Äste sofort entfernt werden und auch totes Holz nicht mehr liegenbleibt, verschwinden Nistmöglichkeiten für manche Wildbienenarten. Viele von ihnen benutzen nämlich altes Holz mit Fraßgängen von Käferlarven, um darin ihre Brut aufzuziehen. Wir können ihnen leicht helfen, indem wir altes Holz nicht entfernen, sondern solches vielleicht sogar aufstellen. Eine weitere Hilfe besteht darin, daß wir Holz anbohren oder Bambusstengel oder ähnliches gebündelt auslegen. Wichtig ist vor allen Dingen, daß wir sonnige Plätze, z. B. eine Hauswand, dafür wählen. Genauere Anweisungen finden sich in Westrich (1985). Solche Bruthilfen können selbst auf Balkonen in der Stadt ihren Zweck erfüllen.

Pflanzen- und tierkundliche Hinweise

Da erfahrungsgemäß im Winter die Kenntnisse vom Bau der Blüte verblassen, empfiehlt es sich, eine Wiederholung an großen Blüten (Tulpe, Blaustern, Scharbockskraut u. a.) vorzunehmen.
In Weinbaugebieten steht sehr zeitig das Scharbockskraut in Blüte, dem Hohler Lerchensporn und Scilla bald folgen. Ende des Monats sind Wilde Tulpen und Träubelhyazinthen zu erwarten, die blühen, ehe der Wein seine Blätter entfaltet. Wir beobachten die im Herbst (S. 99) angesetzten Keimversuche mit Sklerotien des Mutterkorns; die Fruchtkörperbildung ist jetzt zu erwarten.
Anhand von Beobachtungen über die Aufblühzeit verschiedener Pflanzen am Wohnort lassen sich phänologische Daten zum Frühlingseinzug gewinnen.
An Material für mikroskopische Untersuchungen ist jetzt kein Mangel mehr. Schnitte lassen sich durch viele grünende Pflanzen machen (Blatt, Vegetationskegel, Wurzel). Besonders empfohlen werden Schnitte zum Studium des inneren Baus der Blüten, z. B. durch Staubgefäße, Fruchtknoten und Samenanlagen. Geeignet dafür sind *Helleborus viridis* und *foetidus* sowie Bärenlauch *(Allium ursinum)*.
Wenn wir Erbversuche machen wollen, müssen wir Ende des Monats Löwenmäulchen in Töpfe oder Gartenbeete säen. Für die Untersuchung des intermediären Erbgangs ist die Wahl der Blütenfarben elfenbein und rot zweckmäßig. Für den dominanten Erbgang wird eine Kreuzung Spanischer Malven mit roter und weißer Blütenfarbe empfohlen, die ebenfalls Ende des Monats gesät werden sollten.

Der März ist die Balzzeit der Eulen. Sie haben meist ihre gemeinsamen Schlafplätze verlassen und sind nun in ihren Brutrevieren zu finden. Am häufigsten wird man in den Abendstunden die Rufe von Waldkauz und Waldohreule zu hören bekommen. Besonders der Ruf des Waldkauzes ist leicht nachzuahmen. Stark zurückgegangen ist die Zahl der Steinkäuze und der Schleiereulen, die jetzt zu brüten beginnen.
Bei günstiger Witterung wandern die Erdkröten in warmen und feuchten Nächten zu ihren Laichgewässern. Da Erdkröten sehr standorttreu sind, kann man

sie mit großer Stetigkeit jedes Jahr auf den gleichen Wanderstraßen beobachten. Die Hauptlaichzeit dauert bei gleichbleibender warmer Witterung nur wenige Tage, dann sind nur noch vereinzelt Krötenmännchen am Gewässer zu finden.

Kaulquappen werden wir im März im Freien nur unter besonders günstigen Umständen finden können (Tabelle VI). Aus mitgebrachtem Laich von Grasfrosch oder Erdkröte schlüpfen jedoch bei Zimmertemperatur die Larven innerhalb von drei Tagen. Wer derartige Beobachtungen machen will und dazu Laich mitnimmt, braucht dafür unbedingt eine Genehmigung der Unteren Naturschutzbehörde, die bei den Landratsämtern angesiedelt ist. Es stehen nämlich nicht nur sämtliche einheimischen Amphibienarten unter Schutz, sondern auch deren Laich und die Larven. Trotzdem lohnt es sich, das häufig langwierige Genehmigungsverfahren in Kauf zu nehmen.

Am Bienenstock herrscht nun schon reges Leben. Sobald die Lufttemperaturen etwa 12° C erreicht haben, was schon im Februar der Fall sein kann, machen die Bienen ihren Reinigungsflug. Sie entleeren dabei den Darm von den im Winter angesammelten Resten und setzen sich dabei gern auf helle Flächen (weiße Autos, Wäsche, die zum Trocknen aufgehängt ist). Bei 15° C finden auch schon Sammelflüge statt.

Aus Seen und Teichen kann man mit dem Planktonnetz schon Kleinlebewesen erbeuten und mikroskopieren. Wer gar die Veränderungen in der Zusammensetzung des Planktons im Jahresverlauf untersuchen will, sollte jetzt beginnen. Bei einer solchen Untersuchung sind nicht nur die Reihenfolge, in der die einzelnen Tierarten im Laufe des Jahres erscheinen, sondern auch die Formwandlungen von Interesse, die z.T. durch Änderung der Wassertemperatur, Wasserdichte und andere Faktoren bedingt sind.

Spätestens in diesem Monat sollten die Nistkästen für die Vögel aufgehängt werden. Dabei sollte man ein Problem nicht ausklammern: Wir schaffen künstliche Nistgelegenheiten vorwiegend für Höhlen- und Halbhöhlenbrüter. Es ist zu überlegen, ob dadurch nicht deren Vermehrung auf Kosten anderer frei brütender Arten unverhältnismäßig stark begünstigt wird.

April

Der April ist ein Übergangsmonat. Je nach Witterungsverlauf zeigt er stärker Aspekte des Vormonats oder enthält bereits Elemente, die normalerweise erst im Mai in Erscheinung treten. Die Obstbaumblüte beginnt, und die Zahl der Frühblüher hat gegenüber März beträchtlich zugenommen. Mit dem Laubaustrieb der Roßkastanie hat der Erstfrühling begonnen.

In **Ortschaften und Städten** ergeben sich jetzt interessante biologische Beobachtungsmöglichkeiten. Eine Stadt mag noch so sehr zugebaut sein, meistens gibt es in ihr aber doch grüne Oasen in Form von Parks und Friedhöfen. Friedhöfe sind in der Regel systematisch angelegt und bepflanzt. Schattenspendende Bäume, vor allem Nadelhölzer, sind häufig, außerdem werden die einzelnen Bereiche oft durch Hecken abgegrenzt. In den meistens durch Mauern eingegrenzten Friedhöfen fehlen Hunde und Katzen, da sie dort nicht geduldet werden, und für viele Vogelarten ist der Friedhof dadurch ein idealer Nistplatz. Friedhöfe stellen somit häufig einzigartige Singvogelreservate dar. Sie sind daher ein beliebtes Ziel für Vogelstimmenexkursionen.
Die Vielzahl der ökologischen Nischen (Näheres zu diesem Begriff s. Dezember, S. 125), die sich in einem Friedhof den Vögeln bieten, führt dazu, daß häufig eine hohe Artenzahl anzutreffen ist. Demgegenüber ist aber die Individuenzahl der einzelnen Arten gering, da im Friedhof meistens nur ein begrenztes Areal vorhanden ist und viele Singvogelarten Brutreviere besetzen, die sie gegenüber Artgenossen verteidigen.

Friedhöfe sind oft die einzigen Stellen in einer dicht besiedelten Stadt, wo auch seltenere Arten anzutreffen sind, wie z. B. der Gelbspötter oder die Nachtigall. Der hohe Anteil an Nadelbäumen bringt mit sich, daß fast regelmäßig Goldhähnchen vorkommen und daß wir auch gelegentlich Kreuzschnäbel beobachten können.

Auch den Mauern eines Friedhofes sollten wir etwas Beachtung schenken. Alte Mauern, die früher häufig aus Natursteinen gebaut und mit Kalkmörtel verfugt wurden, bieten einer Vielzahl von Pflanzen ausreichende Wachstumsmöglichkeiten. Nicht nur oben auf der Mauerkrone sitzen sie, auch aus den Ritzen schauen Pflanzen heraus. Es ist erstaunlich, wie viele Pflanzen sich auf der dünnen Humusschicht, die durch Verwitterung, angewehten Staub und etwas Vogeldung entstanden ist, angesiedelt haben. Neben Regen, Frost und Wind, durch die der Mörtel durchfeuchtet, gesprengt und gelockert worden ist, haben die Pflanzen selbst an der Erweiterung ihres Lebensraumes mitgewirkt. Die Wurzeln lösen durch ausgeschiedene Säuren den Kalk auf, dringen selbst in feinste Ritzen ein und drücken die Wände infolge ihres Dickenwachstums auseinander. Diese „Zerstörungsarbeit" ist es, die häufig dazu führt, daß die Mauern gegen Bewuchs mit Pestiziden behandelt werden, und leider müssen solche Natursteinmauern mit ihren Fugen und Spalten oft einer Betonmauer weichen.

Mit die ersten Pflanzen, die eine Mauer besiedeln, sind nach Blau- und Grünalgen die Flechten (s. auch Februar). Sie siedeln nicht so sehr in den Spalten und Ritzen, sondern breiten ihre flächigen Lager auf der Oberfläche der Steine aus. Flechten sind als Pionierorganismen zu betrachten. Sie lassen sich schwer vom Untergrund lösen. Haben wir es geschafft, so bemerken wir, daß unter ihnen der Stein bröckelig geworden ist. Dies ist die Folge der durch die Flechten ausgeschiedenen Säuren. Auf einer derartig geringen Verwitterungsunterlage finden schon niedrige, dicht geschlossene Moospolster dürftige Lebensbedingungen.

Bei den Samenpflanzen, die eine Mauer besiedeln, handelt es sich häufig um wärmeliebende Formen, die in der freien Natur an Felswänden auftreten. So finden wir hier den aus Südeuropa stammenden Gelben Lerchensporn *(Corydalis ochroleuca)*, das ebenfalls im Mittelmeerraum beheimatete Zymbelkraut *(Linaria cymbalaria)* sowie das Schöllkraut *(Chelidonium majus)*. Interessant ist die Biologie des Zymbelkrautes. Seine Fruchtstiele krümmen sich bei der Reife vom Licht weg auf dunkle Stellen zu. Damit gelangen sie fast automatisch in Fugen und Mauerspalten, wo die Samen als Dunkelkeimer die Möglichkeit finden, wieder auszukeimen, sofern geringe Mengen lockeren Materials das Festhalten in der Mauerspalte erlauben.

Nach Zänkert (1954) werden von den 90 deutschen Pflanzenarten, die auf Mauern wachsen, etwa 60 Arten durch Ameisen verbreitet [Schöllkraut, Gundermann *(Glechoma hederacea)*, Weiße Taubnessel *(Lamium album)*, Efeublättriger Ehrenpreis *(Veronica hederifolia)*, Mauerpfeffer *(Sedum acre)*, Stinkender Storchschnabel *(Geranium robertianum)* u. v. a.].

Neben diesen Samenpflanzen werden wir auch fast regelmäßig zwei Farnarten entdecken, die zur typischen Mauervegetation gehören. Es handelt sich um die

Mauerraute *(Asplenium ruta-muraria)* und den Braunstieligen Streifenfarn *(Asplenium trichomanes)*. Beide sind für den Ungeübten nicht auf den ersten Blick als Farne zu identifizieren. Erst wenn wir die Blätter umdrehen und die Sporenlager auf der Unterseite sehen, wird uns ihre Zugehörigkeit zu den Farnen klar (Abb. 10).
Auch Tiere sind an Mauern zu finden. Hier handelt es sich meistens um Insekten, Spinnen und Milben, die die Wärme der sich in der Sonne schnell aufheizenden Mauern nutzen, um ihre eigene Körpertemperatur zu erhöhen.

Die Obstbaumblüte beginnt jetzt. Besonders schön sind alte **Obstkulturen** aus robusten, hochstämmigen Bäumen am Ortsrand, zwischen den Feldern oder auf extensiv gepflegten Wiesen.
Früher versorgte sich die Bevölkerung selbst mit Obst. In der modernen Gesellschaft ging man aber immer mehr dazu über, Obst in regelrechten Plantagen zu züchten, mit in Reihen gepflanzten Niederstammsorten, die ein rationelles Ernten erlauben und intensiv gedüngt und gespritzt werden. Die Eigenversorgung über die alten hochstämmigen Obstbäume war nicht mehr so gefragt. Vor nicht allzu langer Zeit wurden sogar noch Prämien für die Rodung von Hochstämmen gezahlt, und viele Streuobstbestände und mit ihnen alte Obstsorten fielen dieser Aktion zum Opfer.
Inzwischen hat man aber erkannt, daß Streuobstwiesen wertvolle Biotope darstellen, da sie meist wenig gepflegt und wenig oder gar nicht gespritzt werden. Abgestorbene Äste brechen ab, an morschen Stellen bilden sich Höhlen und Vertiefungen, die vielen Tieren Unterschlupf und Nistmöglichkeiten bieten. Streuobstbestände sind daher häufig Rückzugsgebiete für seltene und vom Aussterben bedrohte Arten. Hier finden sich noch Fledermäuse und Siebenschläfer; Steinkauz, Wendehals, Wiedehopf und Neuntöter können hier brüten. Das herabfallende Obst bietet im Herbst vielen Tieren Nahrung. So kommt es, daß Streuobstwiesen häufig reich an Insekten sind und insgesamt einen hohen Tierartenreichtum aufweisen.
Für wie wichtig der Schutz und Erhalt von Streuobstbeständen heute angesehen wird, zeigt sich daran, daß die Streuobstwiese zum „Biotop des Jahres 1988“ ernannt wurde und z. B. in Hessen Streuobst-Patenschaften vergeben werden.
Wir werden auch immer wieder vom Apfelblütenstecher „verbrannte“ Blüten finden können. Die ca. 4 mm langen Weibchen des zu den Rüsselkäfern gehörenden Apfelblütenstechers stechen bereits im März die Knospen von Apfel und Birne an. In jede Knospe wird eins der ungefähr 30 Eier eines Weibchens gelegt. Nach einer Woche schlüpfen die Larven. Sie fressen die Staubgefäße, den Stempel und den Fruchtboden der Knospe. Nur die Blütenblätter bleiben stehen, sterben aber ab und werden braun. Sie bleiben geschlossen und bilden so eine schützende Hülle für die Puppen. Im Juli verlassen die Käfer die Blüten und fressen dann Blätter. Der Schaden, den sie anrichten, ist in der Regel gering und rechtfertigt keine besondere Bekämpfungsmaßnahmen.
Insekten gibt es überhaupt Ende des Monats bereits häufiger. An Mistkäfern finden wir häufig Milben, die teils parasitische Formen sind, teils den Käfer

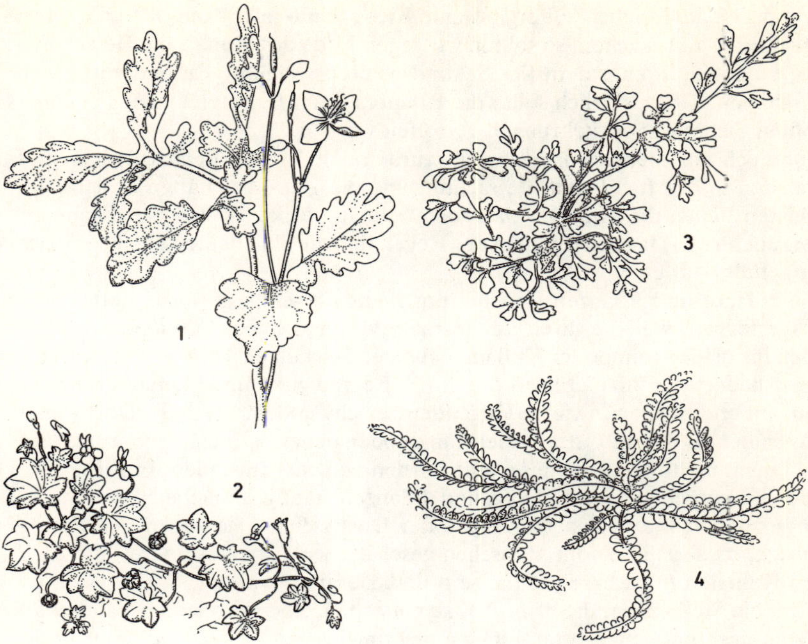

Abb. 10: Typische Mauerpflanzen: 1. Schöllkraut *(Chelidonium majus)*, 2. Zymbelkraut *(Linaria cymbalaria)*, 3. Mauerraute *(Asplenium ruta-muraria)*, 4. Braunstieliger Streifenfarn *(Asplenium trichomanes)*.

aber auch nur zum Transport benutzen (Phoresie). Unter Umständen finden wir auch die langsam im Gras herumkriechenden blauen Ölkäfer *(Meloe)*, im Volksmund auch „Maiwurm" genannt, die eine komplizierte Vermehrung aufweisen. Die plumpen Weibchen haben einen von ca. 4000 Eiern aufgequollenen Hinterleib. Die aus den Eiern schlüpfenden Larven mit langen Beinen und scharfen Krallen klettern auf Blüten, ohne aber an diesen zu fressen. Sie können sich nur weiterentwickeln, wenn es ihnen gelingt, sich an bestimmte Arten von solitären Bienen zu klammern und in deren Nest eintragen zu lassen. Hier entstehen große Verluste, da häufig falsche Trägerinsekten angenommen werden. Im Nest der „richtigen" Bienenart fressen die Larven dann zunächst das Bienenei und häuten sich. Nach der Häutung sind die Larven madenähnlich geworden. Sie verzehren nun den Pollen-Nektar-Brei des Wirtes und entwickeln sich weiter.

Hummeln, Wespen, solitäre Bienen und Schmetterlinge kann man nun schon häufiger beobachten. Von den Hautflüglern existieren jetzt nur die überwinternden Weibchen. Erst später im Jahr entwickeln sich die Männchen.

Wenn sich die Möglichkeit ergibt, eine **Kies-, Sand- oder Tongrube** oder einen **Steinbruch** zu besuchen, so sollten wir gegen Ende des Monats die Gelegenheit wahrnehmen, um uns derartige Sekundärbiotope und ihre Besonderheiten anzuschauen. Grundsätzlich sollte die Erlaubnis zum Betreten eingeholt, und es sollten Sicherheitsvorkehrungen getroffen werden.
Vor noch gar nicht zu langer Zeit wurden solche Abbauplätze lediglich als Schäden in der Landschaft betrachtet, und die Betreiber hatten in den allermeisten Fällen die Auflage, nach dem Abbau „Rekultivierungsmaßnahmen" vorzunehmen. Das bedeutete in der Regel, daß die abgebauten Flächen wieder aufgefüllt wurden.
Viele Tiere und Pflanzen sind bei uns heute so selten geworden oder sogar ausgestorben, weil sie ihren Lebensraum verloren haben. Das gilt vor allem auch für die Bewohner der Flußauen und der Teiche und Tümpel. Mit Kies und Sand bedeckte Flußauen sind durch die Begradigung und Kanalisierung von Flüssen und Bächen in vielen Gegenden verschwunden. Auch die Dorfweiher, die früher zu jedem Ort als Viehtränke oder Feuerlöschteich gehörten, sind, weil nicht mehr benötigt, aufgefüllt worden und verschwunden. In Kiesgruben und Steinbrüchen finden Tiere und Pflanzen häufig ähnliche bis identische Bedingungen wie in den Flußauen oder Dorfteichen. Sie zogen sich dorthin zurück, so daß diese vom Menschen geschaffenen Lebensräume oft die einzigen Refugien für derartige Pflanzen- und Tierarten wurden.
Auch die Steilwände, die beim Abbau entstehen, sind Formen der Landschaft, die an unseren kanalisierten Flüssen nicht mehr anzutreffen sind. Hier finden z.B. Uferschwalben noch die Bedingungen vor, die ihnen die Anlage einer Brutkolonie ermöglichen. Uferschwalben kommen heute fast nur noch in vom Menschen geschaffenen Lebensräumen vor.
Auch viele Hautflüglerarten und andere wärmeliebende Insekten ziehen sich in Kiesgruben zurück. Man hat dort 70–90 Wildbienen- und Grabwespenarten nachgewiesen.
Auf der Sohle solcher Abbaugebiete sammelt sich fast immer Grund- oder Regenwasser in mehr oder weniger großen Tümpeln an. Sie stellen das Laichgewässer vieler Amphibienarten dar. Vor allem Kreuz- und Wechselkröte, Geburtshelfer- und Knoblauchkröte (die beiden letzteren sind keine echten Kröten) sind häufig in derartigen Biotopen anzutreffen. Die Geburtshelferkröte laicht in Deutschland fast ausschließlich in Steinbrüchen, die Knoblauchkröte fast ausschließlich in Kies- oder Sandgruben.
Die ursprünglich als Landschaftsschäden angesehenen Abbaugebiete wurden zu wertvollen Rückzugsgebieten und werden daher heute vielerorts als Sekundärbiotope geschützt.
Auf der Steinbruchsohle, die sich durch die Abbauarbeiten dauernd verändert, nehmen Pflanzen als Pioniere sehr schnell Besitz von dem offenen Boden. Disteln *(Carduus)* und der Natternkopf *(Echium vulgare)* sind typische Vertreter für Erstbesiedler auf derartigen Flächen, die zusammenfassend als Ödland bezeichnet werden. Überhaupt finden wir hier viele Pflanzen, die als typische „Unkräuter" vom Menschen in seinem Kulturland verfolgt und vernichtet werden. Dazu gehören außer den Disteln auch die Wilde Möhre *(Daucus carota)*

und an Stellen, wo Abwasser oder Abfälle den Boden stickstoffreich gemacht haben, die Brennessel *(Urtica dioica)*. Alle diese Pflanzen sind die Fraßpflanzen für einige unserer schönsten Tagschmetterlinge. So frißt die Raupe des Schwalbenschwanzes an der Wilden Möhre, die Raupen von Tagpfauenauge, Admiral und Kleinem Fuchs an Brennesseln und die des Distelfalters an Disteln. Ödland, das sich nicht nur in Steinbrüchen findet, ist also wichtig für das Vorkommen bestimmter Schmetterlinge, und wir dürfen uns nicht wundern, wenn durch das Vernichten von „Unkräutern" auch viele Tierarten verschwinden, weil mit diesen ihre Lebensgrundlage vernichtet wird.

Auch in die **Felder** lohnt ein Abstecher. Sie sind von überall her und für jeden leicht zu erreichen.
Die vielen freien bewirtschafteten Flächen in unserer Landschaft sind erst durch den Einfluß des Menschen entstanden; darauf ist bereits im Januar hingewiesen worden. Die Rodung des Waldes führte zu Grünland (Wiesen und Weiden, s. Mai) oder Äckern. Auch heute muß der Mensch den Wald davon abhalten, die freien Flächen wieder zurückzuerobern. Liegen Felder einige Jahre brach, so kann man auf ihnen den ersten Anflug von Waldbäumen und Sträuchern beobachten.
Der wirtschaftliche Einsatz von Maschinen macht große Flächen nötig; die in den meisten Gegenden Deutschlands durchgeführten Flurbereinigungen haben aus kleinen, durch Hecken abgeteilten Äckern riesige Anbauflächen entstehen lassen, die zwar wirtschaftlich sinnvoll bearbeitet werden können, die aber eine große Monotonie in die Landschaft brachten. Besonders das Verschwinden der Hecken (s. auch Juni) führt zu diesem Eindruck. Heutzutage ist dies oft schon erkannt worden. Wie hilflos wir aber diesen Veränderungen und ihren Folgen gegenüberstehen, zeigt sich darin, daß als einzige Maßnahme oft noch schnell der letzte auf der Feldflur stehengebliebene Baum zum Naturdenkmal erklärt wird.
Die Hochleistungslandwirtschaft erfordert die heute praktizierte Form der Monokulturen mit einem massiven Einsatz von Düngemitteln. Bei der Ernte kann ein Landwirt von jedem Quadratmeter Boden etwa 550 g Getreide ernten; dadurch werden dem Boden pro m^2 von den Pflanzen ungefähr 17 g Stickstoff, 4,5 g Phosphat und 14 g Kalium entzogen. Wenn man sich bei einem Landwirt nach dem jährlichen Düngereinsatz auf seinen Feldern erkundigt, so wird man leicht erkennen, wie groß die Überdüngung in unserer Landwirtschaft ist.
Unsere Feldfrüchte und die Getreidearten stellen an den Boden unterschiedliche Ansprüche, daher wird nicht überall dasselbe angebaut. Weizen und Zuckerrüben verlangen gute Böden mit einem hohen Nährstoffgehalt, Roggen, Hafer und Kartoffeln gedeihen auch noch auf kargen und sandigen Böden, und Gerste stellt die geringsten Anforderungen.
Mit etwas Erfahrung können wir schon jetzt aus der Farbe der Felder schließen, welche Feldfrucht auf ihnen wächst. Ist der Boden noch unbestellt, so werden wahrscheinlich Hackfrüchte wie Rüben oder Kartoffeln darauf angebaut werden. Ist schon geringes Grün zu erkennen, durch welches der Boden aber überall noch durchschimmert, so handelt es sich um Sommergetreide, das

jetzt erst keimt. Gelbgrüne Farbe deutet auf Wintergerste, hellgrüne auf Winterweizen und dunkelgrüne Färbung auf Winterroggen hin. Dichter dunkelgrüner Bewuchs ist wahrscheinlich Klee, und leuchtend hellgelbe Felder sind die ersten blühenden Rapskulturen.
Hochgezüchtete und in Monokulturen wachsende Kulturpflanzen sind anfällig für Krankheiten und Schädlinge. Man versucht zwar, unsere Getreidesorten, vor allem den Weizen, durch Einkreuzen von Wildgräsern dagegen widerstandsfähig zu machen, kommt aber ohne fortwährenden Einsatz von Pestiziden offensichtlich nicht aus. Ein frisch gespritztes Feld ist deutlich an seinem Geruch zu erkennen, auch zeigen die frisch durch den Acker gezogenen Fahrspuren den Einsatz von Spritzfahrzeugen an. Auf die grundsätzlichen ökologischen Bedenken gegen derartige Monokulturen wird im Mai eingegangen. Sie gelten für unsere Felder in besonderem Maße. Auf die in den Äckern vorkommenden „Unkräuter“ wird im Juni und im September hingewiesen.

Pflanzen- und tierkundliche Hinweise

Im April ist an Pflanzen kein Mangel mehr. Für die Anfänger stehen Knospen der Roßkastanie und Primeln zur Verfügung.
Die große Zahl der Hahnenfußgewächse [Scharbockskraut *(Ranunculus ficaria),* Sumpfdotterblume *(Caltha palustris),* Anemonen, Leberblümchen *(Hepatica nobilis),* Goldgelber Hahnenfuß, Berghahnenfuß (*Ranunculus auricomus* und *montanus*) und Nieswurz *(Helleborus foetidus)*] erlaubt bereits eine vergleichende Betrachtung. Veilchen, Hornkraut *(Cerastium vulgatum)*, Wiesenschaumkraut *(Cardamine pratensis),* einige Lippenblütler [Gundermann *(Glechoma hederacea)*, Günsel *(Ajuga reptans)*, Taubnessel *(Lamium)*] sowie die interessante Schuppenwurz *(Lathraea squamaria)* u.a. blühen jetzt ebenfalls. Sauerampfer *(Rumex acetosa)* und Hainsimse *(Luzula)* haben Blüten mit schwierigem Bau. Besenginster *(Sarothamnus scoparius)* blüht in wärmeren Lagen. Er hat jetzt noch seine Blätter, die er in der warmen Jahreszeit abwirft. Die Assimilation erfolgt dann durch die Zweige. Einkeimblättler sind ebenfalls in großer Auswahl zu haben.
Der Unterschied zwischen Keim- und Folgeblättern läßt sich leicht an den Buchenkeimlingen zeigen, die in großen Mengen zu finden sind.
Sauerklee *(Oxalis acetosella)*, der jetzt blüht, regt zu der Frage an, ob das Pflänzchen zu Recht Klee heißt. Ein Vergleich mit einer richtigen Klee- oder einer anderen Schmetterlingsblüte gibt Klarheit. Die Blätter schmecken wirklich sauer. Die meisten Blütenknospen bleiben geschlossen, sie sind kleistogam. Im Hochsommer ist allerdings Insektenbestäubung die Regel. Sauerklee verhält sich darin anders als Veilchen und Stengelumfassende Taubnessel *(Lamium amplexicaule),* deren kleistogame Blüten erst im Sommer entstehen. Die Blätter des Sauerklees können eine Schlafstellung einnehmen, ebenso die der Anemonen.
Für die Beobachtung der Entwicklungsstadien der Bohnenpflanzen sollte man im Abstand von etwa 8 Tagen Buschbohnen und Feuerbohnen in feuchte Säge-

späne einlegen, damit unterschiedliche Entwicklungsstadien zur Verfügung stehen.
Für die Untersuchung von Gräsern sollte jetzt Getreide zum Keimen gebracht werden. Die Kultur von Sommerweizen, Gerste, Hafer und Mais läßt sich nebeneinander in Blumentöpfen durchführen, jedoch muß durch Anbinden der größeren Halme ein Umknicken verhindert werden.
Wenn Hafer zu Versuchen über die Aufnahme von Lichtreizen oder über die Wirkung des Auxins verwendet werden soll, muß er im Dunklen gezogen werden. Man hat vor allem bei den Auxinversuchen den Vorteil, daß unter Lichtabschluß der Keimling etwa 3–4 cm lang wird, ohne daß die Koleoptile die Blätter durchbricht. Man rechnet vom Beginn der Keimung bis zur Verwendbarkeit zu Auxinversuchen etwa 3 bis 4 Tage. Die Aussaat kann in Blumentöpfen erfolgen.
Sonnenblumen müssen jetzt gesät werden.
Ein Parallelversuch zur Blütenfärbung läßt sich mit Lungenkraut *(Pulmonaria officinalis)* und Platterbse (*Lathyrus montanus* und *vernus*) durchführen, bei dem der Nachweis geführt werden kann, daß der Farbumschlag der Blüten von rot nach blau, der bei beiden Arten im Laufe ihrer Blütezeit auftritt, auf pH-Wert-Änderungen beruht.
Untersuchungen an Primelblüten zeigt das Vorkommen der Heterostylie, ein Weg zur Verminderung der Selbstbestäubung. Durch die mikroskopische Untersuchung der Pollenkörner läßt sich klären, ob die der langgriffeligen Formen anders gestaltet sind als die der kurzgriffeligen.
Die im August angesetzten Keimversuche mit Mutterkorn (s. dort) sollten überprüft werden.
Wer sich mit dem Bau der Samenanlagen und Befruchtungsvorgängen bei Pflanzen beschäftigen will, benutze Liliaceen; für Schnitte durch den Embryosack wird *Ornithogalum* empfohlen. Wenn die Möglichkeit besteht, in Paraffin einzubetten, verfährt man folgendermaßen: Auf die Narbe eines Liliengewächses wird Pollen mit einem Pinsel übertragen. 48 Stunden später wird der Fruchtknoten mit Griffel und Narbe fixiert, eingebettet und längsgeschnitten. Durch Färbung mit Hämatoxylin können hervorragende Ergebnisse erzielt werden.
Ein günstiges Objekt für Untersuchungen zur Embryonalentwicklung ist auch das das ganze Jahr über blühende Hirtentäschelkraut *(Capsella bursa-pastoris)*, das jetzt bereits Früchte hat. Es eignet sich gut, weil die Samenschale durchscheinend ist und an einem Blütenstand sämtliche Entwicklungsphasen (unbefruchtete Eizelle bis zu reifen Samen) vorhanden sind.
Die Zypressenwolfsmilch *(Euphorbia cyparissias)* zeigt Ende des Monats häufig braune Flecken unter den Blättern. Es handelt sich um Sporenlager des Erbsenrostes *(Uromyces pisi)*, dessen Zwischenwirt sie ist. Die befallenen Pflanzen blühen meistens nicht und zeigen starke morphologische Veränderungen der Gesamtgestalt und der einzelnen Blätter.

Der April ist der ideale Monat zum Studium der Embryonalentwicklung der Amphibien. Dabei sind allerdings naturschutzrechtliche Bestimmungen zu beachten (s. März).
Am besten lassen sich die Vorgänge der Embryonalentwicklung an den Eiern von Molchen studieren. Sie sind größer und zudem geringer pigmentiert als Frosch- oder Kröteneier. Sollte man auf Laich von Fröschen zurückgreifen müssen, so nehme man Laich der Grasfrösche und nicht den der später laichenden Wasserfrösche. Wasserfroschlaich ist zu einem großen Prozentsatz unbefruchtet oder triploid. Er verpilzt deswegen leicht und die Kaulquappen zeigen häufig Entwicklungsstörungen.
An Molchlarven läßt sich in den Kiemen gut der Blutkreislauf beobachten. An Froschkaulquappen beobachte man die Blutgefäße des Schwanzes unter dem Binokular.
Wenn man im April Galläpfel der Rosen sammelt und sie in einen Insektenkasten bringt, so kann man im Mai die schlüpfenden Rosengallwespen beobachten.

Mai

Der Mai ist einer der für biologische Wanderungen ergiebigsten Monate. Alle Zugvögel sind aus dem Süden zurückgekehrt, zuletzt Mauersegler, Wespenbussard und Pirol, so daß sich Vogelstimmenexkursionen am Anfang des Monats geradezu anbieten.

Die **Wiesen** sind jetzt ein lohnendes Ziel für eine biologische Wanderung. Da sie im Mai kurz vor der Mahd stehen, sollten wir möglichst wenig in die Wiese hineinlaufen und unsere Beobachtungen lieber vom Weg aus machen.
Wiesen werden mit den Weiden als Grünland zusammengefaßt, sie unterscheiden sich hauptsächlich in ihrer Nutzung. Während die Wiesen als Produkt das Heu oder Grünfutter zum Ziel haben, sind Weiden als Sommerquartiere für das Vieh gedacht. Da das Heumachen in feuchteren Klimagebieten erschwert ist, nimmt in Deutschland der Anteil der Wiesen von Süden nach Norden ab, der der Weiden dagegen zu.
Grünland ist dazu da, Fleisch und Milch zu produzieren, indem die in den Pflanzen gespeicherte Sonnenenergie vom Vieh in diese Produkte umgewandelt wird. Wir sollten uns über die Energiebilanz dieses Vorgangs einmal klar werden. Von der eingestrahlten Sonnenenergie bleiben 55 % ungenutzt, 44 % gehen durch Verdunstung verloren. Nur 0,1 % der ursprünglichen Energie werden vom Vieh mit dem Futter aufgenommen, und nur 0,0025 % werden in Form von Fleisch gespeichert.

Wiesen und Weiden kommen wie das meiste waldfreie Land bei uns natürlicherweise nicht vor. Lediglich die Wiesen oberhalb der Baumgrenze (s. August) oder einige in Überschwemmungsgebieten sind natürlichen Ursprungs. Das Mähen der Wiesen und das Beweiden ist also der einzige Grund, weshalb der Wald solche Flächen nicht zurückerobern kann.
Bereits im April ist das einförmige Grün der Wiese einer abwechslungsreicheren Färbung gewichen. Die meisten Wiesen, vor allem, wenn sie nicht ganz trocken sind, zeigen am Anfang des Monats noch das helle Lila des blühenden Wiesenschaumkrautes *(Cardamine pratensis)*. Dazwischen fallen die dunklen Flecken des blühenden Sauerampfers *(Rumex acetosa)* auf. Ist die Wiese noch etwas feuchter, entdecken wir wahrscheinlich auch das leuchtende Gelb von Sumpfdotterblumen *(Caltha palustris)*. Im Laufe des Monats ändert sich der Farbton der Wiese. Auf das helle Lila folgt das Gelb des Löwenzahns *(Taraxacum officinale)* und des Scharfen und Knolligen Hahnenfußes (*Ranunculus acris* und *bulbosus*) und Ende des Monats das Weiß des Wiesenkerbels *(Anthriscus sylvestris)*. Die Wiese wird aber erst im Frühsommer kurz vor dem Mähen den Höhepunkt ihrer Farbenpracht erreicht haben. Dann mischen sich das Rot von Kuckucks- oder Taglichtnelke (*Lychnis flos-cuculi* bzw. *Silene dioica*) und Rotklee *(Trifolium pratense)* mit dem Violett des Wiesenstorchschnabels *(Geranium pratense)*, dem Blau von Glockenblumen *(Campanula)* und dem Weiß der Margeriten *(Chrysanthemum leucanthemum)*. Um alle Aspekte miterleben zu können, sollten wir also die Wiese mehrere Male besuchen.
Derartig bunte Wiesen sind bei uns aber selten geworden. Die intensive Bewirtschaftung verändert eine Wiese stark. Zweikeimblättrige Pflanzen werden u. U. künstlich durch Wuchsstoffherbizide unterdrückt, und es können sich nur Gräser durchsetzen. Allerdings genügt allein das Düngen, um die Zusammensetzung des Pflanzenbestandes zu verändern, da Magerkeitszeiger, wie sie z. B. auch die Orchideen darstellen, sich nicht mehr durchsetzen können und verdrängt werden. Blumenreiche Wiesen sind immer Magerwiesen.
Die einkeimblättrigen Gräser mit ihren unscheinbaren Blüten sind meistens viel schwieriger zu bestimmen als zweikeimblättrige Pflanzen. Trotzdem sollten wir uns die wichtigsten Wiesengräser anschauen und einprägen. Die meisten Wiesen sind zweischichtig. Unter den sogenannten „Obergräsern" wächst eine Schicht kleinerer Formen, die „Untergräser". Wertvolle Obergräser sind der Wiesenfuchsschwanz *(Alopecurus pratensis)*, das Wiesenlieschgras *(Phleum pratense)*, der Wiesenschwingel *(Festuca pratensis)*, der Glatthafer *(Arrhenaterum elatius)* und das Knäuelgras *(Dactylis glomerata)*. Untergräser sind z. B. der Goldhafer *(Trisetum flavescens)*, das Deutsche Weidelgras *(Lolium perenne)* und das Kammgras *(Cynosurus cristatus)* (s. Abb. 11).
Auf feuchteren Wiesen finden wir neben den Süßgräsern auch Sauergräser wie Binsen *(Juncus)* und Seggen *(Carex)*. Seggen sind an ihrem dreikantigen Stengel leicht zu erkennen, die Binsen unterscheiden sich von den Süßgräsern durch ihren knotenlosen, innen nicht hohlen Halm.
Sowohl die Sauergräser, die kieselsäurehaltige (Seggen) oder harte Halme (Binsen) besitzen, als auch manche harten und scharfen Süßgräser [z. B. die

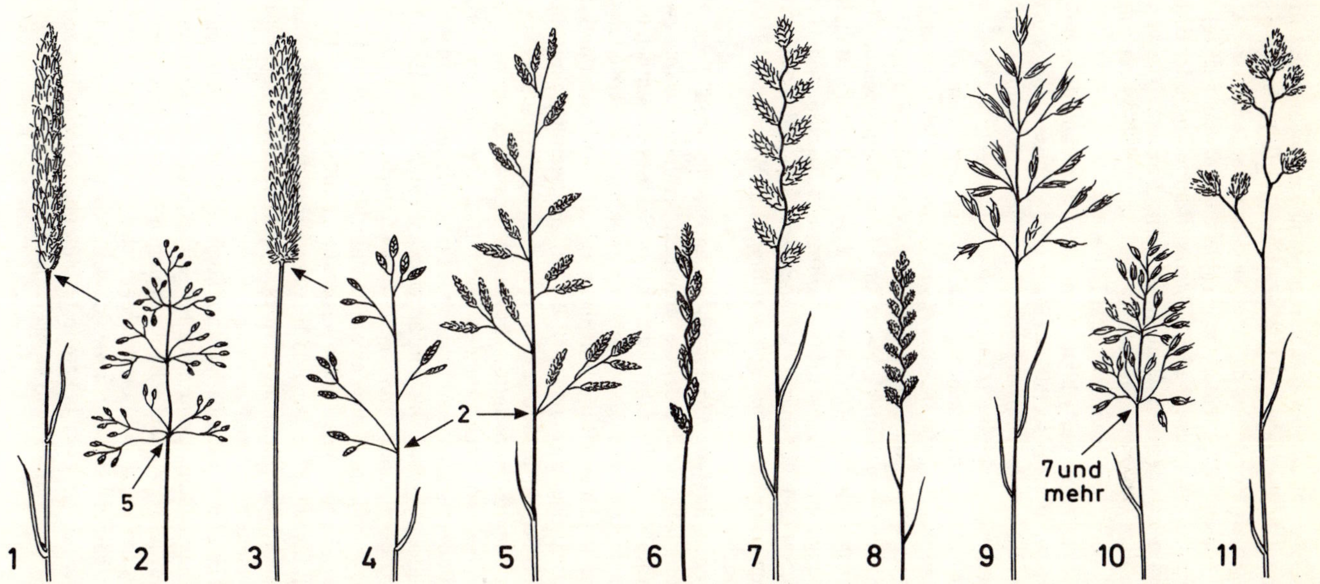

Abb. 11: Einige wichtige Wiesengräser. Die „Obergräser" sind höher als die „Untergräser" dargestellt. Auf einige wichtige Unterschiede ähnlich aussehender Arten wird mit einem Pfeil hingewiesen. 1. Wiesenfuchsschwanz *(Alopecurus pratensis)*, 2. Wiesenrispengras *(Poa pratensis)*, 3. Wiesenlieschgras *(Phleum pratense)*, 4. Rotschwingel *(Festuca rubra)*, 5. Wiesenschwingel *(Festuca pratensis)*, 6. Deutsches Weidelgras *(Lolium perenne)*, 7. Welsches Weidelgras *(Lolium multiflorum)*, 8. Kammgras *(Cynosusrus cristatus)*, 9. Glatthafer *(Arrhenatherum elatius)*, 10. Goldhafer *(Trisetum flavescens)*, 11. Knäuelgras *(Dactylis glomerata)*.

Rasenschmiele *(Deschampsia caespitosa)*] werden vom Vieh nicht gern gefressen. Dieser Umstand fällt besonders auf Weiden ins Auge. Hier ragen die verschmähten Pflanzen als Horste aus der abgeweideten Fläche heraus. Auch andere Pflanzen bleiben auf den Weiden stehen. Sie sind entweder giftig, wie Bilsenkraut *(Hyoscyamus niger),* Stechapfel *(Datura stramonium)* oder Bittersüß *(Solanum dulcamara),* besitzen Bitterstoffe, wie Enziane *(Gentiana),* Schafgarbe *(Achillea millefolium)* und Beifuß *(Artemisia vulgaris),* oder tragen Brennhaare und Stacheln, wie Brennessel und Distel.
Ähnlich wie beim Acker (s. August) können wir vom Vorhandensein einiger Pflanzen auf die Art des Bodens schließen (Boas 1958). Binsen und Seggen, Kriechender Hahnenfuß *(Ranunculus repens),* Sumpfschachtelhalm *(Equisetum palustre)* und Sumpfdotterblume *(Caltha palustris)* zeigen z. B. Nässe an, relative Trockenheit dokumentiert sich dagegen im Vorhandensein von Wiesensalbei *(Salvia pratensis),* Wilder Möhre *(Daucus carota)* oder Knolligem Hahnenfuß *(Ranunculus bulbosus).* Treten Breiter Wegerich *(Plantago major),* Weißklee *(Trifolium repens)* und Löwenzahn *(Taraxacum officinale)* auf, so ist der Boden verdichtet, lockere Böden werden dagegen durch Doldenblütler und Obergräser angezeigt. Herrscht Stickstoffmangel, so kommen Hornklee *(Lotus corniculatus)* und Pfeifengras *(Molinia coerulea)* vor, bei Stickstoffüberfluß treten Bärenklau *(Heracleum sphondylium)* und Wiesenkerbel *(Anthriscus sylvestris)* auf.
Die Lebensbedingungen im Lebensraum Wiese sind weitgehend durch das Mähen geprägt. Häufig folgt auf den ersten Schnitt im Sommer noch ein zweiter, die „Grummeternte“ oder „Öhmdmahd“, und im Herbst gelegentlich noch ein dritter. Das Abgemähtwerden überleben nur Pflanzen, die entweder vor der ersten Mahd ihre Samen zur Reife bringen, z. B. der Löwenzahn und der Kümmel *(Carum carvi),* oder zwischen dem ersten und zweiten Schnitt bzw. erst nach dem letzten Schnitt blühen und fruchten. Einige typische Wiesenpflanzen werden auch durch den Schnitt nicht zum Absterben gebracht, da sie dem Boden mit ihren Blättern flach aufliegen, wie z. B. Löwenzahn und Breitwegerich. Andere Pflanzen haben die Fähigkeit, sehr schnell nach dem Abgemähtwerden wieder auszutreiben. Das gilt für die Hahnenfuß- und Kleearten, die Rundblättrige Glockenblume *(Campanula rotundifolia)* und die Gräser. Besonders gut ist die vom Landwirt nicht erwünschte Herbstzeitlose *(Colchicum autumnale)* an das Leben in der Wiese angepaßt. Sie blüht erst im Herbst nach dem letzten Schnitt und zieht sich den Winter über in den Boden zurück. Im Frühjahr bildet sie rasch Blätter und Fruchtkapseln aus. Die Samen sind dann vor der ersten Heuernte bereits reif.
An Wiesenblumen kann man reizvolle blütenbiologische Untersuchungen anstellen. Auf die reizbaren Staubfäden mancher Korbblütler wird im Juni bei der Kornblume hingewiesen. Ähnliche Beobachtungen lassen sich an Wiesenflockenblume *(Centaurea jacea)* und Löwenzahn machen. Der Löwenzahn hätte ein derartiges Verfahren gar nicht nötig, da seine Samen sich auch ohne Befruchtung entwickeln. Die wohl bekannteste blütenbiologische Besonderheit findet sich am Wiesensalbei *(Salvia pratensis).* Sie ist in Abbildung 12 dargestellt.

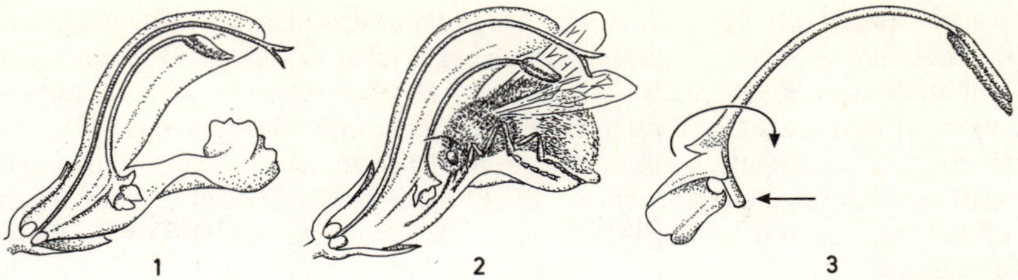

Abb. 12: Vorgang der Bestäubung des Wiesensalbeis. 1. Längsschnitt durch eine Blüte, 2. in eine Blüte eindringende Hummel, 3. freipräpariertes Staubgefäß, zur Verdeutlichung des Bewegungsvorganges.

Lohnend ist auch eine Bestandsaufnahme der Wiese. Dazu müssen wir auf einem Quadratmeter Wiese sämtliche blühenden Pflanzen erfassen und notieren. Nach den vorherrschenden Pflanzenarten kann dann eine Wiese in eine Glatthaferwiese, eine Kohldistelwiese o. ä. klassifiziert werden. Wichtig ist natürlich zu wissen, wie die Wiese bearbeitet wurde, da der Landwirt besonders gute Süßgräser und eiweißreiche Schmetterlingsblütler auf seinen Wiesen haben möchte. Interessant sind Vergleiche von Wiesen, die auf unterschiedlichen Standorten (naß, trocken, Südhang, Nordhang usw.) stehen, und Vergleiche einer Wiese im Jahresverlauf. Für den letzteren Zweck kann es sinnvoll sein, auf der Wiese ein Quadrat mit Pflöcken abzustecken und dieses im Verlauf des Jahres mehrere Male zu untersuchen.
Auch auf die Tiere der Wiese sollten wir achten. Von den Brutvögeln sind nur noch Feldlerche, Bachstelze und Wiesenpieper etwas häufiger anzutreffen, viele der früher ebenfalls häufigen Arten, wie Grauammern, Rebhühner oder Bekassinen, sind heute sehr selten geworden. Nur in ausgedehnteren und meistens auch etwas feuchteren Wiesen treffen wir gelegentlich auf Kiebitze und Brachvögel.
Die Zahl der blütenbesuchenden Insekten ist auf einer Blumenwiese riesig. Besonders auf Doldenblüten finden sich Insekten der unterschiedlichsten Gruppen ein. Hier können nämlich auch solche mit kurzen Rüsseln oder ohne Rüssel an den oberflächlich liegenden Nektar gelangen (z. B. Fliegen, Käfer). Rotklee wird besonders von den Hummeln besucht, die mit ihren langen Rüsseln bis zu den Honigdrüsen der Blüten vordringen können, während die meisten Bienenrassen zu kurzrüßlig dafür sind.
An manchen Pflanzen fällt uns Schaum auf, den der Volksmund als „Kuckucksspeichel" bezeichnet. Entfernen wir ihn, so finden wir darin die Larve einer Schaumzikade, die dieses Schaumnest als Schutz geschaffen hat. Besonders häufig sind diese Schaumnester am Wiesenschaumkraut *(Cardamine pratensis)* und an der Kuckuckslichtnelke *(Lychnis flos-cuculi)* angelegt. Das Wiesenschaumkraut hat daher seinen Namen, und auch bei der Kuckuckslichtnelke ist im Namen der Zusammenhang mit dem Volksglauben („Kuckucksspeichel") noch zu erkennen.

In **Ortschaften** sollten wir einmal auf eine Pflanzengesellschaft achten, die sehr unscheinbar ist und den meisten Menschen gar nicht auffällt: die Ritzenvegetation im Pflaster. Keine Stadt ist derart mit Asphalt versiegelt, daß es überhaupt keine offenen Stellen im Boden gäbe. Parkbuchten, Fußgängerzonen, Toreinfahrten u. ä. sind häufig gepflastert oder mit Lochsteinen ausgelegt. Schon bald nach deren Anlegung entdeckt man in den Ritzen zwischen den Pflastersteinen Pflänzchen, die es offensichtlich ertragen, hier zu leben, obwohl hier für Pflanzen sehr schwere Bedingungen herrschen: Zunächst sind die Ritzen nährstoffarm, da Pflastersteine meistens in Sand verlegt werden, später sammelt sich in ihnen allerlei Schmutz und macht den Boden nährstoffreich; der Boden ist zudem meistens verdichtet, so daß kaum Wasser versickern kann und es zu Staunässe und Sauerstoffarmut kommt. Sonneneinstrahlung erwärmt das Pflaster schnell und sehr stark, und im Winter wird oft mit Salz gestreut. Die stärkste Beeinträchtigung besteht für die Pflanzen aber darin, daß fortwährend Menschen über sie hinweglaufen und auf sie treten. Als günstig sind für diese Standorte nur die hohe Lichtintensität und das Fehlen von hochwüchsigen Konkurrenten zu nennen. Pflanzen, die sich hier ansiedeln, sind so charakteristisch, daß die Ritzenvegetation auch den Namen Trittpflanzengesellschaft bekommen hat.

Trittpflanzen zeigen vielerlei Anpassungen: Sie sind fast alle kleinwüchsig und neigen zu Rosettenbildung, sie zeigen eine hohe vegetative Vermehrung und Regenerationsfähigkeit und bilden viele kleine und harte Samen aus, die nur eine kurze Entwicklungszeit benötigen. Diese Bedingungen erfüllen nur wenige Arten (Abb. 13). Wir finden ziemlich regelmäßig den Vogelknöterich *(Polygonum aviculare)*, das Einjährige Rispengras *(Poa annua)*, das Niederliegende Mastkraut *(Sagina procumbens)*, den Mittleren Wegerich *(Plantago media)* und die Strahllose Kamille *(Matricaria matricarioides)*.

Gegenüber diesen unscheinbaren Pflanzen fallen die Pflanzen in Parks und Ziergärten weit mehr auf. Auch diese Lebensräume sollten wir uns einmal genauer anschauen.

Die Parks und Gärten wurden oft schon vor langer Zeit angelegt und spiegeln meistens die zu jener Zeit herrschende Mode der Gartengestaltung wider. Häufig sind die Gehölze, die wir dort finden, nicht aus Mitteleuropa. In Mitteleuropa gibt es nur ca. 35 natürlich vorkommende Baumarten, viele Parks bringen es aber ohne Schwierigkeit auf weit mehr Arten. Ausländische Gehölze haben den einheimischen Formen oft ihre Blütenpracht voraus und erhielten deswegen den Vorzug. Eine gewisse ökologische Problematik darf jedoch trotz aller Schönheit nicht übersehen werden: Pflanzen als Produzenten stehen am Anfang aller Nahrungsketten, auf die die Tiere als Konsumenten spezialisiert sind. Auf ausländische Arten ist aber kaum ein einheimisches Tier spezialisiert! Die Folge davon ist, daß solche Pflanzen nicht als Anfang für eine Nahrungskette in Frage kommen, und es darf daher nicht verwundern, daß trotz der Blütenpracht und Artenvielfalt in einem Park oder Garten kaum Insekten (Schmetterlinge, Hautflügler oder Käfer) vorhanden sind. Die Bestimmung der einzelnen Bäume und Sträucher wird uns meistens nicht leichtfallen, am

Abb. 13: Typische Trittpflanzen. 1. Strahllose Kamille *(Matricaria matricarioides)*, 2. Breiter Wegerich *(Plantago major)*, 3. Einjähriges Rispengras *(Poa annua)*, 4. Vogelknöterich *(Polygonum aviculare)*, 5. Niederliegendes Mastkraut *(Sagina procumbens)*.

besten gelingt es mit FITSCHEN (1987). Gelegentlich lohnt sich auch der Blick in einen der vielen farbigen Gartenkataloge.

Auch an Straßen und auf Plätzen finden wir heute andere Bäume als früher. Noch im vorigen Jahrhundert waren die Straßen nur grob gepflastert, so daß Regenwasser versickern und in den Boden eindringen konnte, es wurde kein Streusalz verwendet, und auch die Luftbelastung mit SO_2 war weitaus geringer. An den Straßen standen in den meisten Fällen Linden, Ulmen, Bergahorn oder Roßkastanien. Durch die Umweltbelastung sind diese Arten aus dem Straßenbild weitgehend verschwunden. Die Linde ist sehr SO_2-empfindlich, und Roßkastanien, Ulmen und Bergahorn ertragen das Streusalz schlecht. Stehen trotzdem solche Arten an der Straße, so kann man ihre Schädigung leicht erkennen: die Blattränder werden bereits im Sommer braun, und das Laub fällt frühzeitig im Jahr ab. Widerstandsfähiger sind Platanen und Robinien, die aber beide frostempfindlich sind und sich daher für unser Klima nicht gut eignen. Noch empfindlicher als die Laubbäume sind die Nadelhölzer (s. u.).

So kommt es, daß auch außerhalb von Gärten und Parks häufig fremdländische Bäume ihren Einzug gehalten haben, da hauptsächlich gegen Umweltbelastungen widerstandsfähige Arten angepflanzt werden.

Auch ein Gang durch den **Wald** lohnt sich im Mai. Jetzt blühen die meisten Waldbäume. Trotzdem sehen wir kaum etwas davon. Das hängt nicht nur damit zusammen, daß wir gar nicht bis in die Kronen der Bäume hineinsehen können, sondern auch damit, daß auffällige Blüten, die Insekten anlocken sollen, fehlen. Nur die Allergiker unter uns spüren dieses Blühen, sie bekommen nun Heuschnupfen. Außerdem kann man es indirekt wahrnehmen, da überall auf Pfützen und Tümpeln gelbliche Überzüge zu beobachten sind, die von Blütenstaub herrühren.
Alles das hängt damit zusammen, daß die wichtigsten unserer Waldbäume windblütig sind. Wenn die Bestäubung durch den Wind erfolgreich sein soll, müssen einige Voraussetzungen gegeben sein, denn es bleibt dem Zufall überlassen, ob ein mit dem Wind transportiertes Pollenkorn auf die Narbe einer Blüte derselben Art trifft oder nicht. Dem Zufall kann dadurch etwas nachgeholfen werden, daß windblütige Pflanzen häufig nicht einzeln, sondern in großen Beständen wachsen. Das trifft für unsere Waldbäume zu, und es ist bezeichnend, daß die bestandsbildenden Arten, wie Buche und Eiche und die Nadelbäume Kiefer, Fichte und Tanne, alle windblütig sind (siehe auch Gräser, S. 63), während die mehr einzeln stehenden Arten, wie Ahorn und Linde, die als Beiholz in Frage kommen, durch Insekten bestäubt werden. Windblütige Pflanzen besitzen an den Blüten selten Schauorgane, die Narben sind fast immer lang und fedrig entwickelt und die Pollen sind glatt, haben keine Kittstoffe, die sie aneinanderkleben, und tragen bei den Nadelbäumen Luftsäcke als Verbreitungshilfe.
Eine weitere Anpassung an die Windblütigkeit besteht darin, daß viele Bäume schon blühen, ehe sie ihr Laub entfalten. Das verhindert, daß zuviel Blütenstaub von den Blättern abgefangen wird und nutzlos auf ihnen liegenbleibt. Die wirksamste, aber auch aufwendigste Strategie der Anpassung besteht in der riesigen Zahl an Pollenkörnern, die erzeugt wird. Für die Hasel z.B. hat man 2 Millionen Pollenkörner pro Kätzchen ermittelt, für die Birke sogar 5 Millionen. Messungen haben ergeben, daß in einem Buchenwald im Kronenbereich auf jeden cm^2 200000 Pollenkörner anfliegen. Das sind pro mm^2 200 Stück. Auffangversuche haben gezeigt, daß selbst in 55 km Entfernung vom Wald auf dem Meer noch bis zu 400 Pollenkörner der Fichte pro cm^2 anfliegen. Diese enorme Zahl vermindert das Risiko des Nichtbestäubtwerdens beträchtlich.
Jetzt zur Blütezeit der Nadelbäume läßt sich leicht der Bau der männlichen und weiblichen Zapfen vergleichen. Wir finden an den Kiefern drei Generationen von Zapfen: Die gerade blühenden und die vorjährigen grünen Zapfen hängen an den Zweigen, diejenigen des vorvorigen Jahres sind trocken und meistens schon abgefallen. Aus einem solchen Zapfen lassen sich Samen heraussuchen, deren Verbreitungsfähigkeit durch den Wind bei einfachem Hochwerfen demonstriert werden kann.
Bei einem Gang durch den Wald treffen wir, was seine Zusammensetzung betrifft, auf die unterschiedlichsten Formen. Die Unterschiede zwischen einem Laub- und einem Nadelwald fallen jetzt deutlich ins Auge. Das zeigt sich schon an der Helligkeit bzw. dem Dämmerlicht, das uns Laub- bzw. Nadelwald bie-

ten. Diese unterschiedlichen Lichtverhältnisse (s. auch März, S. 29) führen besonders in jungen Waldteilen, z.B. in einer Dickung oder einem Stangenholz, dazu, daß Nadelwäldern, bis auf Moose und Pilze, meistens der gesamte Unterwuchs fehlt. Neben dem Licht ist es aber auch der Boden, der die Vegetation beeinflußt. Die schwer zersetzbare Nadelstreu führt im Nadelwald zu einem sauren Rohhumus, der viele Pflanzen nicht gedeihen läßt.
Auffallend ist auch der Unterschied in der Zahl der Tiere, vor allem der Vögel, die wir beobachten können. Im dichten Fichtenforst ist es geradezu ruhig. Wenige Meisen und Goldhähnchen lassen sich hören. Dagegen ist die Vielfalt an Vogelarten in einem Laub- oder Mischwald beeindruckend.
Im Laubwald muß die oberste Schicht der Blätter im Kronendach den unterschiedlichsten Umweltbedingungen trotzen. Auf sie strahlt im Sommer das volle Sonnenlicht ein, und über sie geht hauptsächlich die Verdunstung vor sich, der Baum verliert also dort das meiste Wasser. Zusätzlich sind sie besonders Regen, Hagel und Sturm ausgesetzt. Diese Blätter müssen also fest und derb sein, und sie müssen einen wirksamen Verdunstungsschutz besitzen, der einen zu hohen Verlust an Wasser verhindert.
Ganz anders sieht es für die Blätter aus, die weiter unten an den Ästen sitzen. Sie erhalten zwar weniger Licht, benötigen aber diese Schutzeinrichtungen nicht. Deswegen unterscheiden sie sich in ihrem Bau auch erheblich. Die den Elementen direkt ausgesetzten, dunkler grün gefärbten „Sonnenblätter" besitzen einen dickeren Querschnitt und eine widerstandsfähigere Blatthaut (Kutikula) als die zarteren und heller gefärbten „Schattenblätter".
Vor lauter Wald sehen wir häufig den Einzelbaum gar nicht mehr, und deswegen fällt uns auch meistens auf den ersten Blick gar nicht auf, daß heute viele Bäume im Wald krank sind. Innerhalb kurzer Frist ändern sich die Statistiken über den Prozentsatz der im deutschen Wald stehenden kranken Bäume und über den Fortgang des Waldsterbens. Waren vor einigen Jahren noch 80% der Bäume gesund, sind es bei der Tanne heute kaum mehr 2%. Auch wenn die Ursachen dieses Waldsterbens noch diskutiert werden, kann es doch zum größten Teil auf Umweltbelastungen zurückgeführt werden.
Besonders an Nadelbäumen fallen die Symptome einer Erkrankung und die typischen Schadensbilder ins Auge. Dem Wind exponierte Bäume an Hängen oder am Rand des Waldes speziell sind es, bei denen sich die typischen Zeichen einer Erkrankung drastisch ausprägen. Das deutet darauf hin, daß die schädigenden Stoffe besonders durch den Wind an die Bäume herangetragen werden. Je nach dem Grad der Schädigung zeigen sich aufeinanderfolgende Schadensbilder, die man mit den Stufen „kränkelnd" (I), „krank" (II) und „absterbend" (III) bezeichnet hat. Sie sind in Abbildung 14 dargestellt.
Bei einem unserer häufigsten Waldbäume, der Fichte, sind die Schadensmerkmale auch für einen Ungeübten gut zu erkennen. Am augenfälligsten wird die Schädigung, wenn wir von unten am Stamm entlang durch die Krone zu blicken versuchen. Während bei einer gesunden Fichte der Himmel von unten nicht zu sehen ist, können wir bei einem kranken Exemplar durch die Krone hindurchsehen. Das hängt damit zusammen, daß die Krone von innen her lichter wird,

Abb. 14: Typischer Anblick einer gesunden und einer kranken Fichte.

da die alten Nadeln frühzeitig verlorengehen. Während gesunde Fichten ihre Nadeln 6–10 Jahre halten, weisen die kranken Bäume nur noch 2–3 Nadelgenerationen auf (Abb. 15). Die Nadeln färben sich zudem gelblich.

In der zweiten Schadensstufe wird die Krone bereits sehr licht. Die Seitenzweige hängen herunter, so daß der Baum wie mit dunklem Lametta behängt erscheint. Man hat diesen Zustand daher auch als „Lamettasyndrom" bezeichnet. Es gibt allerdings einige Fichtenrassen, besonders solche des Hochgebirges, die auch ungeschädigt derartige hängende Seitenzweige aufweisen. Das ist wahrscheinlich eine Anpassung an die größeren Schneelasten im Gebirge.

Auf der letzten Schadensstufe wird die Spitze des Fichtenstammes in seiner ganzen Länge sichtbar, da sämtliche Nadeln abgefallen sind. Es sterben immer mehr Äste ab. Auf der Oberseite der noch lebenden Äste entstehen aus schlafenden Augen quirlige „Nottriebe". Es sieht so aus, als versuche der Baum mit dieser Knospensucht die verlorengegangenen Nadeln zu ersetzen. Im Kronenbereich harzt der Stamm jetzt sehr stark. Von diesem Zustand bis zum völligen Absterben dauert es nicht mehr lange.

Als Sekundärschäden kranker Bäume kommt es dann häufig zum Befall durch Borkenkäfer (s. S. 117) oder den Hallimasch.

Daß wir nicht viel mehr geschädigte Bäume in unseren Wäldern sehen können, liegt natürlich auch daran, daß die kranken Exemplare jeweils als erste geschlagen werden, um wenigstens noch einen geringen Holzertrag zu erzielen. Es werden andererseits auch regelrechte Waldschadenslehrpfade angelegt, die man bei Gelegenheit besuchen sollte.

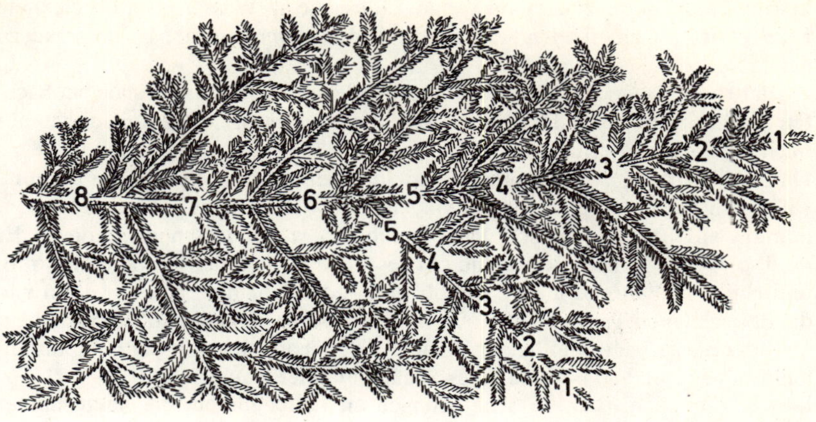

Abb. 15: Gesunder und kranker Tannenzweig. Die Zahlen bezeichnen die einzelnen vorhandenen Nadeljahrgänge.

An geschlagenen Stämmen sieht man häufig noch ein weiteres Symptom des Waldsterbens: ein unregelmäßig geformter braunroter Bereich im Zentrum des Stammquerschnitts. Es handelt sich dabei um einen sogenannten Naßkern, der sich wahrscheinlich durch Bakterienbefall von der Wurzel her gebildet hat. Auch die kontinuierlich abnehmenden Jahresringbreiten am Rande zeigen, daß der Baum schon einige Zeit geschädigt war und keinen normalen Holzzuwachs mehr hatte.
Bei der Tanne, an der das heutige Waldsterben zuerst auffiel, zeigen sich ähnliche Symptome wie bei der Fichte: Nadelverfärbung und Kronenverlichtung infolge des von unten nach oben und von innen nach außen fortschreitenden Nadelverlusts sind zu beobachten. Eine gesunde Tanne trägt bis zu 12 Nadeljahrgänge, beim kranken Baum sind es höchstens noch vier. Hinzu kommt, daß das Höhenwachstum der Krone aufhört, dafür aber ein verstärktes Wachstum der Seitenäste einsetzt. Das führt zu dem typischen Bild der „Storchennestkrone" geschädigter Bäume. Auch sehr alte gesunde Tannen zeigen diese Kronenform, beim kranken Baum erscheint sie aber viel früher. Eine

kranke Tanne bildet zudem am Stamm zahlreiche als Wasserreiser bezeichnete Kurztriebe aus schlafenden Augen, so daß der Stamm aus der Ferne geradezu pelzig aussieht.

Auch bei der Kiefer lassen sich entsprechende Schädigungsmerkmale beobachten. Während ein gesunder Baum 4 Nadeljahrgänge trägt, ist beim kranken nur noch ein Jahrgang erhalten.

Das Waldsterben ist bei unseren Nadelbäumen zuerst bemerkt worden und wirkt sich bei ihnen auch besonders stark aus. Ein Baum hat keine Nieren, über die er Giftstoffe, die er aufgenommen hat, wieder ausscheiden könnte. Er muß solche Stoffe speichern. Und das geschieht auch in den lebenden Blättern und Nadeln. Während unsere Laubbäume jedes Jahr ihr Laub abwerfen und damit auch einen Teil der Giftstoffe wieder loswerden, behalten die Nadelbäume ihre Blätter sehr viel länger, so daß sich Schadstoffe fortwährend ansammeln können und so eher zu einer Schädigung des Baumes führen.

Das erklärt auch, daß die Schädigungen an Laubbäumen, die heute immer stärker beobachtet werden können, später als bei den Nadelbäumen aufgetreten zu sein scheinen. Die Schadensmerkmale ähneln sich bei unseren beiden Hauptlaubbäumen, der Eiche und der Rotbuche, stark. Am Anfang ist zu beobachten, daß verkleinerte, häufig lederartig veränderte Blätter auftreten, die am Rand Schädigungen in Form von braunen Flecken zeigen. Diese Blattnekrosen nehmen immer mehr zu, und es kommt zu einem frühzeitig im Jahr erfolgenden Abwerfen der Blätter. Gelegentlich verliert der Baum auch schon grüne Blätter. Dadurch erscheint das Kronendach gelichtet. Es kommt schließlich zu einem fortschreitenden Entlaubungsprozeß, so daß immer mehr abgestorbene Teile des Kronendachs sichtbar werden, die Folge ist eine sogenannte Kronendürre.

Geschädigte Bäume zeigen gegenüber gesunden eine gesteigerte Blühwilligkeit und vermehrten Fruchtansatz, die Samen sind allerdings oft taub. Häufig stirbt die Rinde in der Krone und später auch am Stamm ab. Das erleichtert wiederum Schädlingen, wie Borkenkäfern oder dem Hallimasch, den Baum zu befallen.

Kahlschläge im Wald bieten interessante biologische Beobachtungsmöglichkeiten. Der Kahlschlag ist bei dem heute üblichen Waldbau die wirtschaftlichste Erntemethode (siehe S. 8ff.). Außerdem erleichtert er die Bodenbearbeitung und die anschließende Wiederaufforstung.

Auf einem Kahlschlag erwärmt sich der Boden viel besser als im Wald und es entwickelt sich schnell eine üppige Flora aus Gräsern, Kräutern und Sträuchern, die je nach Untergrund aus typischen Vertretern zusammengesetzt ist. Diese Pflanzen wachsen schneller als die vom Förster gesetzten Jungbäume und behindern deren Wachstum am Anfang so stark, daß sie vom Forstwirt als „Unkräuter“ oder „Unhölzer“ eingestuft werden. Typisch für Kahlschläge sind unter den Kräutern das Schmalblättrige Weidenröschen *(Epilobium angustifolium)* und der Rote Fingerhut *(Digitalis purpurea)*, das Johanniskraut *(Hypericum perforatum)* und etliche Kreuzkrautarten *(Senecio)*. Die Sträucher werden hauptsächlich durch Himbeere *(Rubus idaeus)*, Faulbaum *(Frangula alnus)*, wilde Rosen und Holunder *(Sambucus nigra)* vertreten. Eine positive Wirkung

haben diese Schlagpflanzen aber auch: Sie dienen solange, bis die heranwachsenden Bäume diese Aufgabe übernehmen können, als Erosionsschutz für den Boden.
Außer Pflanzen stellen sich auch bald typische Insekten- und Vogelarten ein. Für Kahlschläge sind der Baumpieper und die seltenere Heidelerche charakteristische Arten. Der Baumpieper singt meistens von der Spitze einzeln stehender Bäume aus. Von dort steigt er ab und zu auf und läßt sich mit ausgebreiteten Flügeln und Schwanz wieder auf seinen Platz zurücksinken. Die langgezogenen Töne seines Gesanges, die er dabei hören läßt, sind nicht zu verwechseln. Überläßt man einen Kahlschlag sich selbst, so erobert ihn mit der Zeit der Wald wieder zurück. Das geht aber nur sehr langsam vor sich. In den ersten 20 Jahren nach dem Schlag findet man nur Kräuter, Gräser und Sträucher. Erst nach 20 bis 100 Jahren erscheinen Pionierbaumarten wie Birke, Vogelbeere und Zitterpappel, und erst nach mehr als 100 Jahren finden sich auch wieder Schattenbaumarten ein, und Eichen und Buchen gewinnen die Oberhand.

Pflanzen- und tierkundliche Hinweise

Für den Mai können aus der Fülle an Pflanzen und botanischen Problemen nur einige Hinweise gegeben werden. Für vergleichende Untersuchungen stehen aus einer Reihe von Familien genügend Arten zur Verfügung. Geeignet sind insbesondere Rosenartige: Apfel, Birne, Mehlbeere, Vogelkirsche, Himbeere sind bequem zu beschaffen und leicht zu untersuchen. Auch Hahnenfußgewächse sind empfehlenswert. Daneben bieten folgende Familien ausreichend blühende Pflanzen: Kreuzblütler, Nelkengewächse, Doldenblütler, Lippenblütler und Liliengewächse.
Wer Pflanzen mit schwierigem Blütenbau untersuchen will, findet Wolfsmilcharten, Wegerich, Brennessel, Gräser u. a.
Reizvolle Untersuchungen zur Blütenbiologie lassen sich an Salbei und anderen Lippenblütlern und an einigen Schmetterlingsblütlern (z. B. Besenginster) anstellen.
Mais muß gesät werden.
Manche Farne beginnen mit der Bildung von Sporangien. Einige Moose haben bereits Sporenkapseln; andere Arten tragen noch Archegonien und Antheridien. Flechten bilden vielfach Apothecien.
Bei den Torfmoosen können wir die farblosen, mit Löchern versehenen, wasserspeichernden Zellen leicht von den chlorophyllführenden unterscheiden. Die Poren werden deutlich erkennbar, wenn man das Moosblatt mit einem Kopierstift anfärbt.
In stehenden Gewässern, vorwiegend in kleinen Tümpeln, treiben an der Oberfläche die Watten von *Spirogyra,* die man beim Anfassen an der schleimigen Beschaffenheit erkennt. Die für eine nähere Untersuchung besonders lohnenswerte Konjugation findet in der freien Natur erst im August statt. Man kann sie jedoch künstlich hervorrufen, indem man die Fäden in eine 2- bis

4%ige Rohrzuckerlösung bringt, die an ein sonniges Fenster gestellt werden muß.
Zwischen den Fäden der Schraubenalge treffen wir nicht selten auf die verwandte Sternalge, die an den sternförmigen Chromotaphoren erkennbar ist. Es wird empfohlen, sie in einer Aufschwemmung von Tusche zu beobachten, da sie sich darin besonders gut vom Untergrund abhebt.
Wenn im Aquarium eine Alge Fäden von Pflanze zu Pflanze spinnt, dann ist es meist *Cladophora*. Einen dunkelgrünen, im fließenden Wasser flutenden Überzug an Steinen und anderen Gegenständen bildet *Ulothrix*.
Ganz besonders sei auf die Armleuchteralgen *Chara* und *Nitella* hingewiesen, die am Boden stehender Gewässer rasenartige Überzüge bilden. Sie brauchen Kalkboden und sind daher in mit Wasser vollgelaufenen Mergel- oder Tongruben häufig zu finden.
Wer Algen, besonders Diatomeen, rein ziehen will, nehme nach Kolkwitz folgenden Nährboden: Auf 1000 cm^3 Wasser 100 g Gelatine, 0,2 g K_2HPO_4, 0,2 g $MgSO_4$, 0,2 g KNO_3 und eine Spur Eisensulfat.
Viele Algen sind empfindlich gegen Metallsalze. Das Herausheben mit einer Metallpinzette kann bereits genügen, um empfindliche Kulturen zu stören. Daher sollten Algen nie in Metallgefäßen transportiert und nur mit Holz- oder Glasstäben angefaßt werden.

Die Winterschläfer sind jetzt alle wieder munter. In ländlichen Gebieten trifft man in der Dämmerung gelegentlich Igel.
Anfang Mai ist die beste Zeit zum Studium von Vogelstimmen. Obwohl die meisten Vögel am Abend oder in den frühen Morgenstunden zu hören sind, ist für den Anfänger eine Exkursion um die Mittagszeit am geschicktesten. Hier hört man nicht so sehr einen vielstimmigen Vogelchor, aus dem die Einzelstimmen für den Laien nicht erkennbar sind, sondern man kann sich auf den Gesang einer Vogelart besser konzentrieren. Vogelstimmenexkursionen erfordern viel Geduld und Ruhe.
An feuchten Tagen findet man in den Morgen- und Abendstunden gelegentlich Blindschleichen. An ihnen lassen sich die Merkmale gut aufzeigen, die die Blindschleiche zu den Eidechsen stellen und von den Schlangen trennen (Augenlider nicht verwachsen, Bauchschuppen und keine Schilder, langer, abwerfbarer Schwanz, Häutung in Fetzen und nicht als „Natternhemd", kein Züngelloch im Maul).
Gegen Ende des Monats ist eine Fülle von Gliederfüßlern vorhanden, so daß man von den meisten Gruppen Tiere finden und untersuchen kann. In Waldschneisen ist gegen das Licht sogenanntes „Luftplankton" durch Käschern zu erbeuten. Beste Fangzeiten sind windstille, sonnige Tage 1–2 Stunden vor Sonnenuntergang. Im Mai enthalten die Fänge sehr viele kleine Käfer. Im Laufe des Sommers gewinnt der Anteil an Fliegen, Mücken, Hautflüglern usw. immer mehr die Überhand.
Ebenso schöne wie in ihren Lebensgewohnheiten interessante Tiere sind die Krabbenspinnen. Sie lauern in Blüten auf Insekten und vermögen selbst große Bienen, Fliegen und andere kräftige Insekten mit ihren starken Zangen zu

überwinden. Einige Arten können sich der Farbe des Untergrundes anpassen, wie man durch Versuche leicht feststellen kann. Andere bemerkenswerte Spinnen sind die Springspinnen und Wolfsspinnen. Man kann sie im Terrarium halten.

Selbst Regentage ermöglichen dem Biologen in der freien Natur allerlei interessante Beobachtungen. Schnecken fangen bei feuchter Luft an, lebhaft umherzukriechen. Die großen Nacktschnecken (Weg- und Egelschnecken) lieben feuchte Au- und Bruchwälder und nasse Wiesen. Die Weinbergschnecke liebt kalkreiche Gebiete; sie ist geradezu ein Indikator für kalkhaltigen Boden. An Uferpflanzen entdecken wir häufig die zerbrechlichen Bernsteinschnecken. Ihre Schale ist so transparent, daß wir den Herzschlag der Tiere durch sie hindurch beobachten und zählen können. Bei den größeren Weinbergschnecken kann man diese Transparenz künstlich herstellen, indem man die Schale des Tieres über dem Herzen vorsichtig mit schwacher Salzsäurelösung (ca. 5%) verdünnt. Das Tier wird dadurch nicht geschädigt.

In einem Aquarium kann man gut Mückenlarven halten. Sie sind aus Regentonnen ohne Schwierigkeiten zu fangen. Dort entdeckt man sogar ihre Eischiffchen, die auf der Wasseroberfläche abgesetzt werden. Nun kann man die Entwicklungsstadien über die Larven zur Puppe und der Imago leicht verfolgen. Wir sollten das Aquarium aber mit einer Glasscheibe gut abdecken.

Jetzt kann man eine Hydrazucht anlegen. In einem kleinen Aquarium mit Wasserpflanzen werden einige Tiere untergebracht und mit kleinen Krebschen reichlich gefüttert. Sie vermehren sich schnell und zeigen alle Stadien der ungeschlechtlichen Fortpflanzung.

Juni

Auf den **Feldern** lohnt jetzt eine Betrachtung der einzelnen Getreidearten. Anfang dieses Monats blüht der Roggen, etwas später folgen Weizen, Hafer und Gerste. Mit dem Stäuben des Roggens hat der Frühsommer begonnen. Wir sollten versuchen, die vier einheimischen Hauptgetreidearten nach ihrem Blüten- bzw. Fruchtstand zu unterscheiden (Abb. 16). Roggen, Weizen und Gerste besitzen als Blütenstand eine Ähre, der Hafer eine Rispe. Er ist daher am einfachsten zu erkennen, wir können ihn aber mit dem als Unkraut verbreiteten Windhafer *(Avena fatua)* verwechseln. Die anderen drei Arten kann man am besten nach ihren Grannen unterscheiden: Weizen besitzt sehr kurze Grannen, Roggen mittellange und Gerste sehr lange Grannen. Gewisse Schwierigkeiten bereitet die Unterscheidung von vierzeiliger Gerste und Bartweizen, da der Bartweizen die langen Grannen der Gerste und die vierzeilige Gerste etwa die Ährenform des Weizens besitzt.
Auch an ihren vegetativen Merkmalen kann man unsere Hauptgetreidearten erkennen (Abb. 16). Bei Roggen, Weizen und Gerste sind die Blätter nach rechts gedreht, beim Hafer nach links. Das Blatthäutchen ist bei Roggen und Hafer klein, bei Weizen und Gerste dagegen lang ausgebildet. Das beste Unterscheidungsmerkmal sind aber die Blattöhrchen. Hafer besitzt überhaupt keine, beim Roggen sind sie klein, bei der Gerste lang ausgebildet, und beim Weizen sind sie behaart. Der Mais ist mit keinem anderen Getreide zu verwechseln.

Wegen ihrer Größe eignen sich die Ährchen des Roggens vorzüglich zum Studium des schwer verständlichen Baus von Blüten und Blütenständen der Gräser (Abb. 17). Das Blühen des Roggens macht sich für Allergiker ungünstig bemerkbar, denn jetzt fliegen ganze Wolken von Blütenstaub durch die Luft. Das zeigt uns, daß der Roggen wie die anderen Gräser durch den Wind bestäubt wird. Die Ährchen öffnen sich durch einen Anstieg des Drucks in den Schwellkörpern. Anschließend strecken sich die Staubfäden und schieben die Pollensäcke aus dem Ährchen heraus. Bei dieser Streckung (bis 2,5 mm/Min., maximale Streckungszeit 10 Min.) haben wir mit die schnellsten Wachstumsbewegungen bei Pflanzen vor uns. Nach ungefähr einer halben Stunde sinkt der Druck in den Schwellkörpern wieder, und die Ährchen schließen sich. Auf die wichtigsten Aspekte der Windblütigkeit wurde im Mai bei der Blüte unserer Waldbäume eingegangen.

Früher gaben die Getreidefelder um diese Zeit ein farbenprächtiges Bild ab. Das leuchtende Rot des Klatschmohns *(Papaver rhoeas)* mischte sich mit dem intensiven Blau der Kornblume *(Centaurea cyanus)*. Dazwischen entdeckte man noch das Blau des Rittersporns *(Consolida regalis)* und das Violett der Kornrade *(Agrostemma githago)*. Alle diese Ackerunkräuter stammen aus den Grassteppen Asiens. Sie fanden bei der Urbarmachung unserer Landschaften hier ähnliche Bedingungen vor und konnten sich ausbreiten. Ohne den Schutz

Abb. 16: Fruchtstände von Weizen, Gerste, Roggen und Hafer (von links). Darunter ist jeweils der Ansatz eines Blattes mit den Blattöhrchen dargestellt. Siehe auch Text.

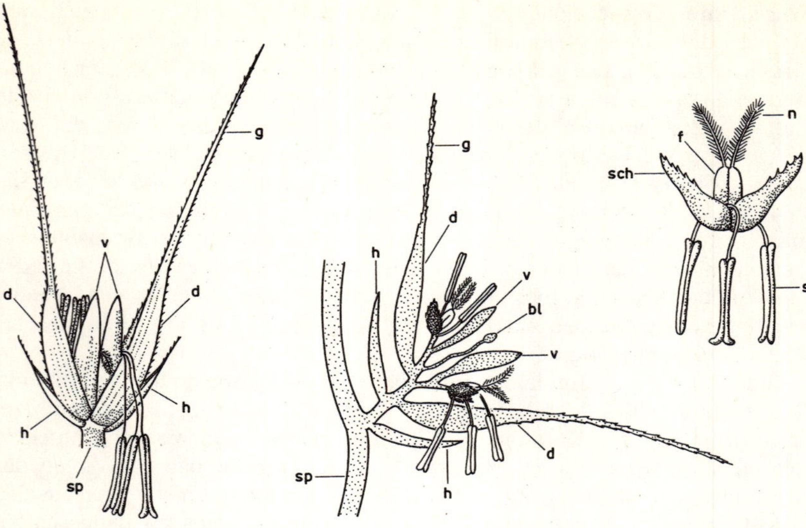

Abb. 17: Ährchen und Blüte des Roggens. Einzelnes Ährchen (links) und seine schematische Darstellung (Mitte) und Einzelblüte. bl = verkümmerte Blüte, d = Deckspelze, f = Fruchtknoten, g = Granne, h = Hüllspelze, n = Narbe, sch = Schwellkörper, sp = Spindel, st = Staubblatt, v = Vorspelze.

der Gräser können sie alle aber nicht gedeihen, und diesen Schutz finden sie in unseren Getreidefeldern.
Die Kornrade war noch vor gar nicht langer Zeit eines der gefürchtetsten Unkräuter, denn sie ist, was vor allem auf die Samen zutrifft, giftig. Früher konnte bei starkem Kornrade-Vorkommen das Brotmehl zu einem hohen Prozentsatz mit Kornradesamen verunreinigt sein (bis zu 7%). Das Gift greift die Nebennieren an, womit eine Anfälligkeit für Lepra verbunden war. Es ist daher kein Wunder, daß die Kornrade eifrig bekämpft wurde. Heute gehört sie in Deutschland zu den vom Aussterben bedrohten Pflanzenarten.
Die Kornblume ist ein blütenbiologisch interessantes Untersuchungsobjekt. Wie auch einige andere Korbblütler besitzt sie reizbare Staubfäden. Berührt diese ein Insekt, so verkürzen sie sich, die Staubbeutelröhre wird heruntergezogen, und der Pollen tritt aus der Röhre hervor. Wir können selbst Insekt spielen und mit einem Dorn oder einer Nadel die Blüten berühren und so den Vorgang beobachten.
Auf weitere Ackerunkräuter wird im September eingegangen.
Wir sollten auch einem einzelnen Getreidehalm unsere Aufmerksamkeit schenken. Er besteht wie bei allen Süßgräsern aus Knoten und Internodien. An den Knoten liegen durch Blattscheiden geschützte, noch wachstumsfähige Stellen. Wurde das Getreide durch Niederschläge und starken Wind umgeknickt, so können sich die Halme wieder aufrichten, indem die der Erde zugewandte Seite verstärkt wächst.

Die Halme knicken aber nur unter extremen Bedingungen um, da sie sehr stabil gebaut sind. Das hängt mit dem röhrenförmigen Aufbau des Halms zusammen. Röhren sind viel widerstandsfähiger und biegefähiger als massive Zylinder. Häufig wird der Schlankheitsgrad und die Biegefestigkeit des Roggenhalmes, der an der Spitze ja noch die schwere Ähre tragen muß, verglichen mit Bauwerken wie Schornsteinen oder Fernsehtürmen, indem das Verhältnis von Höhe zu Durchmesser an der Basis für den Roggenhalm errechnet (beim Roggenhalm beträgt dieses Verhältnis etwa 400) und dann auf technische Bauwerke übertragen wird. Der Schlankheitsgrad ist allerdings sinnvoll nur bei gleicher absoluter Größe zu vergleichen, da mit steigender Größe die Biegefestigkeit bei gleichem Schlankheitsgrad abnimmt. Trotzdem stellt der Roggenhalm, was seine Statik betrifft, ein Wunderwerk der Natur dar.

Bei unserem Gang durch die Felder sollten wir auf vorhandene **Hecken** achten, da an ihnen interessante ökologische Beobachtungen gemacht werden können. Die meisten Heckenpflanzen blühen jetzt, und so bilden die Hecken bunte Bänder zwischen den einförmig grünen Feldern. Von den Sträuchern blühen jetzt Rosen, Weißdorn *(Crataegus)*, Holunder *(Sambucus nigra)*, Schneeball *(Viburnum lantana)* und Waldgeißblatt *(Lonicera periclymenum)*. Ein besonders reiches Insektenleben finden wir auf den Weißdornblüten. Sie werden gern von den schillernden Rosenkäfern und vielen Bockkäferarten aufgesucht. Daneben haben aber auch viele krautige Pflanzen der Hecke jetzt ihre Blütezeit. Für Bestimmungen von Heckenpflanzen siehe LOBECK & MEINCKE (1966) und STREETER, RICHARDSON & DREYER (1985).
Früher wurden Höfe, Äcker und Gärten häufig mit lebenden Zäunen, den Hecken, versehen. Sie sollten nicht nur die Grenze zum Nachbarn markieren, sondern das eingezäunte Gebiet vor dem Wild und dem Weidevieh schützen. Dazu mußten die Hecken möglichst undurchdringlich angelegt werden. Dornige und sich stark verästelnde Sträucher wie Schlehe *(Prunus spinosa)*, Weißdorn und Berberitze *(Berberis vulgaris)*, Rosen und Brombeeren sind ideale Heckensträucher. Verzweigten sie sich nicht von allein genügend, wurden die Zweige gekappt oder abgeknickt, um das Austreiben von Seitenknospen zu fördern. Auf diese Maßnahme geht der Name „Knick“ für die norddeutschen Hecken zurück. Weißdorn und Berberitze, die zunächst als häufige Heckensträucher vorhanden waren, wurden zeitweilig bewußt wieder herausgeschlagen, da der Weißdorn der Zwischenwirt des Birnenfeuerbrands und die Berberitze der Zwischenwirt des Getreiderostes ist. An den Blüten der Berberitze lassen sich interessante Beobachtungen zur Bestäubungsbiologie machen. Stößt ein Insekt mit seinem Rüssel oder wir in einem Versuch mit einer Nadel an das untere Ende der Staubblätter, so erfolgt eine schnelle (1/10 Sek.) Bewegung der Staubblätter zur Mitte hin.
Neben diesen Schutzhecken existieren aber noch viele andere Heckenformen, unterschiedlich je nach der Kulturlandschaft, in der sie stehen.
Hecken sind linienhafte Gebilde von geringer Breite, in denen Bäume in der Regel fehlen. Sie unterscheiden sich so von den Feldgehölzen, die mehr flächenhaft sind und die Bäume aufweisen. Leider werden Hecken immer selte-

ner, da das großräumige Bewirtschaften mit Maschinen durch sie behindert wird. So mußten sie während der Flurbereinigung häufig zugunsten der freien Wirtschaftsfläche weichen.

Hecken zeigen auf engstem Raum eine enorme Vielfalt an unterschiedlichen ökologischen Bedingungen. Neben schattigen, undurchdringlichen Stellen in der Mitte gibt es sonnige, freie Plätze am Rand. Um die vielfältigen Bedingungen genauer kennenzulernen, muß man eine Hecke durchqueren und nicht nur an ihr entlanggehen. Zu beiden Seiten des Innenraums finden wir einen Seitenstreifen aus rankenden Sträuchern und Schlingpflanzen, wie Waldgeißblatt *(Lonicera periclymenum)* und Waldrebe *(Clematis vitalba),* die sogenannte Heckenrampe, die dann in den Heckensaum, der den Übergang zum Kulturland bildet, übergeht. Hecken ähneln in ihrer Schichtung einem Waldrand sehr stark und weisen in ihrem Inneren ein waldähnliches Kleinklima auf. Sie stellen so gleichsam zwei aneinandergrenzende Waldränder ohne Wald dazwischen dar.

Diese Vielfalt ökologischer Nischen bringt es mit sich, daß in Hecken 50–70 Arten höherer Pflanzen vorkommen können, daß bis zu 7000 Tierarten für Hecken gezählt wurden, und daß pro 100 m Heckenlänge 0,8 bis 3 Vogel-Brutpaare nachgewiesen wurden. Das sind bei einer Breite von ca. 5 m umgerechnet bis zu 60 Brutpaare pro Hektar.

Typisch für Hecken sind Vogelarten wie Neuntöter, Grasmücken, Heckenbraunelle und Sumpfrohrsänger. Der Sumpfrohrsänger bevorzugt dabei hauptsächlich Hecken neben Ackerland, während die übrigen mehr im Grünland zu finden sind.

Flüsse oder Bäche sind jetzt ebenfalls lohnende Ziele für eine biologische Wanderung. Wir sollten eine Stelle wählen, wo das Gewässer nicht zu tief ist, so daß es mit Gummistiefeln begehbar ist und wir Steine aus dem Flußbett nehmen und betrachten können.

Unsere Fließgewässer sind heute an kaum einer Stelle mehr naturnah, lediglich der ursprungsnahe Teil weist gelegentlich noch seinen natürlichen Charakter auf. Deswegen ist es schwer, den jetzigen Zustand mit dem eines unveränderten Flusses zu vergleichen.

Flüsse zeigen drei markante Abschnitte: Der Oberlauf hat eine reißende Strömung, sein Wasser ist kalt, aber sauerstoffreich. Im Mittellauf fließt der Fluß immer noch rasch, seine Temperatur hat aber zugenommen und weist je nach Jahreszeit große Schwankungen auf. Im Unterlauf fließt er schließlich träge, und sein Sauerstoffgehalt hat noch weiter abgenommen (s. auch NIEMEYER-LÜLLWITZ, 1985).

Lebewesen haben hinsichtlich Temperatur, Sauerstoffgehalt und Nährstoffreichtum des Wassers unterschiedliche Ansprüche. Daher kommen die einzelnen Arten nur in ganz bestimmten Flußabschnitten vor. Diese Anpassung ist so typisch, daß man Flüsse in Regionen eingeteilt hat, die nach den für sie charakteristischen Fischarten benannt sind.

Der Gewässerlauf beginnt mit der **Forellenregion** mit dem Leitfisch Bachforelle; hier ist er noch recht kalt und sauerstoffreich. Das schnell sprudelnde Was-

ser hat das gesamte feinere Erdmaterial aus dem Flußbett ausgewaschen, so daß der Untergrund aus Kies und Steinen besteht. Pflanzen kommen hier kaum vor. Verglichen mit den weiteren Flußabschnitten erscheint ein Bergbach auf den ersten Blick als ein lebensfeindlicher Biotop. Wir finden deswegen hier auch wenige Organismen, aber diejenigen, die dort überleben können, sind sehr gut angepaßte Formen. Die hohe Fließgeschwindigkeit mit ihren Turbulenzen bedingt einen hohen Sauerstoffgehalt, birgt aber auch die Gefahr in sich, daß die Organismen, die an diesen hohen Sauerstoffgehalt angepaßt sind, abgeschwemmt werden, in sauerstoffärmeres Wasser geraten und dann absterben. Die Anpassung an die starke Strömung muß also zu allererst darin bestehen, das Abgeschwemmtwerden zu verhindern. Wir finden deswegen immerwiederkehrende Körpermerkmale, die bei den unterschiedlichsten Tiergruppen ähnlich sind. Stromlinienform und Abplattung des Körpers sind Merkmale, die bei vielen Insektenlarven (z. B. Eintagsfliegen, Steinfliegen) dieser Region vorkommen. Zusätzlich werden häufig starke Krallen ausgebildet, die ein Anklammern erleichtern. Die für diese Region typischen Hakenkäfer sind ein Beispiel dafür. Manche Larven bilden regelrecht Saugnäpfe aus, so die der Lidmücken. Ein wirksamer Schutz ist auch ein hohes Gewicht. So bauen die Larven der Köcherfliegenarten, die in schnell fließenden Bächen vorkommen, ihre Köcher aus schweren Steinchen und unterscheiden sich darin von den Arten, die in ruhigem Wasser sehr leichtes Baumaterial verwenden.
An das Wildwasser schließt sich die **Äschenregion** an. Die Wassertiefe ist größer, und Wasserpflanzen können wachsen. Der Leitfisch Äsche ist wie die Forelle ein Raubfisch. Sie hat eine höhere Vorzugstemperatur als die Forelle.
Höhere Wassertemperaturen im Sommer zeichnen den nächsten Abschnitt, die **Barbenregion** aus, in der die Flußbarbe als typische Leitart vorkommt. Pflanzen sind reichlich vorhanden, der Untergrund ist feinkörniger geworden, und Insektenlarven, Krebse und Würmer kommen reichlich vor.
Die typischen größeren Flüsse der Ebene gehören zur **Brachsenregion**, in der hauptsächlich karpfenartige Fischarten, zu denen auch die Brachse gehört, vorkommen. Das langsam fließende Wasser weist ein reiches Plankton auf. Dadurch ist es nicht mehr so klar wie in den höheren Regionen, sondern auch ohne Belastung durch den Menschen immer etwas trüb.
Insgesamt nimmt also der Nährstoffgehalt eines Fließgewässers von der Quelle zur Mündung laufend zu. Der Oberlauf enthält kaum Nährstoffe, man bezeichnet diesen Zustand als oligotroph (= nährstoffarm). Das kalte Wasser kann viel Sauerstoff binden (bei 10° C 11 mg O_2 pro Liter Wasser).
Das wärmere Wasser der nachfolgenden Abschnitte erlaubt dann ein reiches Pflanzenleben. Die Pflanzen produzieren zwar bei der Fotosynthese Sauerstoff, der ins Wasser gelangt, das entstehende organische Material muß durch Bakterien und Pilze aber wieder mit Hilfe von Sauerstoff abgebaut werden. So kommt es bei steigendem Nährstoffreichtum zu einer immer stärkeren Sauerstoffzehrung im Wasser. Daher erfolgt auch bei einem vom Menschen völlig unbelasteten Fließgewässer eine Erhöhung des Nährstoffreichtums, damit eine Zunahme der im Wasser lebenden Bakterien und eine Verminderung des Sauerstoffgehalts.

Durch die Einleitung von Abwasser in die Bäche und Flüsse erfolgt ein starker Eintrag organischen Materials in das Wasser. Zu der natürlichen Nährstoffanreicherung kommt heute die künstliche Belastung durch den Menschen. Das kann sehr schnell dazu führen, daß überhaupt kein Sauerstoff mehr im Wasser vorhanden ist. Dann kommt es zur Fäulnis, und fast alles Leben, bis auf die Fäulnisbewohner (Bakterien), stirbt ab.

Je nach Sauerstoffgehalt des Wassers stellen sich typische Tier- und Pflanzengesellschaften ein, die den jeweiligen O_2-Gehalt noch ertragen können. Manche Tiere besiedeln, was die O_2- und Temperaturbedingungen betrifft, nur einen sehr engen Bereich, sie können deshalb regelrecht als Leitorganismen für die einzelnen Stufen gelten. Auf dieser Grundlage beruht das „Saprobiensystem", das es ermöglicht, von den im Wasser vorgefundenen Organismen auf die Belastung eines Gewässers mit organischem Material zu schließen (s. Tabelle III, S. 147).

Mit Hilfe des Saprobiensystems kann man ein Gewässer allein aufgrund biologischer Untersuchungen einer von vier Güteklassen, in die noch drei Zwischenklassen eingeschoben werden, zuordnen. Diese biologische Bestimmung hat gegenüber punktuellen chemischen und physikalischen Messungen den Vorteil, daß einmal langfristige Veränderungen der Gewässergüte erfaßt werden, daß sich andererseits aber auch gelegentliche Verunreinigungen auswirken und erkannt werden. Denn ein Tier, das eine höhere Güteklasse zum Überleben braucht, kann auch gelegentliche Verunreinigungen nicht ertragen und stirbt ab.

Wollen wir die biologische Gewässergüte eines Flußabschnittes bestimmen, müssen wir eine gewisse Zeit sämtliche erreichbaren Tiere und Pflanzen sammeln. Günstig erweist sich das Umdrehen von Steinen, die im Wasser liegen, und das Aussieben des Bodengrundes. Die Tiere werden in weißen Plastikschalen aufbewahrt, in denen sie gut zu betrachten sind. Dann werden die Organismen bestimmt und die Siedlungsdichte festgestellt (vgl. Hinweis unten), denn nur die häufigen oder bestandsbildenden Arten gehen in die Berechnung des sogenannten „Saprobienindex" ein. Aus der prozentualen Verteilung der Zeigerorganismen ergibt sich der Index als arithmetisches Mittel. Ein Beispiel soll das verdeutlichen: 20% der gefundenen Zeigerorganismen gehörten der Gewässergüteklasse I an, 55% der Güteklasse II und 25% der Klasse III. Die Berechnung ergibt:

$$
\begin{array}{lr}
20 \times 1 = & 20 \\
55 \times 2 = & 110 \\
25 \times 3 = & 75 \\
\hline
\text{Summe} & 205: 100 = 2{,}05.
\end{array}
$$

In diesem Fall liegt ein Saprobienindex von 2,05 vor, das Gewässer gehört der Güteklasse II = beta-mesosaprob an. Es ist als mäßig belastet anzusehen.

Das Erfassen der Gewässergüteklassen erfordert eine genaue Bestimmung der vorgefundenen Tierarten. Es reicht nicht aus, zu erkennen, daß wir eine Eintagsfliegenlarve oder einen Strudelwurm gefunden haben, wir müssen genau wissen, um welche Art es sich handelt. So besiedelt z.B. der Strudelwurm *Planaria alpina* sauerstoffreiche Bachabschnitte bei einer Temperatur von ca. 13° C und wird bei 16–17° C von der Art *Polycelis cornuta* abgelöst. Gute Bestimmungsbücher, z.B. NAGEL (1989), und eine Lupe sind für derartige ökologische Untersuchungen unerläßlich.

In **Gärten,** vor allem am Stadtrand, können wir gelegentlich Imkern bei der Arbeit zusehen. Bienenhäuser werden heute immer seltener, da viele Völker in Magazinen gehalten werden, die man einzeln aufstellt. Die Bienenvölker haben jetzt von der Zahl der in einem Volk lebenden Tiere her ihren Höchststand erreicht. Ein großes Volk kann nun 70000 Einzelbienen fassen. So große Völker neigen nicht selten dazu zu schwärmen. Wenn man Glück hat, kann man unter Umständen eine solche Schwarmtraube an einem Ast hängen sehen oder sogar den Auszug eines Schwarms aus einem Stock miterleben. Es ist ein faszinierendes Schauspiel, wenn ein Schwarm wie ein Wasserfall aus dem Flugloch herausstürzt, sich in einer brausenden Wolke in die Luft erhebt und sich dann nach einiger Zeit an einem Punkt zur Schwarmtraube sammelt.

Haben wir die Möglichkeit, alte **Weinbergslagen** zu besuchen, so sollten wir das unbedingt tun, nicht nur, weil jetzt der Wein zu blühen beginnt. Gemeint sind auch nicht die nach Rebflurumlegung entstandenen maschinengerechten, aber biologisch toten Monokulturen; sie lohnen unsere Aufmerksamkeit nicht. Hier könnte man lediglich demonstrieren, wie gedankenlos mit der Natur umgegangen wurde. Gemeint sind vielmehr unbereinigte alte Weinberge, die durch Erbteilung entstandene kleine Flächen aufweisen, zwischen denen Brachflächen, Wildgrasfluren, Mauern und Steinriegel mit Hecken, Schuttfluren und Hohlwegen ein abwechslungsreiches Mosaik unterschiedlichster kleiner Standorte entstehen lassen.
Da Weinberge dort angelegt wurden, wo der Wein gute Wachstumsbedingungen vorfindet, also an sonnenexponierten Hanglagen, sind es vor allem wärmeliebende Pflanzen und Tiere, die wir dort zu erwarten haben. Zahlreiche Pflanzenarten stammen daher wie der Wein selber aus dem Mittelmeerraum.
Viele Pflanzen im Weinberg sind Trockenheitspflanzen (Xerophyten), und wir können an ihnen gut die Anpassungserscheinungen demonstrieren, mit denen sich Pflanzen gegen die hohe Lichtintensität und die Trockenheit schützen. Das grelle Sonnenlicht wird z.B. durch einen glänzenden Wachsüberzug reflektiert [Hirsch-Haarstrang *(Peucedanum cervaria),* Sichelblättriges Hasenohr *(Bupleurum falcatum)*]. Ebenso hilft die Einrollung der Blätter bei Labkraut *(Galium)* und Sonnenröschen *(Helianthemum nummularium).* Andere stellen die Blattflächen steil aufrecht, wie Bergaster *(Aster amellus)* und Graslilie *(Anthericum).* Küchenschelle *(Pulsatilla vulgaris),* Karthäuser Nelke *(Dianthus carthusianorum)* und Hirsch-Haarstrang bilden um den Stengelfuß einen Schutzmantel aus abgestorbenen Blattscheiden. Verbreitet ist auch die Verholzung der unteren Stengelteile [Hauhechel *(Ononis spinosa),* Gamander *(Teucrium),* Ziest *(Stachys),* Dost *(Origanum vulgare),* Sonnenröschen]. Manche Pflanzen haben kleine Blätter [Zypressenwolfsmilch *(Euphorbia cyparissias),* Acker-

hornkraut *(Cerastium arvense)*], bei anderen sind sie lederartig [Edelgamander *(Teucrium chamaedrys)*] oder gar als Wasserspeicher [Fetthenne *(Sedum telephium)*] ausgebildet. Einige Pflanzen schützen sich durch Behaarung [Natternkopf *(Echium vulgare)*, Königskerze *(Verbascum densiflorum)*] oder stehen in Polstern [Thymian (*Thymus serpyllum)*, Gamander]. Viele Pflanzen besitzen zudem sehr tiefreichende Wurzeln, wodurch sie auch bei größerer Trockenheit des Bodens an der Oberfläche ans Wasser gelangen können. Der Weinstock selbst ist mit seinen 12–16 m tiefen Wurzeln ein Paradebeispiel dafür.
Das Vorkommen dieser „Unkräuter" im Weinberg wird heute anders eingeschätzt als noch vor einigen Jahren. Einerseits stellen diese flach wurzelnden Pflanzen gar keine Konkurrenz für den tief wurzelnden Weinstock dar, andererseits haben sie auch positive Wirkungen, indem sie den Boden an den steilen Hängen vor Erosion schützen und als natürliche Gründüngung die Bodengare fördern helfen.
Werden die Weinbergflächen extensiv genutzt, so können wir auf ihnen Traubenhyazinthe *(Muscari)*, Weinberglauch *(Allium vineale)* und Weinbergtulpe *(Tulipa sylvestris)* sowie Milch- und Goldstern *(Ornithogalum, Gagea lutea)* finden. An Wildgrasfluren siedeln sich Diptam *(Dictamnus albus)*, Gefranster Enzian *(Gentiana ciliata)*, Mannstreu *(Eryngium campestre)*, das Helm-Knabenkraut *(Orchis militaris)* und die Graslilie *(Anthericum ramosum)* an. Auf Schuttflächen werden sich Sträucher einstellen wie z. B. die Zwergmispel *(Cotoneaster)*, und an den Mauern wachsen Flechten und Moose, das Zymbelkraut *(Linaria cymbalaria)*, Streifenfarne *(Asplenium)* und gelegentlich der Milzfarn *(Ceterach officinarum)*.
Die Vielzahl der Standortunterschiede bedingt nicht nur eine große Zahl von Pflanzenarten, die einen alten Weinberg besiedeln können, sondern auch eine riesige Vielfalt an Tieren. Zählungen in einem alten fränkischen Weinberg haben ergeben, daß neben mehr als 300 Pflanzenarten auch 131 Bienenarten, 52 Schmetterlingsarten und 37 Vogelarten in ihm vorkamen. Besonders unter den Vögeln und Schmetterlingen treten immer einige seltene Arten auf. Auch bei ihnen stammen einige Arten, wie etwa die Blutrote Singzikade, aus dem Süden Europas. Reptilien finden auf den sonnigen Hängen mit ihren vielen Unterschlupfmöglichkeiten und ihrem Insektenreichtum ideale Lebensbedingungen. Hier treten die Zaun- und Mauereidechse, die Blindschleiche und die Schlingnatter auf.
Diese Besonderheiten alter Weinberge sollten dazu führen, daß sie stärker geschützt werden, um solche Rückzugsgebiete für Tier- und Pflanzenwelt zu erhalten.

Nur wenige von uns werden die Möglichkeit haben, sich einen Lebensraum anzusehen, der extreme Bedingungen für Tiere und Pflanzen bietet, das **Watt.** Vielleicht ergibt sich bei einem Norddeutschlandurlaub doch einmal die Gelegenheit. Wattflächen finden wir nämlich in Deutschland nur an der Nordsee, in der Hauptsache zwischen dem Festland und den Nord- und Ostfriesischen Inseln.

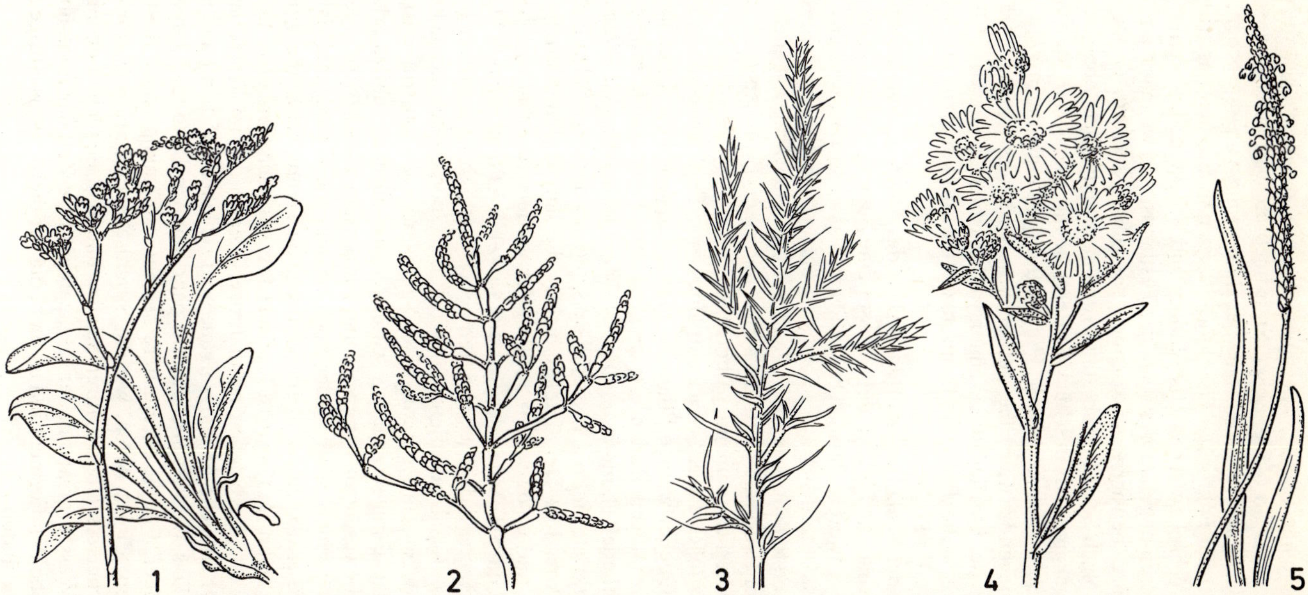

Abb. 18: Charakterpflanzen des Watts: 1. Strandflieder *(Limonium vulgare)*, 2. Queller *(Salicornia europaea)*, 3. Salzkraut *(Salsola kali)*, 4. Meerstrandaster *(Aster tripolium)*, 5. Meerstrandwegerich *(Plantago maritima)*.

Mit Watt wird diejenige Fläche bezeichnet, die sich zwischen Niedrig- und Hochwasser ausbreitet. Im ökologischen Sprachgebrauch ist es etwa der Bereich des Eulitorals. Damit ist bereits eine der Bedingungen angesprochen, die als lebensbegrenzender Faktor für Tiere und Pflanzen in Erscheinung tritt: es ist der ständige Wechsel zwischen Überflutung und Trockenfallen.
Die Deiche markieren ungefähr das Ende des Festlands, und wenn wir uns von ihnen aus meerwärts bewegen, so kommen wir zunächst in eine Zone des Salzrasens, dann folgen Schlickgrasbestände und ganz allmählich, ohne besonderen Übergang, gelangen wir in schlickige Bereiche mit einer Charakterpflanze, dem Queller *(Salicornia europaea)*. Hier beginnt das eigentliche Watt, die weiter landwärts liegenden Bereiche werden zum Verlandungsgürtel gezählt. Verschwindet auch der Queller, so erkennen wir bei Ebbe auf den ersten Blick nur eine weite leere Schlickfläche (in Deutschland etwa 10 km breit) und sehen wenig von Tieren oder Pflanzen.
Die Ansammlung des Schlicks ist auf die Arbeit des Meeres zurückzuführen. Täglich zweimal bringt die Flut mit dem Wasser eine Fülle von Material mit, in dem leichtere und schwerere Partikel bei ruhigem Wasser sortiert werden. Am weitesten landwärts setzen sich die leichtesten Partikel ab und am weitesten seewärts die schwersten. So kommt es, daß auf das landwärtige Schlickwatt weiter draußen ein Sandwatt folgt, die beide mit einer Zwischenzone, dem Mischwatt, kontinuierlich ineinander übergehen.
Schauen wir uns zunächst das Schlickwatt und seine Bedingungen an. Hier leben außer dem Queller wenige Pflanzen, die alle gelegentliche Überflutungen und einen salzhaltigen Boden ertragen müssen. Meerstrandaster *(Aster tripolium)*, Strandflieder *(Limonium vulgare)*, Meerstrandwegerich *(Plantago maritima)* und Salzkraut *(Salsola kali)* sind Beispiele für derartige Salzpflanzen (Halophyten, s. Abb. 18). Der Queller erträgt die längste Überflutung, er braucht sie sogar, und ist deswegen auch an der vordersten Front zu finden. Wir sollten einmal ein Stückchen der fleischig wirkenden Pflanze in den Mund nehmen, um zu erkennen, daß sie salzig schmeckt. Das Salz ist sicher auch die Ursache für dieses als Salzsukkulenz bezeichnete Phänomen der Verdickung der Sprosse, auch wenn die Deutung dieser Sukkulenz noch umstritten ist.
Die freie Schlickfläche müssen wir uns schon genauer ansehen, um zu erkennen, daß hier Lebewesen vorkommen, und am besten haben wir für eine derartige Exkursion einen Spaten oder noch besser eine Grabegabel dabei. Auf der Oberfläche erkennen wir überall Spuren von Tieren, sehen die Verursacher selber aber nicht. Das Watt ist für Tiere fast noch schwieriger zu besiedeln als für Pflanzen. Tiere leben normalerweise entweder im Wasser und haben Kiemen oder ähnliche Atmungsorgane oder sie leben auf dem Land und besitzen Lungen. Das Watt ist aber für ein paar Stunden Land und dann im Wechsel wieder Meer. Für die Meerestiere besteht also hauptsächlich die Gefahr zu vertrocknen. Einige Arten, wie die Strandschneckenarten *(Littorina)* oder die Miesmuschel, schließen in ihren Schalen und in ihren Gehäusen einen genügend großen Wasservorrat ein, der sie die ungünstige Zeit der Ebbe überstehen läßt. Diese beiden Formen sind es auch, die wir meistens als einzige auf der Wattoberfläche finden.

Die Hauptmasse der Tiere lebt aber unter der Oberfläche des Watts im Boden oder gräbt sich für die Zeit der Ebbe ein. Das Watt wird von wenigen Tierarten besiedelt. Der Geruch des Wattbodens nach Faulschlamm zeigt uns einen Grund dafür: dicht unter der Oberfläche ist kein Sauerstoff mehr vorhanden, und organisches Material, das im Wattboden in recht hoher Konzentration vorliegt, kann nur ohne Sauerstoff abgebaut werden. Die eingegrabenen lebenden Tiere müssen also ihren O_2-Bedarf von der Oberfläche aus decken, und daher rühren auch die vielen kleinen Löcher, die wir an der Oberfläche sehen. Über sie stehen die eingegrabenen Tiere mit dem Wasser bei Flut in Berührung, und sie decken hiermit nicht nur den Sauerstoff-, sondern auch ihren Nahrungsbedarf, indem sie organisches Material von der Oberfläche aufnehmen.

Die Zahl der Tierarten, die im Watt lebt, ist gering, aber die Individuenzahl recht hoch. So hat man von der Wattschnecke *(Hydrobia ulvae)* bis zu 50000 Exemplare pro m^2 gezählt und vom Schlickkrebs *(Corophium volutator)* 40000. Selbst von der recht großen Sandklaffmuschel *(Mya arenaria)*, die allerdings in 30 cm Tiefe lebt, wurden bis zu 1000 Tiere pro m^2 gezählt. Neben diesen bereits erwähnten Arten sind noch der Wattringelwurm *(Nereis diversicolor)* und die Große Pfeffermuschel *(Scrobicularia plana)* häufigere Bewohner des Schlickwatts.

Im weiter seewärts sich anschließenden Mischwatt werden zwei weitere Tiere zu Charakterarten, die Gemeine Herzmuschel und der Pierwurm *(Arenicola marina)*. Beide Arten leben im Boden eingegraben, der Pierwurm ist aber unschwer an seinen Spuren zu erkennen. Überall finden wir die typischen Kothäufchen und in ihrer Nähe den Eingang zu der ca. 20 cm tiefen, u-förmigen Röhre, in der das Tier lebt. Der Eingang wird gekennzeichnet durch einen Einsturztrichter, über den der Wurm fortwährend Sand und mit ihm auf der Oberfläche liegendes organisches Material aufnimmt. Um genügend Nahrung zu bekommen, muß der Wurm große Mengen Sand fressen. Die Kothäufchen sind ein guter Beweis dafür.

Im reinen Sandwatt ist die Zahl der Tier- und Pflanzenarten noch geringer. Das Zwergseegras *(Zostera nana)*, eine Samenpflanze, wächst an der seewärtigen Grenze unter Umständen in größerer Menge. Von den Tieren kommt die Miesmuschel hier vor, bildet aber erst unterhalb der Niedrigwassergrenze größere Bestände, die „Muschelbänke".

Die große Individuenzahl der Tiere im Watt bildet natürlich eine ausgezeichnete Nahrungsgrundlage für Vögel. So kommt es, daß das Watt ein bevorzugter Rast- und Überwinterungsplatz für viele schnepfenartige Vögel und Möwen ist.

Pflanzen- und tierkundliche Hinweise

Die große Zahl der im Juni zur Verfügung stehenden blühenden Pflanzen regt zu einer vergleichenden Blütenbetrachtung ganzer systematischer Einheiten an. Interessant ist eine solche zum Beispiel in der Familie der Rachenblütler, da hier verschiedene Blütenformen vorkommen: Zweiseitig symmetrische Blüten haben Frauenflachs *(Linaria vulgaris),* Zymbelkraut *(Linaria cymbalaria)* und Löwenmaul *(Antirrhinum majus);* glockenförmige Blüten haben die Fingerhüte *(Digitalis);* zu einem vier- oder fünfspaltigen radförmigen Saum ist die Blütenröhre der Königskerzen *(Verbascum)* und der Ehrenpreisarten *(Veronica)* ausgebreitet. Interessant ist bei dieser Familie ebenfalls die Reduktion der Zahl der Staubgefäße bei den einzelnen Gattungen. Auch von den Rauhblattgewächsen und den Lippenblütlern blühen jetzt viele Arten. Gegen Ende des Monats sind auch die Nachtschattengewächse zahlreich unter den blühenden Pflanzen vertreten.

Blütenbiologische Untersuchungen sind jetzt ohne Schwierigkeiten durchzuführen. Man sollte sich dabei nicht auf die klassischen Beispiele Salbei, Taubnessel und Orchideen beschränken, viele andere Pflanzen haben ebenfalls interessante Bestäubungseinrichtungen [z.B. Kornblume *(Centaurea cyanus),* Besenginster *(Sarothamnus scoparius),* Glockenblumen *(Campanula),* Jelängerjelieber *(Lonicera caprifolium)*].

Im Juni haben wir auch die Gelegenheit, uns mit Nachtfalterblumen zu beschäftigen. Die Nachtkerzen *(Oenothera)* öffnen ihre Blüten und duften erst in den Abendstunden. Dabei ist eine bestimmte Reihenfolge, in der die Blüten sich öffnen, zu erkennen.

Deutliche Anpassungen an Nachtfalterbestäubung zeigt die Blüte des Waldgeißblattes *(Lonicera periclymenum).* Sie ist hell und daher auch bei schwachem Licht noch gut erkennbar. Nach dem Öffnen beginnt sie stark zu duften und stellt sich waagerecht, wodurch die Schwärmer, die vor ihr in der Luft schwirrend stehenbleiben, mit ihrem langen Rüssel zum Nektar gelangen können. Am ersten Blühabend rücken die Staubblätter ihre Staubbeutel an den Blüteneingang, während am zweiten Abend der Stempel dorthin wächst. Andere Nachtfalterblumen sind Nachtlichtnelke *(Silene alba),* Nickendes Leimkraut *(Silene nutans),* Zaunwinde *(Calystegia sepium).*

Lohnend ist es jetzt auch, zu untersuchen, welche Organe einer Pflanze die Assimilationstätigkeit anstelle der Blätter übernehmen können. Mikroskopische Schnitte geben einen Einblick in die Umgestaltung der Gewebe, z.B. des Stammes, für Assimilationszwecke. Geeignete Objekte sind u.a. Binsen, die Flügel an den Stengeln der Waldplatterbse *(Lathyrus sylvestris),* ganz junge Zweige von Bäumen, die sogar Spaltöffnungen zeigen, und die Mistel *(Viscum album).* Bei Besenginster *(Sarothamnus scoparius)* und Blaubeeren *(Vaccinium myrtyllus)* übernimmt der Stamm einen wesentlichen Teil der Assimilation, da die Blätter vielfach vorzeitig abgeworfen werden.

Die Vögel sind jetzt bei der Aufzucht der Jungen. Sie singen daher nicht mehr so häufig wie in den Vormonaten. Gar nicht selten findet man jetzt aus dem Nest gefallene Jungvögel. Sie aufzuziehen, ist nicht immer von Erfolg gekrönt, da es sich meistens bei diesen Tieren um schwächliche, nicht voll leistungsfähige Tiere handelt. Die meisten Jungvögel kann man mit hartgekochtem Ei füttern.

Lurche sind jetzt häufig anzutreffen, aber nur an wenigen Stellen überhaupt noch vorhanden. An Teichen können wir Wasserfrösche und auch noch Molche finden. Kreuz- und Wechselkröten rufen an Abenden weithin hörbar. Aus Steinbrüchen ertönen die leisen Rufe der Geburtshelferkröten.
Aus der Fülle der Insekten soll nur auf wenige verwiesen werden. Gegen Ende des Monats beginnen die Glühwürmchen zu fliegen. Die Leuchtorgane beider Geschlechter liegen auf der Unterseite des Abdomens. Während die Männchen flugfähig sind, sitzen die flugunfähigen Weibchen in der Krautschicht. Sie drehen sich auf den Rücken, wodurch ihre Leuchtorgane ebenfalls sichtbar werden.
Nashornkäfer sind seit einiger Zeit zum Kulturfolger geworden. Da es Gerberlohe, in der sie sich früher entwickelten, heute an für die Käfer zugänglichen Stellen kaum noch gibt, haben sie sich auf Komposthaufen umgestellt. Man findet sie deswegen gelegentlich beim Umsetzen des Komposts.
Man kann jetzt ohne Mühe eine Raupenzucht anlegen. Am leichtesten lassen sich die an den Brennesseln vorkommenden Raupen des Tagpfauenauges und des Kleinen Fuchses finden und halten. Die Haltung sollte nicht in geschlossenen Glasgefäßen, sondern in luftigen Kästen mit Drahtgaze erfolgen. Häutungen, Verpuppung und Schlüpfen sind leicht zu beobachten. Die fertigen Falter entläßt man in die Freiheit. Hat man sich junge Raupen geholt, so ist die Ausbeute an geschlüpften Schmetterlingen sehr groß. Obwohl in der freien Natur gegenüber einer Zucht nur ein winziger Prozentsatz von Faltern erfolgreich schlüpft, ist die Haltung von Raupen zu Beobachtungszwecken durch die Untere Naturschutzbehörde genehmigungspflichtig.
Sehr einfach ist die Zucht von Raupen des Zitronenfalters. Hier genügt es meistens, den Faulbaumzweig mit der Raupe in eine Vase zu stellen. Zitronenfalterraupen sind allerdings häufig von Raupenfliegen befallen, die Zucht mißlingt dann.
An Birken achte man auf Blätter, die vom Trichterwickler *(Deporaus betulae)*, einem Rüsselkäfer, aufgerollt wurden. Rollt man solche Tüten auseinander, so erkennt man, daß es sich um die Wohnung der Larven handelt. Die Schnittlinien in den Blattspreiten sind von einer enormen Regelmäßigkeit. Auf der einen Seite verläuft die Linie immer in einem flachen Bogen, auf der anderen ist sie immer eine deutliche S-Kurve. Auf die Bedeutung dieser regelmäßigen Kurven für die Klärung von Instinktfragen sei hingewiesen.
Schneckenlaich läßt sich in Tümpeln leicht finden. Er eignet sich vorzüglich zur Beobachtung des Herzschlags der sich entwickelnden Tiere, selbst die Herzklappen sind bei ihrer Tätigkeit zu sehen.

Juli

Im Juli lohnt sich eine biologische Wanderung zu einem **See oder einem Weiher.** Unsere Gewässer haben sich jetzt bereits soweit erwärmt, daß man ohne gesundheitliche Probleme Untersuchungen am oder im Wasser vornehmen kann.

Nähern wir uns einem See, so entdecken wir zunächst die freie Wasserfläche und einem mit Pflanzen bewachsenen Gürtel, der in den See hineinreicht. Flache Seen haben einen breiten Pflanzengürtel, an steil abfallenden Ufern ist er dagegen nicht so ausgedehnt entwickelt.

Bei näherem Hinsehen entdecken wir, daß auch noch innerhalb dieses Pflanzengürtels eine ganz charakteristische Zonierung vorhanden ist (Abb. 19).

Als äußeren Gürtel erkennen wir das **Röhricht** oder den **Schilfgürtel.** Er wird von hohen Pflanzen wie Schilf *(Phragmites australis)*, Rohrkolben *(Typha)* und Seggen *(Carex)* gebildet. Dazwischen finden wir Froschlöffel *(Alisma plantago-aquatica)*, Igelkolben *(Sparganium erectum)*, Blutweiderich *(Lythrum salicaria)*, Pfeilkraut *(Sagittaria sagittifolia)*, Wasserminze *(Mentha aquatica)*, Wasserschwertlilie *(Iris sibirica)* und Sumpfschachtelhalm *(Equisetum palustre)*. Da die Teichbinsen *(Scirpus lacustris)* von diesen Pflanzen am weitesten in den See hineingehen, wird gelegentlich noch ein eigener **Binsengürtel** unterschieden. Auch landeinwärts kann man bei einigen Seen manchmal noch ein Großseggenried mit der Segge *Carex elata* und eine **Erlenzone** finden, die lediglich

während des Frühjahrshochwassers überflutet wird und in der die Erle *(Alnus glutinosa)* als Charakterbaum auftritt.
Seewärts folgt eine Zone mit **Schwimmblattpflanzen,** die in der Hauptsache von See- und Teichrosen (*Nymphaea alba* und *Nuphar luteum*), einigen Laichkräutern *(Potamogeton),* dem Wasserknöterich *(Rumex aquaticus)* und Wasserhahnenfuß *(Ranunculus aquatilis)* gebildet wird. Die Blätter dieser Pflanzen liegen dem Wasser auf und auch ihre Blüten ragen über die Wasseroberfläche empor. Am Wasserhahnenfuß kann man sehr schön das Phänomen der Heterophyllie sehen: den flächigen Schwimmblättern stehen untergetauchte, feinzerteilte Wasserblätter gegenüber. Wenn man durch den Blattstiel einer Seerose einen Querschnitt anfertigt, so sieht man schon mit bloßem Auge, daß sein Gewebe locker und von vielen Hohlräumen durchzogen ist. Durch dieses Luftgewebe werden die im Schlamm wachsenden Wurzeln mit Sauerstoff versorgt. Schilfkäfer nutzen diese Luftbahnen, indem sie Pflanzenstengel unter Wasser anstechen und so, ohne an die Wasseroberfläche steigen zu müssen, atmen können.
Von der nächsten Zone sehen wir vom Ufer aus meistens gar nichts. In ihr wachsen **Tauchblattpflanzen,** die gänzlich untergetaucht leben und in vielen Fällen auch nicht einmal ihre Blüten über die Wasseroberfläche erheben. Bekannte Vertreter sind Laichkräuter, das Hornblatt *(Ceratophyllum demersum)* und das Tausendblatt *(Myriophyllum verticillatum)* sowie die Wasserpest *(Elodea canadensis).*
In noch größeren Tiefen werden auch diese von **Algenrasen** abgelöst, die hauptsächlich von den Armleuchteralgen (Gattungen *Chara* und *Nitella*) gebildet werden. Gelingt es uns, eine Armleuchteralge in die Hand zu bekommen, so stellen wir fest, daß sie sich spröde und hart anfühlt. Bei der Assimilation verwenden die Armleuchteralgen nämlich das lösliche Calciumbikarbonat als CO_2-Quelle, wobei das unlösliche Calciumkarbonat entsteht, das sich auf den Pflanzen niederschlägt.
Zur Seemitte hin wird schließlich eine Tiefe erreicht, wo überhaupt kein Pflanzenleben mehr vorkommt.
Es ist unschwer einzusehen, daß diese Zonierung mit der Wassertiefe zusammenhängt. Mit zunehmender Wassertiefe wird das Licht immer schwächer und zweitens der Druck, der auf den Pflanzen lastet, immer größer. Licht und Druck sind die beiden wichtigen, das Pflanzenleben begrenzenden Faktoren im See.
Die Pflanzengürtel eines Sees sind in ihrer Vielfalt ein idealer Lebensraum für Tiere. Hier finden sie nicht nur pflanzliche Nahrung in Fülle vor, sondern auch einen hervorragenden Schutz und Versteckmöglichkeiten vor Feinden. So ist es nicht verwunderlich, daß in diesen Vegetationszonen zahlreiche Tierarten ihren Brut- und Entwicklungsraum haben. Das gilt nicht nur für viele Wasservögel, Amphibien und Fische, sondern auch für unzählige Insektenarten, Krebse und Weichtiere. Als Beispiele seien die Larven von Wasserkäfern, Libellen, Eintags- und Köcherfliegen sowie die Wasserwanzen, wie Wasserskorpion, Stabwanze, Rückenschwimmer und Wasserläufer, genannt.

Unter den Bewohnern der einzelnen Zonen finden sich sowohl Pflanzenfresser als auch Räuber, so daß gerade in diesen Pflanzengürteln vielfältige und verwickelte Nahrungsbeziehungen entstehen. Eingriffe des Menschen in diese Zonen treffen deswegen nie nur ein Einzelwesen, sondern das ganze System. Auch den Tieren des Uferbereichs sollten wir kurz unsere Aufmerksamkeit widmen. Am Seeufer, wie auch an den Uferbereichen anderer Gewässer, finden wir Insekten, die an diesen feuchten Randsaum angepaßt sind. Die meisten von ihnen sind Käfer. Auf den ersten Blick sieht man nicht viel von ihnen. Das liegt einerseits an ihrer geringen Größe (eine Lupe sollten wir also dabeihaben), andererseits an ihrer versteckten Lebensweise. Durch Umdrehen von Steinen, Holz o.ä. lassen sich aber schnell immer wieder einige Exemplare fangen und beobachten.
Wenn man mit der Hand Wasser auf den Uferbereich schöpft, verlassen die Tiere alsbald ihre Verstecke und können eingefangen werden. Wir finden in der Hauptsache kleine Laufkäferchen, wie z.B. Ahlenläufer (Gattung *Bembidion*), Vertreter der Sägekäfer (Gattung *Heterocerus*) und Angehörige der Kurzflügler, besonders die Gattung *Stenus*. Gerade letztere zeigt einen eigenartigen Bau der Mundwerkzeuge, wie er fast genauso bei den Libellenlarven vorkommt. Die große, mit Zangen versehene Unterlippe wird auf der Kopfunterseite zusammengeklappt getragen. Kommt ein Beutetier in die Nähe, so kann diese Fangmaske enorm weit nach vorn geschleudert werden und die Beute ergreifen.
Ein zonierter See hat bereits eine lange Entwicklungsgeschichte hinter sich. Alle Seen sind am Anfang klar und nährstoffarm (= oligotroph). Nach und nach gelangen mineralische Nährstoffe in den See, und die Planktonalgen und weitere sich ansiedelnde Pflanzen produzieren mehr und mehr organische Substanz. Der See wird schließlich nährstoffreich (= eutroph).
Im Laufe von Jahrhunderten oder Jahrtausenden häufen sich die organischen Stoffe und ihre Abbauprodukte immer stärker am Boden an, dazu kommt ein fortwährender Eintrag anorganischen Materials über Zuflüsse oder infolge von Niederschlägen. Der Boden des Sees wird deshalb immer mehr aufgefüllt, der See wird immer flacher. Dadurch können sich die Pflanzengürtel mehr und mehr zur Seemitte hin verlagern, bis schließlich keine freie Wasserfläche mehr vorhanden ist. Der See verlandet.
Natürliche, unbeeinflußte Seen verlanden langsam. Der Alterungsprozeß wird durch den anfänglichen Nährstoffmangel begrenzt. Die Einleitung von Abwässern, die meistens viele Phosphate und andere für Pflanzen wichtige Nährsalze enthalten, beschleunigt diesen Prozeß gewaltig. Im Extremfall reicht der Sauerstoff zum Abbau der üppig wachsenden Pflanzenmassen nicht aus, und es bildet sich Faulschlamm.

Irgendwann einmal verlandet aber jeder See und wird auch ohne menschliche Eingriffe zu einem **Niedermoor.** Sollten wir die Möglichkeit haben, ein Niedermoor zu besuchen, so sollten wir das tun, denn Moore sind selten geworden. In der ersten Hälfte dieses Jahrhunderts wurde die Trockenlegung von Sümpfen und Mooren sowie ihre Überführung in Acker- oder Wiesenflächen stark vor-

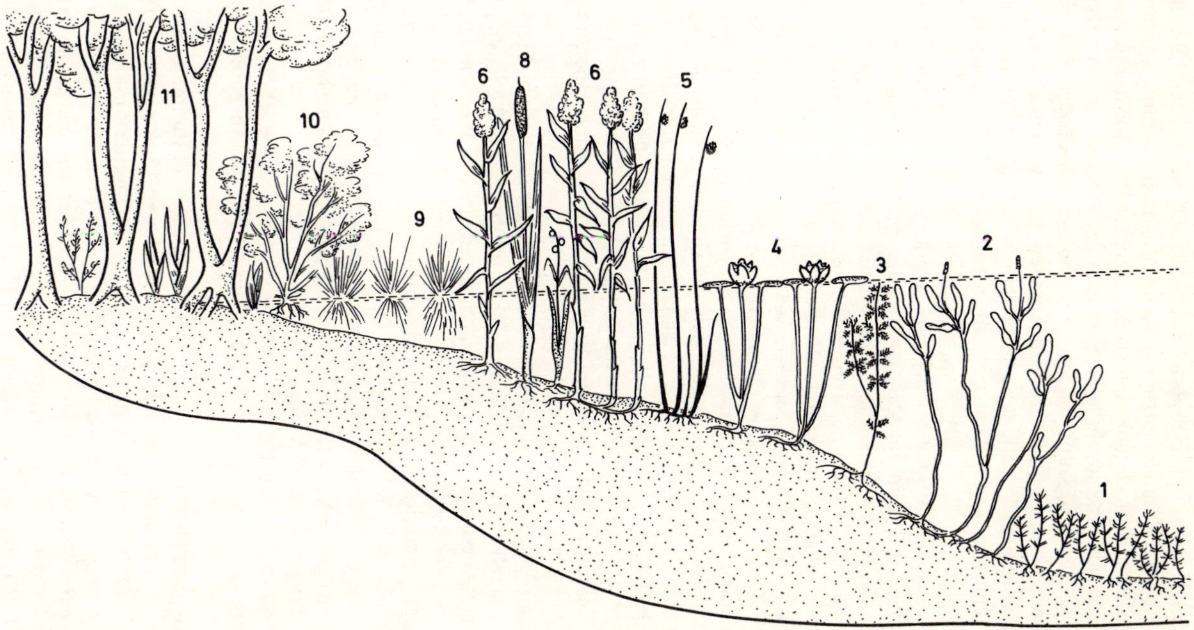

Abb. 19: Schnitt durch die Uferregion eines Sees mit seinen Pflanzenbeständen (schematisch). 1. Algenrasen (Armleuchteralgen), 2. und 3. Tauchblattpflanzen (Laichkräuter und Tausendblatt), 4. Schwimmblattpflanzen (Seerosen), 5. Binsengürtel, 6.–8. Röhricht mit Schilf (6), Pfeilkraut (7) und Rohrkolben (8), 9. Seggenried, 10. und 11. Erlenbruchwald mit Weiden (10) und Erlen (11).

angetrieben und als zivilisatorische Großtat gefeiert. Nur wenige Moorflächen sind davon verschont geblieben. Sie stehen heute meistens unter Naturschutz.

Niedermoore entstehen in der Hauptsache aus verlandenden Seen. Bei der Verlandung geraten die Pflanzenmassen schnell unter Luftabschluß, wodurch ihre Zersetzung durch Mikroorganismen stark verzögert bzw. sogar unterbunden wird. Es bildet sich eine spezielle Humusform der Moore, der Torf. Niedermoortorf besteht in der Hauptsache aus Pflanzenresten von Schilf, Rohrkolben und Seggen. Die ersten pflanzlichen Ablagerungen sind noch stark mit dem mineralischen Material des Untergrundes vermengt, sie bilden die sogenannte Mudde. Darüber lagert sich der rein pflanzliche Niedermoortorf ab (Abb. 20).

Die Pflanzen, die in Niedermooren wachsen, behalten Kontakt zum Grundwasser und beziehen ihre Mineralstoffe dorther. Es bildet sich eine typische Lebensgemeinschaft des Niedermoores, von der wir uns die wichtigsten Vertreter anschauen sollten. Hierher gehören Mädesüß *(Filipendula ulmaria)*, das oft dichte Bestände bildet, Sumpfstorchschnabel *(Geranium palustre)*, Sumpfziest *(Stachys palustris)*, Pfennigkraut *(Lysimachia nummularia)*, Wasserschwertlilie *(Iris sibirica)*, Fieberklee *(Menyanthes trifoliata)*, Gemeiner Wassernabel *(Hydrocotyle vulgaris)*, einige Orchideenarten [z.B. Knabenkraut (*Dactylorhiza maculata* und *majalis*) und Händelwurz *(Gymnadenia conopsea)*], Pfeifengras *(Molina coerulea)* und verschiedene Seggenarten. Besonders Pfeifengras und Fieberklee zeigen an, daß sich die Pflanzen noch in Kontakt mit dem Grundwasser befinden. Pfeifengras kommt also nicht in Hochmooren, sondern nur in Niedermooren und dann wieder auf abgetorften Hochmoorflächen vor.

Die Charakterpflanze des Niedermoores, das in Horsten wachsende Pfeifengras, ist vielfach verschwunden. Das hängt damit zusammen, daß Pfeifengras seine Baustoffvorräte erst spät im Jahr sammelt und speichert. Werden, wie es früher geschah, die Niedermoore erst spät im Jahr zur Gewinnung von Einstreu für den Stall geschnitten, wird das Wachstum des Pfeifengrases nicht beeinträchtigt. Nutzt man das Niedermoor aber als Futterwiese mit frühem Schnitt, so führt das zur Vernichtung des Pfeifengrases. Das Pfeifengras hat seinen Namen deswegen erhalten, weil seine langen, knotenlosen Halme früher zum Pfeifenreinigen benutzt wurden.

Ein Niedermoor kann in einen Erlenbruchwald übergehen. In niederschlagsreichen Gegenden kann aus solchen Bruchwäldern auch ein **Hochmoor** entstehen.

Hochmoore verdanken ihre Bildung dem Vorhandensein bestimmter Arten von Torfmoosen [in der Hauptsache das Mittlere Torfmoos *(Sphagnum magellanicum)*]. Die Pflänzchen wachsen an der Spitze laufend weiter und verzweigen sich. An der Basis sterben sie ab, wodurch fortwährend Tochterpflänzchen entstehen. Dadurch bilden sich dichte Polster. Anhaltendes Wachstum von Torfmoosen und fortschreitende Torfbildung führen im Hochmoor schließlich dazu, daß sich die Oberfläche stetig erhöht. Ein Hochmoor wächst etwa 1 mm pro Jahr. Der hohe Druck der Pflanzenmassen macht die unteren Torfschichten für Wasser undurchlässig. Es kann nicht mehr versickern, und das Moor

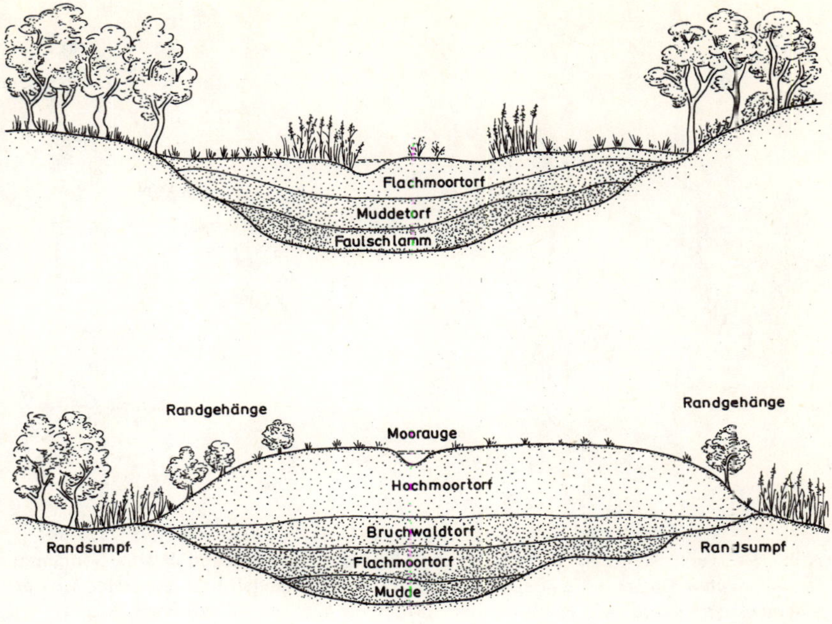

Abb. 20: Querschnitt durch ein Niedermoor (oben) und ein Hochmoor. Siehe Text.

bleibt immer naß und weist gegenüber der Umgebung einen eigenen Wasserspiegel auf. Es bleibt soviel Wasser im Moor stehen, daß sich im Zentrum eine offene Wasserfläche bildet, das „Moorauge" (Abb. 20). Gleichzeitig verlieren die Hochmoorpflanzen den Kontakt zum Grundwasser, sie können von dorther auch keine Mineralsalze mehr aufnehmen und sind deshalb darauf angewiesen, was der Wind als Staub herbeiträgt oder was in Schnee und Regen gelöst ist.
Durch den Luftabschluß und durch Huminsäuren werden die organischen Pflanzenreste, die im Hochmoor hauptsächlich aus Torfmoosen bestehen, konserviert. Torfmoose haben zudem die Fähigkeit, Wasserstoffionen gegen Alkali- oder Erdalkaliionen auszutauschen. Diese Wasserstoffionenabgabe führt zu einer weiteren Ansäuerung des Milieus, so daß Pflanzen und im Moor umgekommene Tiere und Menschen oft über Hunderte von Jahren konserviert werden. Die bekannten Moorleichen sind ein gutes Beispiel dafür. Wir sollten bei unserer Wanderung einen einfachen pH-Meter oder ein Indikatorpapier dabeihaben, um den niedrigen pH-Wert demonstrieren zu können.
Diese kargen Bedingungen im Hochmoor können nur wenige angepaßte Pflanzen ertragen. Vor allem Stickstoff fehlt den Pflanzen, so daß es nicht verwunderlich ist, daß wir im Hochmoor Pflanzen begegnen, die sich eine zusätzliche

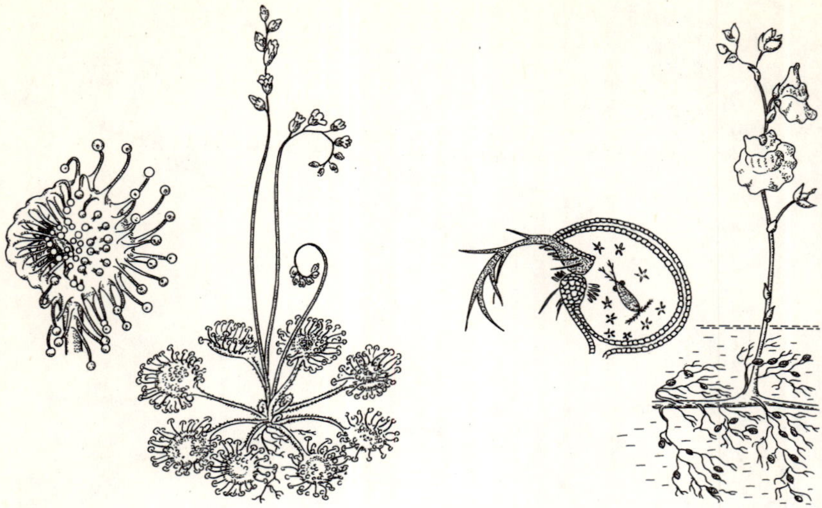

Abb. 21: Zwei fleischfressende Pflanzen des Moores. Links der Rundblättrige Sonnentau *(Drosera rotundifolia)* mit einem Blatt, das ein Insekt gefangen hat; rechts der Wasserschlauch *(Utricularia vulgaris)* mit einer einzelnen Fangblase (vergrößert).

Stickstoffquelle erschlossen haben, indem sie Tiere fangen und verdauen. Es handelt sich um sogenannte fleischfressende Pflanzen. Am bekanntesten ist der Sonnentau *(Drosera rotundifolia),* der mit seinen rundlich verbreiterten und mit ca. 200 rötlichen Drüsenhaaren versehenen Blättern (Abb. 21) kleine Insekten fängt. Ihn sollten wir uns anschauen. Wollen wir den Fangvorgang und das Verdauen des Insekts, das wir selbst gefangen und auf das Blatt gebracht haben, beobachten, brauchen wir viel Geduld. Erst nach etwa einer Stunde beginnen sich die Tentakeln zur Mitte hin zu bewegen, bis schließlich nach ca. 8 Stunden das Blatt ganz zusammengekrümmt ist. Erst nach mehreren Tagen ist der Verdauungsvorgang beendet.

Auch andere Pflanzen haben sich auf den Fang von Tieren spezialisiert, z.B. das Fettkraut *(Pinguicula vulgaris).* Sein Blatt ist ebenfalls eine Insektenfalle. Drüsen überziehen die Blattoberseite mit einem klebrigen Leim, der kleine Insekten oder Spinnen festzuhalten vermag, und ähnlich dem Sonnentau krümmt sich das Blatt um das festgeklebte Insekt und verdaut es.

Selbst in Gräben oder Tümpeln im Moor finden wir eine fleischfressende Pflanze. Es handelt sich um den wurzellosen Wasserschlauch *(Utricularia vulgaris),* der mit Hilfe von kleinen Fangblasen im Wasser lebende Krebschen (Hüpferlinge, Wasserflöhe) fängt und verdaut. Stößt ein Tier an den Rand einer Fangblase, so öffnet sich eine Klappe, und der im Inneren herrschende Unterdruck saugt das Tier ein (Abb. 21). Nehmen wir eine Wasserschlauchpflanze aus dem

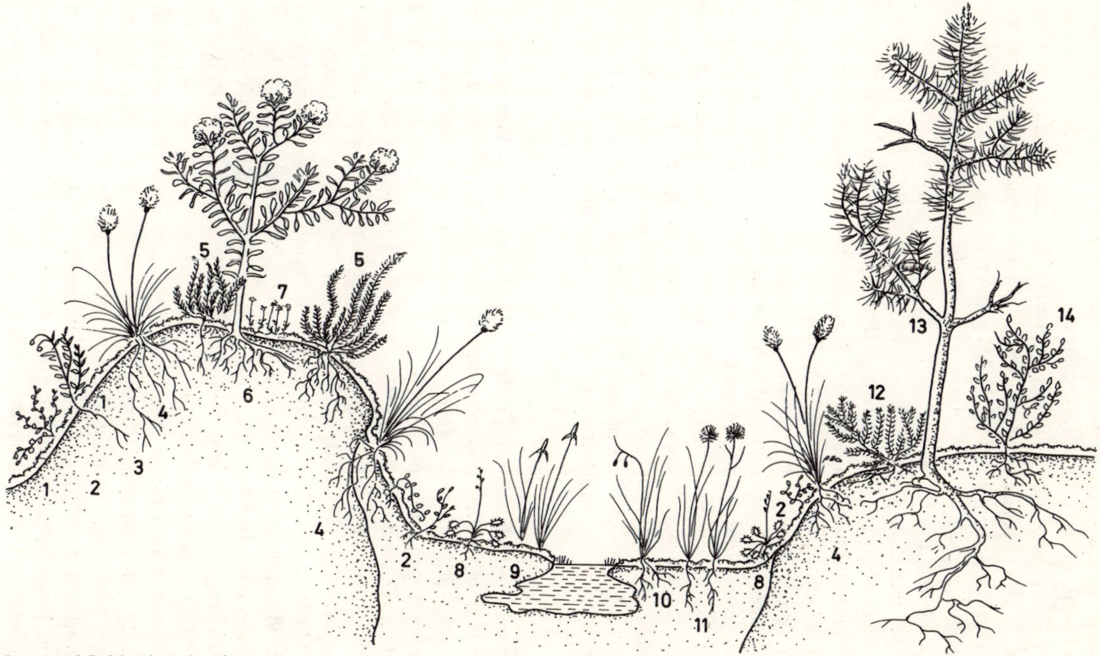

Abb. 22: Bulten und Schlenken in einem Hochmoor. Die Zahlen bezeichnen die für die einzelnen Stellen charakteristischen Pflanzenarten. 1. Mittleres Torfmoos *(Sphagnum magellanicum)*, 2. Moosbeere *(Vaccinium oxycoccos)*, 3. Rosmarinheide *(Andromeda polifolia)*, 4. Scheidiges Wollgras *(Eriophorum vaginatum)*, 5. Heidekraut *(Calluna vulgaris)*, 6. Sumpfporst *(Ledum palustre)*, 7. Steifes Bürstenmoos *(Polytrichum strictum)*, 8. Rundblättriger Sonnentau *(Drosera rotundifolia)*, 9. Armblütige Segge *(Carex pauciflora)*, 10. Schlammsegge *(Carex limosa)*, 11. Weißes Schnabelried *(Rhynchospora alba)*, 12. Krähenbeere *(Empetrum nigrum)*, 13. Kiefer *(Pinus sylvestris)*, 14. Rauschbeere *(Vaccinium uliginosum)*.

Wasser, so können wir leise Knackgeräusche vernehmen. Es sind die sich öffnenden Klappen der Fangblasen.

Neben den fleischfressenden Pflanzen sollten wir aber auch weitere typische Pflanzen des Moores beachten. Neben den Wollgräsern (z. B. *Eriophorum vaginatum*), der Simsenlilie *(Tofieldia calyculata)* und dem Wachtelweizen *(Melampyrum pratense)* sind es vor allem Vertreter der Heidekrautgewächse *(Ericaceae)*, wie Heidekraut *(Calluna vulgaris)*, Glockenheide *(Erica tetralix)*, Rosmarinheide *(Andromeda polifolia)*, Krähenbeere *(Empetrum nigrum)* sowie Preisel- *(Vaccinium vitis-idaea)*, Moos- *(V. oxycoccos)* und Rauschbeere *(V. uliginosum)*, die wir antreffen.

Die Oberfläche des Hochmoores ist selten ganz eben, sondern zeigt eine Aufgliederung in Polster (Bulten) und zwischen ihnen verlaufende Vertiefungen (Schlenken). Sie bilden innerhalb des Moores Kleinbiotope, die jeweils durch andere Pflanzen gekennzeichnet sind (Abb. 22).

Ähnlich wie bei den Pflanzen ist auch die Tierwelt mit wenigen, aber meist seltenen Arten vertreten. Moorfrosch, Waldeidechse und Kreuzotter sind die auffallendsten Vertreter der im Moor vorkommenden niederen Wirbeltiere. Daneben sind es seltene Schmetterlinge (z. B. Zitronengelber Heufalter, Violetter Silberfalter, Moor-Wiesenvögelchen, Großer Feuerfalter, Kleiner und Großer Moorbläuling) und Libellen [z. B. Torf-Mosaikjungfer, Hochmoor-Mosaikjungfer und Arten der Moosjungfern (Gattung *Leucorrhinia*)], die wir beobachten können. Für die Bestimmung der Libellen eignet sich besonders Dreyer (1986).

Auch in **Städten und Ortschaften** läßt sich wieder Interessantes beobachten. Viele Tiere haben sich an das Zusammenleben mit dem Menschen gewöhnt und sind ihm in die Städte gefolgt. Man bezeichnet derartige Tiere als Kulturfolger. Das ist an unseren einheimischen Vogelarten recht gut zu beobachten und zu untersuchen. Die auf den ersten Blick für Vögel feindliche Umwelt der Stadt hat für viele Arten auch positive Seiten. Das betrifft in allererster Linie die Nistmöglichkeiten. Häuserwände sind ein Ersatz für Felsen und Dachvorsprünge, offene Dachstühle in Kirchen oder Häusern und offene Türme bieten Halb- oder Ganzhöhlenbrütern einen willkommenen Nistplatz. Neben diesen Nistplatzvorteilen sind es aber auch das Vorhandensein von Abfällen des Menschen, die als Nahrung in Frage kommen, und das Fehlen von Raubfeinden, die Tiere in die Städte gelockt haben.

Storch und Schleiereule und unter den Säugetieren die Fledermäuse kamen früher überall in den Städten und Dörfern vor. Sie sind nicht nur verschwunden, weil Unterschlupf- und Nistmöglichkeiten durch die moderne Bauweise nicht mehr vorhanden sind, sondern auch, weil ihnen ihre Nahrungsgrundlagen entzogen wurden. Dem Verschwinden einiger Arten steht die Neueinwanderung anderer gegenüber. Dabei ist es erstaunlich, wie schnell sich einige Arten dem Menschen und seiner Umgebung angepaßt haben. Unser wohl bekanntester Stadtvogel, die Amsel, war noch Anfang dieses Jahrhunderts ein scheuer Waldvogel. Heute ist sie nicht nur in jeder Stadt vertreten, sie nutzt auch die

unmöglichsten Stellen, wie Balkon- und Briefkästen, Fensterbretter u.ä. als Nistgelegenheit.
Wer etwas aufmerksam durch unsere Städte wandert, wird immer wieder eine erstaunlich hohe Zahl an Vogelarten bemerken. Dohlen und Turmfalken sehen wir häufig an Kirchtürmen, Meisen, Buch- und Grünfinken, Sperlinge und Hausrotschwänze sind in den kleinsten Gärten zu finden, und im Sommer jagen Mauersegler durch die Häuserschluchten der Stadt. Häufig und oft in Scharen treffen wir verwilderte Haustauben an, die – wie ihre Stammform, die Felsentaube – als Koloniebrüter Bahnhöfe und andere öffentliche Gebäude als Nistplätze nutzen. Sie werden in den Städten durch ihren Kot häufig zu einer starken Plage. Gelegentlich, aber weil sie Brutreviere besitzen, nur einzeln, finden wir die Ringel- und die Türkentaube.
Für die einzelnen Stadtbereiche sind manche Vogelarten derart typisch geworden, daß man diese direkt nach den dort anzutreffenden Vögeln charakterisieren kann. Man unterscheidet (nach Mulsow, 1968) erstens die Haussperling-Mauersegler-Innenstadt mit der industriegewerblich geprägten Hausrotschwanz-Felsenlandschaft, dem Mauersegler-Altbauviertel und dem Haubenlerchen-Neubauviertel von zweitens der Amsel-Grünfinken-Stadtrandzone mit dem Gartenrotschwanz-Villenviertel, der Meisen-Heckenbraunellen-Parklandschaft und der Zaungrasmücken-Gartenbaulandschaft. Aber nicht nur Tiere sind dem Menschen in die Stadt gefolgt. Der Wunsch, immer schönere, den Nachbarn übertrumpfende Vorgärten aufzuweisen, führt dazu, daß viele exotische Pflanzen bei uns angebaut werden (s. auch Mai, S. 52f). Es kommt immer wieder vor, daß solche fremdländischen Arten aussamen und sich außerhalb ihrer ursprünglichen Anbaufläche ansiedeln. Manche dieser Pflanzen sind gelegentlich der einheimischen Pflanzenwelt nicht nur ebenbürtig, sondern sogar besser konkurrenzfähig. Sie bürgern sich dann ein und werden zu sogenannten Neophyten, Pflanzen, die neu in unserer Flora sind. Manche dieser Neophyten, z.B. die Goldrute *(Solidago canadensis)* oder die Zehnstrahlige Sonnenblume (Topinambur, *Helianthus tuberosus*), sind inzwischen zu einem festen Bestandteil unserer Flora geworden. Ähnliches gilt für die Wasserpest *(Elodea canadensis),* die 1854 zum ersten Mal in Deutschland auftauchte.
Einige Neophyten-Arten sind infolge ihres riesenhaften Wuchses, der den übrigen bei uns beheimateten Pflanzen an ihrem Standort das Sonnenlicht nimmt, zu einer regelrechten Bedrohung für die einheimische Flora geworden. Das gilt vor allem für den Japanischen Staudenknöterich *(Reynoutria sachalinensis),* das Drüsige Springkraut *(Impatiens glandulifera)* und den Riesenbärenklau *(Heracleum montegazzianum).* Gegen diese Arten sind in einigen Gegenden Deutschlands sogar gezielte Bekämpfungsmaßnahmen eingeleitet worden.
Auch das Vogelfutter und Getreideimporte sind eine Quelle für manche Neophytenart. Das Kanadische Berufkraut *(Erigeron canadensis)* ist z.B. seit etwa 1700 in Europa beheimatet und inzwischen zu einem überall vorkommenden „Unkraut“ geworden.

Pflanzen- und tierkundliche Hinweise

Da jetzt viele Pflanzen blühen, haben wir reichlich Auswahl. Auf unserer Wanderung zum See haben wir sicher eine große Zahl einkeimblättriger Pflanzen gefunden, die jetzt gerade blühen: Schilf *(Phragmites australis),* Rohrkolben *(Typha latifolia),* Igelkolben *(Sparganium erectum),* Froschlöffel *(Alisma plantago-aquatica),* Blumenbinse *(Scheuchzeria palustris),* Laichkraut-Arten *(Potamogeton).* Obwohl diese Pflanzen sehr mannigfaltig gestaltet sind, haben sie viele gemeinsame Merkmale, die man einmal herausarbeiten kann.

Auch die Untersuchung von Anpassungen an das Leben am und im Wasser bieten sich an (Festigungsgewebe, Luftgewebe, Spaltöffnungen, Epidermis usw.). Ein Schnitt durch den Seerosenstengel zeigt neben dem überaus lockeren Gewebe auch noch eigenartige Haarbildungen in den Luftkanälen. Genausogut ist das Durchlüftungsgewebe im Stengel des Wasserknöterichs *(Polygonum amphibium)* für diese Untersuchungen geeignet, und man sollte auf ihn zurückgreifen, da die Seerose unter Naturschutz steht.

Schöne Schnitte lassen sich durch die Vegetationskegel von Wasserpflanzen machen [Wasserpest *(Elodea canadensis),* Hornblatt *(Ceratophyllum demersum),* Tannenwedel *(Hippuris vulgaris),* Tausendblatt *(Myriophyllum verticillatum)*]. Sehr gut zu untersuchen sind auch die Scheitelzellen beim Schachtelhalm.

Wenn wir durch dichte Pflanzenbestände, etwa des Röhrichts oder einer Wiese, gelaufen sind, sitzt eine ganze Menge von Früchten an unseren Kleidern festgehakt. Wir sollten uns die einzelnen Klettmechanismen anschauen, so z. B. bei Labkräutern *(Galium),* Nelkenwurz *(Geum urbanum),* Zweizahn *(Bidens tripartita),* Klette *(Arctium lappa)* u. a. Über die Fruchtverbreitung durch den Wind siehe S. 120.

Wenn wir von unserer Wanderung in ein Moor von einem alten Torfstich Torfproben mitgebracht haben, so können wir diese zu einer Pollenanalyse verwenden. Die Torfproben werden in 10%iger Kalilauge aufgekocht. Dann liest man die größeren Bestandteile heraus, und der Rest kommt in Glyzerin auf einen Objektträger. Man kann nun nicht nur die Pollenarten bestimmen, sondern auch die Häufigkeit in den unterschiedlichen Torfproben ermitteln.

Interessant ist es auch, die Früchte derjenigen Pflanzen zu untersuchen, die durch Ameisen verbreitet werden. Von ihnen seien genannt: Wachtelweizen *(Melampyrum),* Witwenblume *(Knautia arvensis),* Flockenblume *(Centaurea),* Schöllkraut *(Chelidonium majus),* Ehrenpreis *(Veronica),* Frauenflachs *(Linaria vulgaris)* und Schafgarbe *(Achillea millefolium)* (s. auch S. 39). Alle diese Pflanzen tragen Ölkörper (Elaiosomen) an ihren Samen. Sie dienen den Ameisen als „Botenbrot" und werden von ihnen abgefressen, ohne daß der Samen dabei geschädigt wird. Interessant ist in diesem Zusammenhang, daß Flockenblume und Kornblume die bei ihren Verwandten vorhandenen Haarkronen, die der Windverbreitung dienen, nicht mehr ausbilden.

In den Wäldern sind, vor allem nach einigen feuchten Tagen, die weißlichen oder rötlichen Plasmodien von Schleimpilzen zu finden. Man nimmt sie nebst Unterlage mit nach Haus und zieht sie auf dem mitgenommenen Substrat

(faulendes Holz, humusreicher Untergrund) unter einer Glasglocke. Die Fruchtkörper lassen sich gut beobachten.
Ende des Monats können Versuche zur Keimung von Farnsporen angesetzt werden, da jetzt bei vielen Arten die Sporenreife einsetzt. Wollen wir Sporen von Schachtelhalmen, Bärlappen und Farnen aufheben, so sollten wir sie trokken aufbewahren. Brutkörper von Lebermoosen kann man auf feuchter Erde in Petrischalen zum Auskeimen bringen. Einige Lebermoose haben jetzt auch Antheridien und Archegonien. Rasiermesserschnitte sind leicht zu machen. Die Präparate sollten in Glyzerin eingebettet werden.
Von den Moosen haben *Polytrichum*-Arten jetzt häufig reife Sporenkapseln; man kann die Sporen aussäen.

In diesem Monat erreicht die Zahl der Insekten einen Höhepunkt. Zahlreiche Schmetterlinge fliegen jetzt. Viele Tagfalterarten sind zwar in den letzten Jahren seltener geworden, trotzdem sieht man überall Weißlinge, Augen- und Perlmutterfalter. An einem Schmetterlingsstrauch *(Buddleia)* finden sich neben anderen Insekten (Käfer, Fliegen, Hummeln, Bienen) immer viele Schmetterlinge ein. Da zahlreiche Raupen annähernd ausgewachsen sind, lassen sie sich leicht zur Verpuppung bringen.
Auf den Kartoffeläckern findet man Kartoffelkäfer in großer Zahl. Ihre Verbreitungsgeschichte vom harmlosen, auf wilden Nachtschattenarten lebenden Coloradokäfer Amerikas zum gefürchteten Kartoffelschädling in Europa ist interessant.
Bei den Ameisen ist die Zeit der Hochzeitsflüge gekommen. Man kann den Auszug der Geschlechtstiere aus dem Bau ohne Schwierigkeiten beobachten.
Bei unserem Gang zum See können wir uns auch die Atemtechniken von luftatmenden Wassertieren anschauen. Käfer, wie der Gelbrandkäfer, holen Luft, indem sie mit dem Hinterende die Wasseroberfläche durchstoßen, während andere, wie der Kolbenwasserkäfer, die Kopfseite über das Wasser strekken. Beide holen eine Luftblase, die ihnen als physikalische Kieme dient und über die sie den im Wasser gelösten Sauerstoff aufnehmen können. Andere Insekten haben ein Atemrohr wie z. B. die Wasserskorpione oder die Rattenschwanzlarven der Schwebfliegen. Letztere können ihr Atemrohr teleskopartig verlängern. Mückenlarven haben kurze Atemröhrchen, die bei der Verpuppung ihre Ansatzstelle ändern (bei den Larven liegen sie am Hinterende, bei der Puppe am Kopf).
Andere Insektenlarven brauchen zum Atmen nicht mehr an die Wasseroberfläche aufzusteigen: Die Larven der Eintagsfliegen, Köcherfliegen und Kleinlibellen können unter Wasser mit Hilfe von Tracheenkiemen atmen. Großlibellenlarven haben eine Enddarmatmung. Als Sonderfall seien die Larven der Schilfkäfer erwähnt, die den Sauerstoff den Luftwegen des Schilfs, der Seerose und anderer Wasserpflanzen entnehmen.
Interessante Versuche zum Verhalten lassen sich mit Libellenlarven machen (man beachte wiederum, daß Libellenlarven wie die Imagines unter Schutz stehen, und es sei auf das zu diesem Aspekt Gesagte verwiesen, S. 37). Geeignet für solche Versuche sind die Larven von *Libellula,* die das ganze Jahr

über im Schlamm zu finden sind. Hungrige Tiere greifen nach zappelnden Kaulquappen, sich bewegenden Würmern oder einer Attrappe, die man sich aus einem Plastillinkügelchen, das auf einem dünnen Draht steckt, leicht herstellen kann. Hieran kann man prüfen, bei welchem Durchmesser der Attrappe Beutefangverhalten, indifferentes Verhalten oder Flucht ausgelöst wird. Es läßt sich ebenfalls nachweisen, daß ein optischer Reiz das Beutefangverhalten auslöst: Hält man dem hungrigen Tier ein Reagenzglas vor, in dem eine kleine Kaulquappe oder ein Tubifex schwimmt, so versucht es, das Tier zu ergreifen. Anders verhält sich der Gelbrandkäfer. Obwohl er gut entwickelte Augen hat, reagiert er auf bewegte Gegenstände nicht; er greift also auch keine vor seinen Augen in einem Reagenzglas schwimmende Kaulquappe an. Dagegen beginnt er sofort nach Futter zu suchen, wenn man einige Tropfen Fleischsaft in das Aquarium fallen läßt.

August

Im August rüsten sich die ersten Vögel zum Aufbruch nach dem Süden. Die Mauersegler sind um den 1. August bereits weggezogen. Die Störche sammeln sich ebenfalls und ziehen in der Zeit vom 15. bis 25. August fort (s. auch Tabelle V). Stare finden sich jetzt zu großen Schwärmen zusammen, und besonders die Jungtiere machen regelrechte Wanderungen durch, ohne schon nach dem Süden zu ziehen. Die Starenschwärme können vor allem in den Weinbaugebieten großen Schaden anrichten. Auf Weiden andererseits suchen sie nach den Larven der Kohlschnaken und sind dadurch nützlich. Abends fallen oft große Schwärme an bestimmten Schlafplätzen ein. Dabei können ihre Flugbilder gut beobachtet werden.

Auf den **Feldern** ist jetzt die Getreideernte in vollem Gange. Im Ernteverfahren hat sich gegenüber früher sehr viel geändert. Nur in wenigen Gegenden Deutschlands und auf kleinen bäuerlichen Anwesen wird das Getreide beim Erreichen der Vollreife geschnitten, zu Garben gebündelt und in sogenannten Hocken, Puppen oder Stiegen zum Trocknen aufgestellt. Dann wird es eingefahren und auf dem Hof gedroschen.

Fast überall bleibt heute das Getreide bis zur sogenannten Totreife auf den Feldern stehen. Mähdrescher erledigen die komplizierten Ernteverfahren in einem Zug draußen auf dem Feld. Sie mähen, dreschen, füllen das gereinigte Korn gleich in Säcke ab, pressen das Stroh und bündeln es zu Ballen oder

formen es zu Bändern, die aufgerollt und zum Abtransport vorbereitet werden. Gelegentlich wird auch heute noch durch Behandlung mit CCC, das u. a. in den Stickstoff-Stoffwechsel der Pflanze eingreift, bei einigen Getreidearten künstlich Kurzhalmigkeit erzeugt. Diese Behandlung ergibt zwar weniger Stroh, dafür ist aber die Gefahr geringer, daß das Getreide von Regen und Wind zu Boden geworfen wird, wodurch der Einsatz von Erntemaschinen erschwert wird. Starke Düngung führt nämlich dazu, daß der Getreidehalm seine bekannte Stabilität verliert und sich leichter umwerfen läßt (s. auch November).
An manchen Ähren verschiedener Getreidearten, besonders aber des Roggens, fallen uns große, schwarze Körner auf, das Mutterkorn. Während der Getreideblüte sind die Fruchtknoten von den Sporen eines Schlauchpilzes *(Claviceps purpurea)* infiziert worden. Zur Zeit der Reife bildet das Mycel des Pilzes an der Stelle, wo das Korn entstanden wäre, ein hartes, schwärzliches Hyphengeflecht (Sklerotium), das größer als das normale Korn ist und aus der Ähre herausragt. Dieses Sklerotium stellt die Dauerform des Pilzes dar, die den Winter auf dem Ackerboden übersteht. Aus ihm gehen im Frühjahr zahlreiche Fruchtkörper hervor, deren Sporen dann wieder neue Getreideblüten infizieren können.
Das Mutterkorn enthält ein starkes Gift, aus welchem aber auch Medikamente gegen Bluthochdruck und Migräne hergestellt werden. Genuß von Mehl, das mit Mutterkorn verunreinigt ist, kann zu einer Erkrankung des Nervensystems mit Krämpfen und Halluzinationen (Ergotismus) führen. Früher war die Krankheit als „Antoniusfeuer“ oder „Heiliges Feuer“ bekannt. Heute ist durch die Reinigung des Saatgutes das Mutterkorn nicht mehr sehr häufig. Es scheint sich in letzter Zeit stärker auf Weizen auszubreiten.

Jetzt beginnt das Heidekraut zu blühen, und wenn wir die Möglichkeit haben, uns eine **Heidekrautgesellschaft** [Charakterpflanze ist das Heidekraut *(Calluna vulgaris)*] und ihre Lebensbedingungen anzusehen, so sollten wir das tun. Die größten Heideflächen finden wir in Norddeutschland, obwohl auch hier weite Flächen in Kiefernforste umgewandelt wurden. Aber auch in anderen Gegenden und in Gebirgen gibt es auf sauren Böden meistens größere oder kleinere Heideflächen, die wenigstens grundsätzlich die Lebensbedingungen einer Heidekrautgesellschaft erkennen lassen. Heidekrautgesellschaften sind fast überall durch die Rodung des vorher vorhandenen Waldes entstanden, und würde der Mensch nicht eingreifen, entstünde aus der Heide auch wieder Wald. Früher war es die Beweidung durch Heidschnuckenschafe, die den Wald nicht aufkommen ließ, da die Schafe keinen Baumkeimling unverbissen ließen. Lediglich die von den Schafen nicht abgefressenen Wacholderbüsche *(Juniperus communis)* erheben sich über die Zwergsträucher der Heide, und in ihrem Schutz können auch hin und wieder Ebereschen *(Sorbus aucuparia)* oder andere Bäume wachsen. Die Beweidung war also für den Erhalt dieser typischen Pflanzengesellschaft notwendig. Heute muß in denjenigen Landschaftsschutzgebieten, die als Heiden erhalten werden sollen, aufkommender Baumwuchs künstlich durch den Menschen unterbunden werden. Häufig wird jetzt wieder die Schafbeweidung als landschaftsschützendes Mittel eingesetzt.

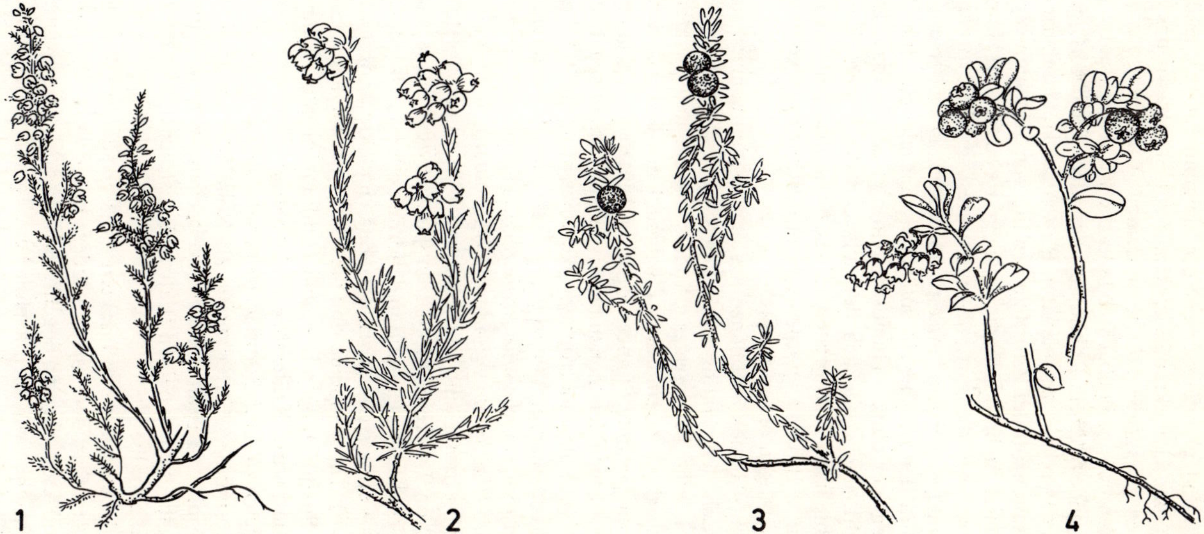

Abb. 23: Typische Pflanzen der Heide. 1. Heidekraut *(Calluna vulgaris)*, 2. Glockenheide *(Erica tetralix)*, 3. Krähenbeere *(Empetrum nigrum)*, 4. Preiselbeere *(Vaccinium vitis-idaea)*.

Die typischen Zwergstrauchgesellschaften mit Wacholder wachsen auf einem nährstoffarmen sauren Boden, der sich für Kulturzwecke wenig eignet. Hohe Niederschlagsmengen sind ebenfalls eine Vorbedingung für das Gedeihen. Den Boden, auf dem eine Heidekrautgesellschaft lebt, sollten wir uns einmal anschauen. Am besten gelingt das an einem kleinen Aufschluß, der uns die charakteristische Schichtenfolge beobachten läßt. Da, wo Heidekraut in größerem Umfang wächst, bildet sich ein Rohhumus, der auch „Heidetorf" genannt wird. Er entsteht aus den schwer zersetzbaren Resten der Heidepflanzen. Dadurch wird dem Luftsauerstoff der Zutritt zu den tieferen Schichten verwehrt, die Zersetzung kann nicht mehr vollständig erfolgen. Es bilden sich Huminsäuren, die in die Tiefe sickern, die dort meistens sowieso spärlich vorhandenen Nährstoffe auflösen und so den Boden stark auslaugen. Die obersten 25 bis 30 cm des Bodens sind demzufolge ein vollständig ausgelaugter Bleichsandboden. Unter ihm liegt der dunkle Humusortstein, der aus Humus, Tonerde und Eisenoxid besteht, und schließlich der aufgrund des hohen Eisenoxidgehaltes rötlich gefärbte harte Eisenortstein. Diese Ortsteinschicht ist häufig so fest, daß die Wurzeln, z.B. der Kiefern, sie nicht durchdringen können. Dadurch wurden Aufforstungen oft erschwert.
Wir sollten einmal eine Heidekrautpflanze aus dem Boden nehmen und uns das Wurzelsystem anschauen. Häufig entdecken wir um die Wurzel ein umfangreiches Pilzmycel, eine Mykorrhiza. Anders als bei den Waldbäumen (s. September) bildet sich aber kein echter Pilzmantel aus. Dafür durchwächst das Mycel des Pilzes die gesamte Pflanze, sogar die Blüten, und gelangt bis in den Fruchtknoten. So werden den Samen bereits Pilzhyphen mitgegeben. Eine derartige Mykorrhiza wird als endotrophe Mykorrhiza bezeichnet.
Das Heidekraut wird von anderen Pflanzen begleitet, wie Glockenblume *(Erica tetralix)*, Besenginster *(Sarothamnus scoparius)*, Heidelbeere *(Vaccinium myrtillus)*, Preiselbeere *(Vaccinium vitis-idaea)*, Wacholder *(Juniperus communis)*. Einige typische Vertreter sind in Abbildung 23 zusammengestellt. Sie weisen alle den Bau von Trockenheitspflanzen (Xerophyten) auf (s. auch Juni). Die Blätter sind entweder klein und nadelförmig oder durch lederartigen Bau vor allzugroßer Verdunstung geschützt. Bei Heidekraut, Rauschbeere *(Vaccinium uliginosum)*, Glockenheide sind die Blätter nach unten zusammengebogen, so daß die Spaltöffnungen in einem Hohlraum liegen, wodurch die Verdunstung vermindert wird. Krähenbeere *(Empetrum nigrum)* und Heidekraut haben im Vergleich zu ihrer Blattfläche nur sehr wenige Spaltöffnungen. Bei der Krähenbeere sind die Blätter zudem als Rollblätter ausgebildet, wodurch die Unterseite mit den Spaltöffnungen weitgehend von der Luft abgeschlossen ist. Die Nahtstelle der beiden Blattränder ist auf der Unterseite als feiner heller Strich zu erkennen.
Die blühende Heide lockt zahlreiche Insekten an. Vor allem sind es die Bienen, die hier Nektar sammeln. Die Imker wandern mit ihren Völkern oft über viele Kilometer in die Heide, um den begehrten Heidehonig zu gewinnen. An einem kühlen Morgen sehen wir nach nächtlichem Taufall in der Heide zahllose Spinnennetze, die im Sonnenlicht von Tauperlen funkeln. Vor unseren Schritten fliegen grünlich schillernde, weiß getupfte Käfer auf. Es handelt sich

um Sandlaufkäfer (Gattung *Cicindela*), die wir bei ihrer Jagd beobachten können. Sehr interessant ist die Lebensweise ihrer in Erdhöhlen lebenden Larven.

In **Gärten** können wir uns jetzt einmal um unsere häufigsten Pflanzenschädlinge, die Blattläuse, kümmern und ihre Biologie studieren. Es wird sicher keine Schwierigkeiten machen, welche zu entdecken. Gerade im Garten sind sie kolonieweise anzutreffen, in der freien Natur findet man sie in solchen Massen weitaus seltener. Blattläuse treten uns jetzt in zwei Formen gegenüber, geflügelte und ungeflügelte Tiere. Durch die geflügelten Formen können die einzelnen Arten sich schnell über die vorhandenen Nahrungspflanzen ausbreiten. Im Sommer geht ihre Vermehrung z. T. explosionsartig vor sich. Das hängt einmal damit zusammen, daß Blattläuse im Sommer lebende Junge in rascher Generationsfolge zur Welt bringen und daß die Entwicklung aus unbefruchteten Eiern erfolgt, d. h., alle Blattläuse im Sommer sind Weibchen. Erst im Herbst entstehen auch Männchen, und es werden befruchtete Eier abgelegt, die den Winter als Dauereier überstehen können.
Blattläuse sind im Gemüse und im Salat unappetitlich, sie können bei Massenbefall Pflanzen zum Absterben bringen und durch ihren Stich auch gefährliche Pflanzenkrankheiten von einer Pflanze auf die andere übertragen. Kein Wunder also, daß sie in Gärten nicht geduldet werden.
Häufig werden dann Insektizide angewandt, die Pflanzen werden gespritzt. Insektizide wirken aber in den meisten Fällen nicht nur gegen die Blattläuse, sondern auch gegen die Mehrzahl derjenigen Insekten, die gerade Blattläuse vernichten. Marienkäfer und ihre Larven, Ohrwürmer, Schwebfliegenlarven, die Larven der Florfliege, die wegen ihrer Spezialisierung auf Blattläuse sogar den Namen „Blattlauslöwe“ bekommen hat, und viele kleine Schlupfwespen werden durch den Gifteinsatz ebenfalls vernichtet. In einem Räuber-Beute-Komplex wird bei einem Gifteinsatz die Population der Räuber aber immer stärker geschädigt und erholt sich in seinem Bestand langsamer als die der Beute, in unserem Fall die Blattlaus. So ist es kein Wunder, daß in einem Garten mit Insektizideinsatz die Blattlausvernichter fehlen und sich daher Blattläuse um so besser entwickeln können. Sinnvoller wäre es, gerade diejenigen Insekten zu fördern, die den Blattläusen nachstellen. Durch das Aufhängen von mit Holzwolle gefüllten umgedrehten Blumentöpfen schafft man z. B. ideale Verstecke für Ohrwürmer, die dann nachts auf Blattlausfang gehen können. Vom BUND gibt es eine Informationsmappe zum biologischen Land- und Gartenbau, in der noch viele weitere Tips enthalten sind (s. auch Kreuter, 1982).

Im August sollte man, wenn die Gelegenheit dazu besteht, ein **Hochgebirge** besuchen, da jetzt dort die meisten Pflanzen in voller Blüte stehen. In Deutschland zählen nur die nördlichen Kalkalpen dazu. Der Lebensraum Hochgebirge ist derart vielfältig gestaltet, daß wir einen auch annähernden Überblick über seine ökologischen Besonderheiten nur dann erhalten, wenn wir mehrere Tage zum Untersuchen und Beobachten Zeit haben. Zum Thema Hochgebirge existieren so viele ausführliche Bücher, daß hier nur auf wenige prinzipielle Dinge eingegangen werden kann. Die ökologische Vielfalt wird ausführlich in Reisigl u. Keller (1987) dargestellt.

Die Ursache für die ökologischen Besonderheiten in den Hochgebirgen liegen in den speziellen Eigenheiten des Gebirgsklimas in größerer Höhe. Über diese klimatischen Besonderheiten muß man sich von Anfang an klar sein, um dann die Anpassungen von Tieren und Pflanzen verstehen zu können. Mit zunehmender Höhe sinken Temperatur (je 100 m etwa 0,6° C) und Luftdruck, dafür nimmt in der Regel die Niederschlagsmenge zu, und auch die UV-Einstrahlung wird stärker. Die hohe Niederschlagsmenge führt besonders im Winter zu einem hohen Schneedruck auf die Pflanzen. In größerer Höhe macht sich auch der geringere Sauerstoff-Partialdruck bemerkbar. Biologisch wirksam ist ebenfalls der schroffe Wechsel klimatischer Faktoren; das gilt sowohl für die Unterschiede zwischen Sommer und Winter als auch zwischen Tag und Nacht.

Diese großen Unterschiede gegenüber der Ebene oder den Mittelgebirgen führen zu einer regelrechten Höhenzonierung (Abb. 24). Die niedrigste Zone, die **colline Stufe** oder Hügelstufe, ist in der Regel mit Kulturland besetzt und stellt in den Hochgebirgen, etwa den Alpen, nur den äußersten, untersten Saum dar. Sie reicht ungefähr bis 800 m Höhe hinauf. Dann folgt die **montane Stufe** oder Laubwaldstufe, die bis zur Laubwaldgrenze in ungefähr 1700 m Höhe reicht. Die nächste Stufe, die **subalpine Stufe,** ist noch mit Bäumen, und zwar mit Nadelwald, besetzt. Sie reicht etwa bis zur Baumgrenze in ca. 2000 m Höhe hinauf. Darüber folgt die **alpine Stufe,** die die erwähnten biologischen Besonderheiten aufweist und auf die hier näher eingegangen wird. Sie findet mit der klimatischen Schneegrenze in etwa 2800 m Höhe ihre Obergrenze. Über ihr liegt noch die **nivale Stufe** oder Schneestufe, auf der die Lebensmöglichkeiten schon stark eingeschränkt sind. Trotzdem gibt es auch dort noch Pflanzen und Tiere. So hat man in den Alpen in ihr noch 234 Arten von Farnen oder Blütenpflanzen auf aperen Stellen gezählt. Das bekannteste Beispiel ist der Gletscherhahnenfuß *(Ranunculus glacialis).* Er kommt am Finsteraarhorn sogar noch in 4270 m Höhe vor.

Auch die alpine Stufe ist in sich wieder gegliedert. An der Obergrenze der subalpinen Stufe geht der Nadelwald allmählich in die Zone des Krummholzes über. Die Bergkiefer oder Latsche *(Pinus mugo)* und die Grünerle *(Alnus viridis)* können sich hier noch in niederliegenden Formen bis etwa 2400 m behaupten, dann werden sie von einem Zwergstrauchgürtel mit den Alpenrosen *(Rhododendron),* der Bärentraube *(Arctostaphylos uva-ursi)* und Vertretern der Gattung *Vaccinium* (Preisel-, Heidel- und Rauschbeere) abgelöst. Darüber finden wir blumenreiche Wiesen und Matten, die ihre Obergrenze bei etwa 2600–2800 m haben. Diese Matten stellen die einzigen natürlich in Mitteleuropa vorkommenden Wiesen dar, sie werden deswegen gelegentlich auch als „Urwiesen“ bezeichnet. Noch weiter oben können nur noch sogenannte Pionierrasen an der Grenze zur nivalen Stufe überleben.

Abb. 24: Höhenzonierung in den Alpen. Nach Ellenberg, 1978, verändert.

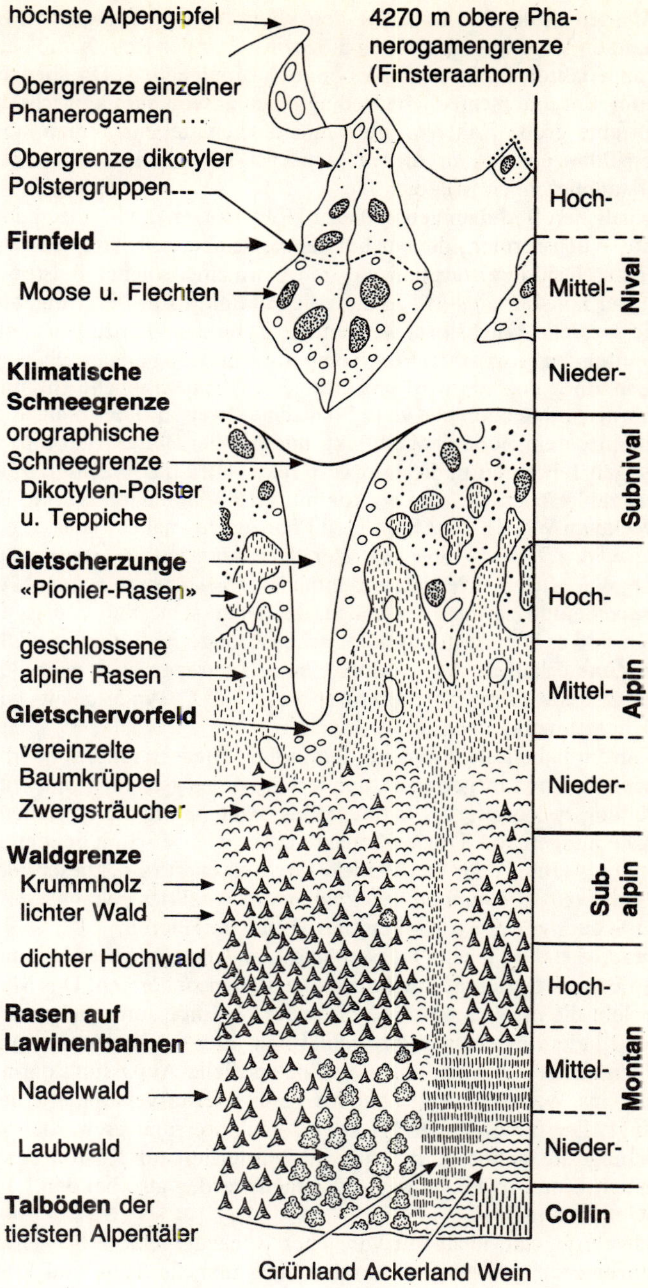
höchste Alpengipfel
4270 m obere Phanerogamengrenze (Finsteraarhorn)
Obergrenze einzelner Phanerogamen ...
Obergrenze dikotyler Polstergruppen---
Firnfeld
Moose u. Flechten
Klimatische Schneegrenze
orographische Schneegrenze
Dikotylen-Polster u. Teppiche
Gletscherzunge
«Pionier-Rasen»
geschlossene alpine Rasen
Gletschervorfeld
vereinzelte Baumkrüppel
Zwergsträucher
Waldgrenze
Krummholz
lichter Wald
dichter Hochwald
Rasen auf Lawinenbahnen
Nadelwald
Laubwald
Talböden der tiefsten Alpentäler
Grünland Ackerland Wein
Hoch-
Mittel-
Nieder-
Nival
Subnival
Hoch-
Mittel-
Nieder-
Alpin
Sub-alpin
Hoch-
Mittel-
Nieder-
Montan
Collin

In der alpinen Stufe sind es außer den klimatischen Bedingungen mit einer extrem kurzen Vegetationszeit auch die Schroffheit des Reliefs und der Boden, die nur angepaßten Pflanzen ein Überleben ermöglichen. Da aber auf kleinstem Raum sehr unterschiedliche Bedingungen miteinander abwechseln, bildet sich auch eine große Zahl von unterschiedlichen Lebensräumen, so daß die Zahl der Pflanzenarten in diesem zunächst lebensfeindlich erscheinenden Raum erstaunlich hoch ist.

Den unwirtlichen Bedingungen in dieser Höhe trotzen die Pflanzen durch ganz bestimmte Wuchsformen, die wir bei den verschiedenen Arten immer wieder finden. Typisch sind Polsterpflanzen. Im Innern eines solchen Polsters wird ein eigenes, viel konstanteres Mikroklima geschaffen als in der Umgebung, und durch die spezielle Wuchsform werden alle Teile der Pflanze gleichmäßig den Umwelteinflüssen ausgesetzt. Eine Temperaturmessung an der Oberfläche und im Inneren eines Polsters wird uns dies zeigen. Eine ähnliche Bildung ist der Rosettenwuchs, den ebenfalls viele Pflanzen aufweisen. Hier bleiben die Blätter der Pflanze dem Boden angedrückt, und nur der Blütentrieb wird während der günstigen Jahreszeit in die Luft gestreckt. Auch das Wachsen in Horsten, wie es bei zahlreichen Gräsern vorkommt, erfüllt ähnliche Zwecke. Die hohe Schneedecke im Winter führt bei vielen Pflanzen zu Spalierwuchs, wie z. B. bei der Silberwurz *(Dryas octopetala)* oder der Bärentraube. Überhaupt scheint die kleine Wuchsform, wie sie bei den meisten Pflanzen vorkommt, eine Anpassungserscheinung an das unwirtliche Klima zu sein. Neben diesen Wuchsformtypen sind es aber auch physiologische Besonderheiten, die ein Überleben in dieser Zone erlauben. Viele Alpenpflanzen ertragen auch noch durch eine spezielle Plasmaresistenz Temperaturen von −40° C. Andererseits wird kurzfristige Übererhitzung ebenfalls ertragen.

Viele Pflanzen haben nicht nur mit dem hohen Niederschlag, sondern, da der Boden meistens nur in geringer Menge vorhanden ist, auch mit zeitweiliger Austrocknung zu kämpfen. Wir finden deswegen häufig die typischen Anpassungserscheinungen von Trockenheitspflanzen, wie sie schon bei den Pflanzen des Weinbergs (Juni) oder der Heidekrautgesellschaft (s. o.) beschrieben wurde. Das Edelweiß *(Leontopodium alpinum)* ist wohl das bekannteste Beispiel für einen Schutz vor Austrocknung mit Hilfe von Haaren.

Auch Tiere, die dort leben, müssen spezielle Anpassungserscheinungen zeigen, um die unwirtlichen Bedingungen überstehen zu können. Das Murmeltier z. B. überlebt die oft von Anfang September bis Ende Juni reichende Schneebedeckung, indem es einen Winterschlaf hält. Der wechselwarme Alpensalamander zeigt in seiner Fortpflanzung eine spezielle Anpassung darin, daß er keine Eier ins Wasser ablegt, sondern bereits fertig verwandelte Junge zur Welt bringt. Die Tragzeit beträgt aber 2–3 Jahre, und es werden nur zwei lebende Jungtiere geboren, die sich im Muttertier auf Kosten der übrigen vorhandenen Eier entwickelt haben. Kiemen werden also bei den Larven nur vor der Geburt angelegt.

Die Hochgebirge sind nicht nur von jeher Rückzugsgebiete für seltene Tier- und Pflanzenarten gewesen, wir finden auch manche Tier- und Pflanzenart lediglich auf einem einzigen Gipfel verbreitet und sonst nirgends mehr. Man

spricht dann von endemischen Arten. Das gilt für viele Insektenarten (besonders Käfer) und auch manche Pflanzenart.
Ein weiteres ökologisches Phänomen läßt sich in den Alpen besonders gut beobachten. Bestimmen wir in dem Zwergstrauchgürtel der Kalkalpen die dort vorkommende Alpenrose, so kommen wir auf die Art „Bewimperte Alpenrose“ *(Rhododendron hirsutum),* führen wir die gleiche Bestimmung in den Urgesteinsteilen der Alpen durch, so haben wir es mit der „Rostblättrigen Alpenrose“ *(Rh. ferrugineum)* zu tun. Manche Arten von Pflanzen gedeihen nämlich nur auf Kalkboden, haben aber auf dem sauren Boden des Urgesteins eine nahe verwandte, stellvertretende Art. Solche Arten werden als vikariierende Arten bezeichnet. Ähnliches gilt für den Gelben und den Großblütigen Enzian (*Gentiana lutea* und *clusii* – Kalk) und den Punktierten und Stengellosen Enzian (*G. punctata* und *acaulis* – Urgestein).
Die bisher geschilderten Verhältnisse betreffen das unberührte Hochgebirge. Der Tourismus, besonders der Skitourismus, hat aber in den Alpen in der letzten Zeit derart zugenommen, daß Auswirkungen auf den Lebensraum Hochgebirge nicht ausgeblieben sind. Wir sollten uns auf jeden Fall die Folgen anschauen, die das Anlegen, Planieren und Befestigen der Skipisten haben. Riesige Waldverluste waren die Folge der Anlage immer neuer Pisten. Der gesunde Bergwald ist es aber gerade, der durch sein Wasserrückhaltevermögen bei starken Regenfällen oder bei der Schneeschmelze Erosionen der sowieso schon geringen Bodendecke verhindert und Überschwemmungen in den Tälern mildert. An seiner Stelle müssen heute häßliche Hangverbauungen die Erde vor dem Abrutschen hindern oder der Lawinenbildung im Winter vorbeugen. Wo der Wald stirbt, sind letzten Endes auch die Siedlungen und die Verkehrswege bedroht.
Wild ist für einen Wald auf den ersten Blick etwas Natürliches. Unsere Wälder und vor allem der Alpenwald sind aber derart mit Wild (Rehe, Hirsche) überbesetzt, daß der Jungwuchs der Bäume kaum mehr unter natürlichen Bedingungen heranwachsen kann (s. auch Januar). Die Schäden, die durch diese von der Lobby der Jäger verteidigten unnatürlich hohen Wildbestände entstehen, muß die Allgemeinheit heute teuer bezahlen.
Aber auch oberhalb der Baumgrenze führen Skipisten zu einer weitgreifenden Änderung der Vegetationsdecke. Hier ist es vor allem das Planieren und Befestigen der Skipisten, das die ursprünglichen Verhältnisse stört. Wir sollten einmal eine Aufnahme des Pflanzenbestandes auf einer Skipiste und daneben durchführen, um zu erkennen, wie weitgreifend die Auswirkungen sind.

Pflanzen- und tierkundliche Hinweise

Wer sich über den Bau der Korbblüte informieren will, tut das am besten jetzt an den nun blühenden Sonnenblumen. Die in der freien Natur blühenden Korbblütler lassen sich nach ihrem Blütenbau unterscheiden in die Formen, bei denen alle Blüten des Köpfchens zungenförmig sind (Liguliflorae = Cichorioideae), wie z. B. die Wegwarte *(Cichorium intybus),* der Löwenzahn *(Taraxa-*

cum officinale), die Habichtskräuter *(Hieracium)* und die Gänsedistel *(Sonchus),* sowie diejenigen, deren Köpfchen entweder nur röhrenblütig sind oder bei denen um die Röhrenblüten ein Kranz von Zungenblüten steht (Tubuliflorae = Asteroideae), wie z. B. Kornblume *(Centaurea cyanus),* Wiesenflockenblume *(C. jacea)* und Disteln (*Carduus* – „Röhrenblütige"), sowie Wucherblume *(Chrysanthemum leucanthemum),* Kamillen *(Matricaria)* und Arnika (*Arnica montana* – „Strahlenblütige").

Für die Untersuchung schwieriger Blüten stehen nun Wolfsmilchgewächse, Wegerichgewächse und Gräser zur Verfügung.

Beide Brennesselarten blühen jetzt, die große einhäusige *(Urtica dioica)* und die selten gewordene kleine zweihäusige *(U. urens).* Sie besitzen einen Schleudermechanismus an den Staubgefäßen, der sich mit einer Nadel auslösen läßt. Die Pflanzen beginnen auch zu stäuben, wenn man sie nach kühler und dunkler Aufbewahrung ins Sonnenlicht bringt.

Die Veilchen bilden jetzt kleistogame Blüten aus: innerhalb der geschlossen bleibenden Blüten erfolgt Selbstbestäubung.

Inzwischen sind viele Früchte reif geworden, so daß man vergleichend die unterschiedlichen Verbreitungsmechanismen der Samen studieren kann:

1. Verbreitung durch eigene Kraft: Schleudermechanismen bei Springkraut *(Impatiens),* Besenginster *(Sarothamnus scoparius),* Veilchen *(Viola).*
2. Verbreitung durch den Wind: geringes Gewicht der staubfeinen Orchideensamen, Haare z. B. bei Korbblütlern (z. B. Löwenzahn), Rohrkolben *(Typha latifolia),* Küchenschelle *(Pulsatilla vulgaris),* Flügel z. B. bei Ahorn, Birke, Linde und Kiefer, Schleudermechanismen z. B. bei Mohn *(Papaver)* und Schlüsselblume *(Primula).* Eine Anpassung an die Windverbreitung der Samen besteht darin, daß viele Pflanzen sogenannte „Wintersteher" sind, d. h., die Früchte lösen sich erst in der windreichen Winterzeit ab. So sind bei der Esche z. B. bei Starkwind 500 m Flugweite statt der normalen 25 m gemessen worden.
3. Verbreitung durch das Wasser bei Seerose *(Nymphaea alba),* Seggen *(Carex),* Wasserknöterich *(Polygonum amphibium).*
4. Verbreitung durch Mensch und Tiere: Klettfrüchte z. B. bei Klette *(Arctium lappa),* Nelkenwurz *(Geum urbanum),* Klebkraut *(Galium aparine)* und Zweizahn *(Bidens tripartita),* im Darm der Vögel z. B. bei Vogel- und Mehlbeere *(Sorbus),* Mistel *(Viscum album),* Liguster *(Lingustrum vulgare),* Vogelkirsche *(Prunus avium),* Ameisenfrüchte z. B. bei Schöllkraut *(Chelidonium majus),* Ehrenpreis *(Veronica)* und Kornblume *(Centaurea cyanus).*

Wir können jetzt Pollen von solchen blühenden Pflanzen mikroskopieren, die eine besonders charakteristische Struktur der Außenmembran aufweisen. Dazu eignet sich speziell der Pollen von Kürbis *(Cucurbita pepo),* Malve *(Malva),* Karthäusernelke *(Dianthus carthusianorum),* Stiefmütterchen *(Viola tricolor),* Löwenzahn *(Taraxacum officinale)* und anderen Korbblütlern. Der Pollen sollte in Glyzerin eingebettet werden.

Bei vielen Farnen reifen in diesen Wochen die Sporen. Ähnlich wie bei den Pilzen läßt sich ein „Sporenbild" erzeugen, wenn man ein Farnblatt auf Papier (hell bei dunklen, dunkel bei hellen Sporen) legt und etwa 24 Stunden mit

einem Buch beschwert. Die Sporangien von Farnen betrachte man unter dem Mikroskop in Wasser. Setzt man vom Rand des Deckglases Glyzerin zu, so schrumpft der Anulus schnell zurück, und die Sporen werden entleert.
Man beachte Algenwatten. *Spirogyra* zeigt jetzt häufig Konjugation. An Armleuchteralgen entdeckt man nun an den Knoten der Seitenachsen grüne Oogonien und gelbrote Antheridienstände.
Wir sammeln Sklerotien des Mutterkorns *(Claviceps purpurea)* und legen sie unter eine 1 cm hohe Erdschicht in einen Blumentopf, der möglichst im Freien stehen soll. Es entstehen dann im Frühjahr Fruchtkörper.

Anfang August (manchmal auch schon im Juli) ist die Zeit des „Froschregens“. Grasfrösche, vielfach auch kleine Kröten, wandern in riesiger Menge aus den Gewässern ab, in denen sie ihre Larvenzeit durchgemacht haben.
Groß ist jetzt die Zahl der Eulenschmetterlinge: Moderholzeule, Ordensbänder, Gamma-Eulen und viele andere Arten. Auch die Prozessionsspinner fliegen jetzt. Raupen gibt es in großer Zahl; eine Zucht macht keine Schwierigkeiten (s. z. B. Gleichauf 1968, Illies 1956).
Auf Kartoffelfeldern sind jetzt gelegentlich die riesigen Raupen des Totenkopfschwärmers zu finden. Man kann sie aufziehen. Sie verpuppen sich unter der Erde, weshalb es schwierig ist, sie bis zum Schlüpfen der Falter zu halten. Die Erde muß nämlich genau den richtigen Feuchtegrad aufweisen, damit die Puppen weder verpilzen (zu naß) noch vertrocknen. Die Falter kommen bei uns im Freiland nicht zur Entwicklung, sie fliegen jährlich aus dem Mittelmeergebiet zu (Wanderfalter).
Von den Fliegen machen sich jetzt der Wadenstecher und die Kleine Stubenfliege bemerkbar. Will man die Entwicklung von Fliegen verfolgen, besorge man sich in einem Geschäft für Anglerbedarf Fliegenmaden. Die Verpuppung und das Schlüpfen sind leicht zu beobachten.
An faulenden Früchten entwickeln sich jetzt in Mengen *Drosophila*-Arten, die sich in ganzen Schwärmen aus einem Korb mit überreifem Obst erheben.
Blattläuse leben an vielen Gewächsen in Scharen. Wir achten vor allem auf ihre Feinde, die Florfliegen und den Marienkäfer sowie deren Larven. Wir können Blattläuse auf einem in Wasser gestellten Stengel verfolgen und an die Blattlauskolonie einige ihrer Feinde setzen.
Für den Fang von Süßwasserpolypen *(Hydra)* ist jetzt höchste Zeit; im September sind sie schon selten. Wir bringen dazu ein Bündel Wasserpflanzen aus einem geeigneten stehenden Gewässer ins Aquarium; nach einigen Tagen sitzen die Polypen an der Wand und lassen sich durch Fütterung mit Planktonkrebsen leicht und schnell vermehren. Es empfiehlt sich nicht, die Polypen in einem Aquarium zu halten, in dem Fische vorhanden sind.
Süßwasserschwämme finden wir häufig als Überzüge an Schilfstengeln und Pfählen. Bei manchen Arten setzt schon die Bildung der Gemmulae ein.

September

Auf einer Septemberwanderung könnten wir uns wieder einmal die **Felder** ansehen. An trockenen Tagen tritt die Erscheinung des Altweibersommers auf; winzige Spinnen, hauptsächlich Krabbenspinnen, werden an langen Fäden von der sich am Vormittag erwärmenden Luft in die Höhe getragen und schweben, bis die am Nachmittag eintretende Abkühlung der Luft die Flieger zu Boden sinken läßt. Der Start ist frühmorgens zu beobachten.
Die meisten Felder sind bereits abgeerntet; Mais, Rüben, Kartoffeln und Sonnenblumen, die heute in immer stärkerem Maße angebaut werden, haben noch etwas Zeit. Viele Äcker werden sofort nach der Ernte umgebrochen, manche liegen allerdings noch als Stoppelfelder vor. Auf ihnen lohnt sich eine Betrachtung der im Getreide wachsenden Pflanzen, die als Konkurrenten für die angebauten Getreidearten auftreten und deshalb als Unkräuter bekämpft werden. Bei Kartoffeln und Rüben, den „Hackfrüchten", werden sie auch heute noch weitgehend mechanisch, z. B. durch Hacken, bekämpft, im Getreide geschieht das vornehmlich auf chemischem Wege. Manche Unkraut-Arten findet man auch heute noch regelmäßig, andere sind verschwunden (s. auch Juni). Einige der Samen von Unkräutern halten sich über Jahre hinweg, und es ist erstaunlich, wie schnell sie auf einem brachliegenden Acker oder auf einem Rain, der von einer Pestizid-Bekämpfung nicht erreicht wird, wieder auftauchen.
Viele der Acker-Unkräuter bevorzugen ganz bestimmte Bodenbedingungen und sind auf sie so stark spezialisiert, daß sie als Zeigerpflanzen für eine be-

stimmte Bodenqualität benutzt werden können. Finden wir z.B. den Kleinen Sauerampfer *(Rumex acetosella)*, den Einjährigen Knäuel *(Scleranthus annuus)* oder den Feldspark *(Spergula arvensis)*, so können wir mit großer Wahrscheinlichkeit auf einen sauren Boden schließen. Eine Messung mit einem einfachen pH-Meter wird uns diese Annahme bestätigen. Dagegen zeigen Feldrittersporn *(Consolida regalis)*, Ackerglockenblume *(Campanula rapunculoides)* und das sehr selten gewordene Adonisröschen *(Adonis vernalis)* kalkhaltigen Boden an. Tritt das Frühlingshungerblümchen *(Erophila verna)* auf, so herrscht wahrscheinlich Stickstoffmangel, während die Brennessel *(Urtica dioica)* genau das Gegenteil anzeigt. Wachsen Huflattich *(Tussilago farfara)*, Gänsefingerkraut *(Potentilla anserina)*, Ackerschachtelhalm *(Equisetum arvense)* und Kriechender Hahnenfuß *(Ranunculus repens)*, so herrscht im Boden Luftmangel, häufig hervorgerufen durch Nässe. Diese Pflanzen gelten deswegen auch als Nässezeiger. Ähnliche Zeigerpflanzen finden wir auch in der Wiese (s. Mai). Man beachte auch die Tabelle IV. Einige der erwähnten Unkraut-Arten sind in Abbildung 25 dargestellt.

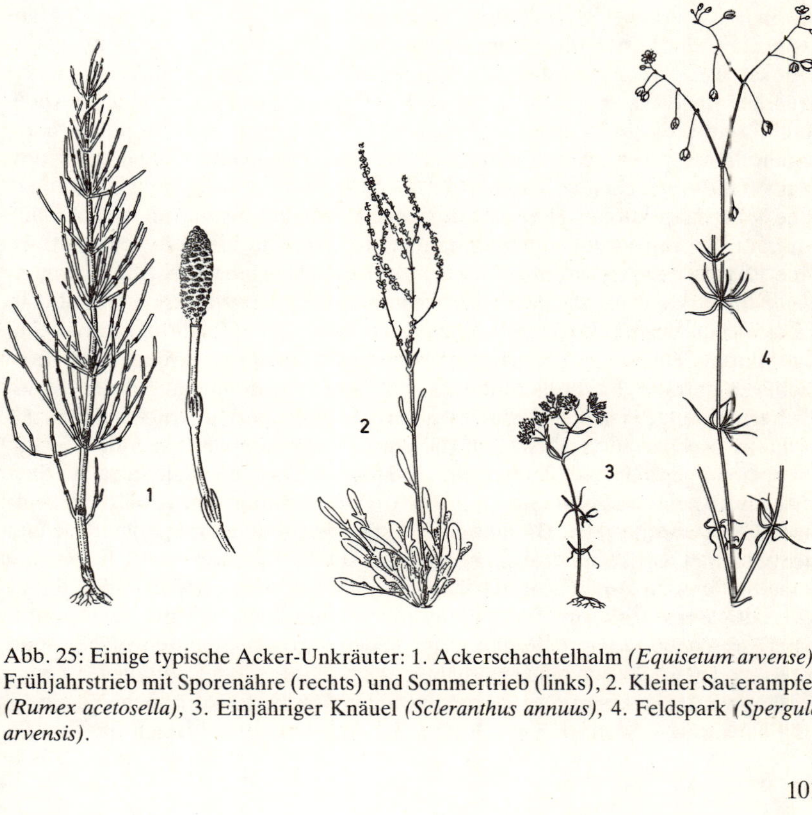

Abb. 25: Einige typische Acker-Unkräuter: 1. Ackerschachtelhalm *(Equisetum arvense)*: Frühjahrstrieb mit Sporenähre (rechts) und Sommertrieb (links), 2. Kleiner Sauerampfer *(Rumex acetosella)*, 3. Einjähriger Knäuel *(Scleranthus annuus)*, 4. Feldspark *(Spergula arvensis)*.

Man sollte sich einmal überlegen, wie „Unkräuter" die intensive Bearbeitung in einem Feld überhaupt überleben können. Unkräuter müssen bestimmte Eigenschaften haben, die sie vor der Ausrottung bewahren. Man unterteilt sie nach der angewandten Strategie deswegen gewöhnlich in die mehrjährigen Wurzelunkräuter und die einjährigen Samenunkräuter.

Wurzelunkräuter besitzen Speicherorgane, die es ihnen ermöglichen, nach dem Mähen des Feldes schnell wieder auszutreiben. Quecke *(Agropyron repens)* und Ackerschachtelhalm *(Equisetum arvense)* bilden oft recht lange unterirdische Ausläufer, die auch durch das Zerschneiden beim Pflügen nicht wesentlich geschädigt werden. Die Ackerkratzdistel *(Cirsium arvense)* wird durch Behacken im Frühjahr sogar noch gefördert, weil die zerschnittenen Stücke angeregt werden, aus Wurzelknospen neue Pflanzen zu bilden. Eine mechanische Bekämpfung der Disteln hat daher erst im Sommer zur Blütezeit einen Sinn, da dann die Nährstoffe zum Aufbau der Blüten verbraucht sind und die Wurzeln nicht mehr so lebenskräftig sind. Viele der Wurzelunkräuter zeichnen sich durch eine starke vegetative Vermehrung aus, wie wir es am Queckensproß beobachten können. Ähnlich verhält es sich bei der Winde *(Convolvulus arvensis)* und dem Huflattich. Oberirdische Ausläufer finden wir beim Gänsefingerkraut, dem Kriechenden Hahnenfuß u. a.

Die Samenunkräuter blühen entweder vor dem Mähen [Mohn *(Papaver rhoeas),* Ackerhahnenfuß *(Ranunculus arvensis),* Vergißmeinnicht *(Myosotis arvensis)*] oder haben die Fähigkeit, wenn sie beim Mähen verstümmelt werden, rasch aus Achselknospen neue Blüten zu treiben, die noch bis zum Herbst Früchte bringen [Kamille *(Matricaria),* Kornblume *(Centaurea cyanus)*]. Andere Unkräuter dieses Typs erzeugen das ganze Jahr über in mehreren Generationen Samen [Stiefmütterchen *(Viola arvensis),* Greiskraut *(Senecio),* Knopfkraut *(Galinsoga ciliata),* Taubnessel *(Lamium)*].

Eine lohnende Aufgabe ist es, von solchen Wanderungen einige fruchtende Unkrautpflanzen mitzunehmen und ihre Samen auszuzählen bzw. zu schätzen. Eine Pflanze des Ackersenfs *(Sinapis arvensis)* oder Hederichs *(Raphanus raphanistrum)* kann bis zu 25000, Klatschmohn *(Papaver rhoeas)* bis zu 50000, Kanadisches Berufkraut *(Erigeron canadensis)* bis zu 100000 und das Kleine Knopfkraut *(Galinsoga ciliata)* sogar bis zu 300000 Samen erzeugen.

Zieht eine Straße durch die Felder, so sollte man auch einmal auf den Grünstreifen achten, der sich zwischen Straße und den Feldern erstreckt. Er enthält meistens auch einen Graben. Auf diesem Grünstreifen wurden früher häufig Obstbäume gepflanzt. Es lohnt sich, einmal nachzuprüfen, welche alten Obstsorten dort noch wachsen. Sie unterscheiden sich häufig stark von den in Plantagen gezogenen Sorten. Da dieser Grünstreifen meistens wenig gepflegt und nicht gedüngt wird, kann sich eine charakteristische Pflanzengesellschaft ansiedeln, die typisch für Wegeränder ist. Wir finden häufig Hirtentäschelkraut *(Capsella bursa-pastoris),* Wegwarte *(Cichorium intybus),* die jetzt blüht, Schafgarbe *(Achillea millefolium),* Rainfarn *(Chrysanthemum vulgare)* und Wolfsmilchgewächse.

Entlang verkehrsreicher Straßen ist mit hohen Abgasbelastungen zu rechnen, die nur von widerstandsfähigen Pflanzen ertragen werden. Durch das fast re-

gelmäßig jährlich im Winter erfolgende Salzstreuen auf den Straßen haben sich entlang derselben salzreiche Böden ausgebildet, auf denen in zunehmendem Maße Halophyten vom Meer immer weiter ins Binnenland vordringen.
Auch Tiere des Feldes sind nach der Getreideernte leichter auszumachen als in dem hohen Kornfeld. Auf den abgeernteten Stoppelfeldern beobachten wir jetzt vornehmlich Vögel, die Körnerfresser sind, wie Sperlinge, Goldammern und Grünfinken. Sie kommen allerdings nur zur Nahrungssuche in die Felder geflogen. Typische Feldtiere dagegen sind die Lerchen, Rebhühner und Wachteln, und unter den Säugern der Feldhase sowie der Hamster. Alle diese Arten sind eigentlich Steppentiere, die ursprünglich in Deutschland nicht beheimatet waren. Erst die Rodung des Waldes, die zur Schaffung steppenartiger Gebiete, die unsere Felder darstellen, geführt hat, ermöglichte es diesen Arten, bei uns zu leben. Fast alle benötigen außer der freien Fläche auch Schutzmöglichkeiten in Form von Hecken, Feldgehölzen und ähnlichem. Mit deren Verschwinden aus der Feldflur nahm auch die Zahl mancher Feldtierart stark ab. Wachteln und Rebhühner sind heute sehr selten oder fehlen sogar ganz. Zahlreich sind auf den Feldern aber meistens Feldmäuse. Man kann einmal versuchen, die Zahl der Mauselöcher pro m^2 auszuzählen und sie mit dem Zählergebnis anderer Jahre vergleichen. Der Unterschied kann sehr groß sein. Das hängt damit zusammen, daß sich bei günstigen klimatischen Bedingungen Feldmäuse in manchen Jahren besonders stark vermehren; man spricht dann von „Mäusejahren“. Ein einziges Feldmauspaar kann in einem guten Jahr 6 Würfe von etwa 7 Jungen zur Welt bringen. Da die Nachkommen auf engstem Raum zusammenbleiben, kommt es schnell zur Überbevölkerung. Durch die hohe Wohndichte und den damit verbundenen Nahrungsmangel, aber vor allem auch durch den dadurch bedingten sozialen Streß brechen auf dem Höhepunkt der Entwicklung die Mäusepopulationen auch ohne Bekämpfung häufig von selbst wieder zusammen. Dieser Wechsel von Massenvermehrung und Zusammenbruch wiederholt sich ungefähr alle drei Jahre.

Bei der Wanderung durch einen **Wald** kann man einmal versuchen, die wichtigsten Bäume anhand ihrer Blätter und Früchte zu erkennen (Abb. 26).
Im Wald fallen uns auch immer wieder reiche Moospolster auf. Beim Goldenen Frauenhaar-Moos entdecken wir jetzt überall Sporenkapseln, die oben aus den Moospflänzchen herausragen. Die gelblichen Stiele der Sporenkapseln haben diesem Moos den Namen eingebracht. Nehmen wir ein Moospolster in die Hand, so können wir fast immer Wasser aus ihm herauspressen, da Moose ideale Wasserspeicher sind. So kann 1 g Moos 5–6 g Wasser speichern. Wir können ein Moospolster mit nach Hause nehmen und diese Werte einmal nachwiegen.
Diese Wasserkapazität der Moose sollte Anlaß sein, überhaupt einmal über die vielfältigen Wechselwirkungen zwischen Wasser und Wald nachzudenken und uns den Einfluß des Waldes auf den Wasserhaushalt einer Landschaft klar zu machen.
Pflanzen brauchen Wasser, und große Pflanzen, wie die Bäume, benötigen sehr viel Wasser. Das hängt damit zusammen, daß die Verdunstung von Was-

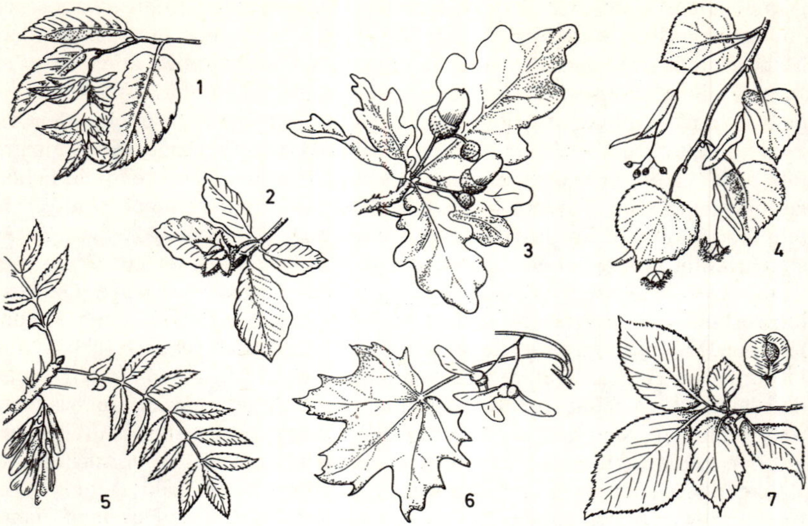

Abb. 26: Blätter und Früchte einiger wichtiger Laubbäume des Waldes: 1. Hain- oder Weißbuche *(Carpinus betulus)*, 2. Rotbuche *(Fagus sylvatica)*, 3. Stieleiche *(Quercus robur)*, 4. Winterlinde *(Tilia cordata)*, 5. Esche *(Fraxinus excelsior)*, 6. Spitzahorn *(Acer platanoides)*, 7. Feldulme *(Ulmus carpinifolia)*.

ser an den Blättern für die Pflanze die einzige Möglichkeit ist, Wasser mit den darin gelösten Nährsalzen von den Wurzeln bis zur Spitze zu transportieren. Das sind bei einem großen Baum häufig über 40 m. Eine Rotbuche mit ihren bis zu 200000 Blättern und einer Blattoberfläche von insgesamt ca. 450 m^2 verdunstet pro Tag bis zu 400 Liter Wasser. Bei einem Hektar Buchenwald sind das ungefähr 3,6 Millionen Liter Wasser jährlich.

Während in der offenen Landschaft, etwa auf einem Feld, nur 30% des Niederschlages durch Verdunstung wieder an die Atmosphäre abgegeben werden, sind es bei einem Wald 70%.

Wasser fließt deswegen im Wald auch nicht so stark oberflächlich ab. Der gesamte Wald mit seinen einzelnen Schichten (s. März, S. 29ff.) wirkt auf den Wasserhaushalt einer Gegend ausgleichend. Wasser wird zurückgehalten und nur langsam wieder an die Umgebung abgegeben, wobei den Moosen die Hauptarbeit der Speicherung zukommt; das verhindert das Abschwemmen des wertvollen Bodens. Besonders an den Berghängen macht sich dieser Effekt bemerkbar, und zwar um so mehr, je steiler der Hang ist. In einem m^3 Waldboden verlaufen Wurzeln mit einer Länge von bis zu einem Kilometer. Dieses Wurzelgefüge kann das Erdreich wirkungsvoll zurückhalten. Auch Überschwemmungen der Flüsse zeigen sich in waldreichen Gegenden weniger als in der ausgeräumten Kulturlandschaft. Was als Endstufe der Erosion durch das

Wasser ohne Wälder herauskommen könnte, zeigen uns die verkarsteten Gebirge vieler Mittelmeerländer.

Im Wald ist jetzt Pilzzeit. Jeder erfahrene Pilzsammler weiß, daß er, wenn er auf bestimmte Arten von Pilzen aus ist, auch in ganz bestimmten Wäldern bzw. unter ganz bestimmten Baumarten suchen muß. Offensichtlich haben manche Pilzarten eine enge Beziehung zu einigen Baumarten. Auch der Name einiger Pilze, z.B. Birkenröhrling, Lärchenröhrling oder Birkenreizker, deutet auf diese Allianz hin. Wollen wir Pilze zum Essen sammeln, so sollten wir sie genau kennen oder uns in Zweifelsfällen an eine Pilzberatungsstelle wenden. Gute Bestimmungen sind auch mit MICHAEL, HENNING, KREISEL (1977) oder mit CHAUMETON (1987) möglich.

Pilze leben als Fadengeflecht im Boden und bilden lediglich zur Zeit der Sporenreife Fruchtkörper über dem Boden aus, die umgangssprachlich als „die Pilze" bezeichnet werden. Pilze sind Pflanzen ohne Chlorophyll. Sie können deswegen auch keine Fotosynthese treiben und sind auf eine andere Kohlenstoffquelle angewiesen als die grünen Pflanzen. Sie müssen wie die Tiere bereits vorhandenes organisches Material verwerten. Dabei haben die Pilze unterschiedliche Strategien entwickelt.

Ein Teil der Pilze befällt lebende Organismen, sowohl pflanzliche wie tierische, und beutet sie aus. Es sind Parasiten. Unter den Pilzen, die auffällige Fruchtkörper ausbilden, sind dies verschiedene Arten der Porlinge, die z.T. gravierende Holzzerstörungen anrichten können.

Von den Parasiten ist es nur ein kleiner Schritt zu den Arten, die bereits abgestorbenes oder krankes Holz angreifen und von dessen Zersetzung leben. Hier handelt es sich um sogenannte Moderpflanzen oder Saprophyten. Der Hallimasch *(Armillariella mellea)* und der Zunderschwamm *(Fomes fomentarius)* sind zwei bekannte Vertreter. Saprophyten zersetzen das Holz, indem sie den Holzstoff (Lignin) oder die Zellulose oder beides auflösen.

Die Braunfäule des Holzes – hervorgerufen durch Schwefelporling, Ochsenzunge und Hausschwamm – beruht darauf, daß hier Zellulose abgebaut wird und das Lignin erhalten bleibt, was zu der typisch braunen Färbung modernden Holzes führt. Bei der Weißfäule, für die zahlreiche Pilzarten in Frage kommen können, bleibt die Zellulose erhalten und das Lignin wird zuerst abgebaut.

Die interessanteste Gruppe im Hinblick auf die Ernährung sind die symbiontischen Pilze. Solche Arten gehen mit Waldpflanzen eine Verbindung auf Gegenseitigkeit ein. Ihr Fadengeflecht umspinnt die Wurzeln der Bäume so eng, daß ein gemeinsames Organ von Baum und Pilz entsteht, die Mykorrhiza. Über sie liefert das Pilzgeflecht dem Baum Wasser und Mineralsalze. Die Versorgung für den Baum scheint so gut zu sein, daß viele Bäume mit einer Mykorrhiza gar keine Wurzelhaare mehr ausbilden. Als Gegenleistung versorgt der Baum den Pilz mit Kohlenhydraten aus der Fotosynthese.

Viele Pilze sind sehr stark auf eine Baumart spezialisiert. So kann der Birkenröhrling nur im Zusammenleben mit Birken seine Fruchtkörper ausbilden. Andere vermögen mit mehreren Baumarten eine Symbiose einzugehen. So wächst der Maronenröhrling unter den Nadelbäumen Fichte, Tanne und Kiefer, der Steinpilz kommt außer unter Fichten und Kiefern auch bei Buchen,

Eichen und Birken vor. Butterpilz, Habichtspilz und Sandröhrling leben nur mit Kiefern und der Grüne Knollenblätterpilz bildet eine Symbiose mit Eichen und Buchen. Diese Aufzählung ließe sich noch fortsetzen.

Auch in **Städten und Ortschaften** gibt es wieder lohnende Beobachtungsmöglichkeiten. Wir sollten uns einmal die Mühe machen, Bahndämme zu untersuchen. Die in unsere Städte hereinführenden Gleisanlagen sind häufig entweder vertieft angelegt oder verlaufen auf einem regelrechten Damm. Dadurch ergeben sich Hänge, die oft recht steil sind und die meistens auch aus verschiedenen Gründen bepflanzt werden. Durch die langgestreckte Ausdehnung der Gleisanlagen kommen sie mit unterschiedlichsten Umgebungen, mit Wohngebieten, Straßen, Parks, Gärten usw. in Kontakt. Durch diese Vielfalt ökologischer Bedingungen bieten sie auch eine Vielzahl von Lebensmöglichkeiten für Pflanzen und Tiere.
Sind Gleisanlagen an den Rändern mit Büschen oder Bäumen bepflanzt, so erstaunt die große Zahl an Brutvögeln selbst in den Stadtkernen. Sogar Reptilien, wie die Zauneidechse oder die Blindschleiche, kann man häufig noch mitten in der Stadt antreffen. Ferner stellen sich auch immer Spitzmausarten ein, und in der letzten Zeit ist der Steinmarder ein fast regelmäßiger Bewohner derartiger Stellen. Gleisanlagen stellen deshalb quasi Korridore dar, entlang derer ein Austausch von Tieren und Pflanzen aus der freien Landschaft bis in die Stadt hinein vonstatten gehen kann. Bahndämme verbinden so innerhalb der Stadt vorhandene ökologisch wichtige Flächen wie Parks, Gartenanlagen u.ä. untereinander und mit dem Umland. Die Hanglage der Bahndämme hat zur Folge, daß an den südexponierten Hängen warme Stellen entstehen, die wärmeliebenden Pflanzenarten ein Gedeihen ermöglichen. Das führt dazu, daß häufig Pflanzenarten aus Südeuropa entlang von Bahnlinien verschleppt wurden und heute noch werden. Auch viele verwilderte Gartenpflanzen finden hier ein Auskommen. Einige sind sehr typisch für Bahnanlagen und haben sich einen Stammplatz erobert, wie die aus Südeuropa stammende Gewöhnliche Nachtkerze *(Oenothera biennis)*, andere werden nur kurzfristig zu uns verschleppt und verschwinden im nächsten Jahr wieder. In diesem Jahrhundert wurden ungefähr 500 Pflanzenarten festgestellt, die ihre Heimat nicht in Deutschland haben und die trotzdem wenigstens für ein Jahr bei uns lebten. Deswegen müssen wir auch immer wieder damit rechnen, daß wir auf eine Pflanze stoßen, die wir mit unseren auf die deutsche Flora zugeschnittenen Bestimmungsbüchern nur schwer bestimmen können.

Pflanzen- und tierkundliche Hinweise

In diesem Monat werden Lupinen, Klee-Arten *(Trifolium)*, Luzerne *(Medicago sativa)*, Serradella *(Ornithopus sativus)* und andere Schmetterlingsblütler zur Gründüngung untergepflügt. Man sollte die Wurzeln mit den Knöllchen beachten. Eine mikroskopische Betrachtung der Knöllchen ist empfehlenswert.

Noch ist ausreichend Gelegenheit, die Methoden der Samenverbreitung zu untersuchen (s. auch August, S. 98). Früchte sind jetzt bei folgenden Pflanzen zu finden: Eberesche *(Sorbus aucuparia)*, Faulbaum *(Frangula alnus)*, Schlehe *(Prunus spinosa)*, Brombeere *(Rubus fruticosus)*, Nachtkerze *(Oenothera biennis)*, viele Lippenblüter, Wegerich *(Plantago)*, Christophskraut *(Actaea spicata)*, Schattenblume *(Maianthemum bifolium)*, Maiglöckchen *(Convallaria majalis)* u. a. Das Pfaffenhütchen *(Euonymus europaea)* trägt rosafarbene Fruchtkapseln; aus ihnen treten an Fäden die orangeroten Samen heraus. Sie sind für den Menschen giftig, werden aber von Rotkehlchen gerne gefressen („Rotkehlchenbrot").

An giftigen Früchten sind derzeit zu finden: Bittersüßer und Schwarzer Nachtschatten (*Solanum dulcamara* und *nigrum*), Tollkirsche *(Atropa belladonna)*, Zaunrübe *(Bryonia dioica)*, Bilsenkraut *(Hyoscyamus niger)*.

Springfrüchte liefern Springkraut *(Impatiens)*, Reiherschnabel *(Erodium)*, Storchschnabel *(Geranium)*.

An Zäunen, Hecken und Mauern finden wir kletternde Pflanzen. Manche benutzen dabei Ranken, die aus Blattstielen [Kapuzinerkresse *(Tropaeolum majus)*, Waldrebe *(Clematis vitalba)*], Blattfiedern (Erbse), Blättern [Rankenplatterbse *(Lathyrus aphaca)*] oder Sprossen (Weinstock) umgebildet sind. Man beachte den vielfach auftretenden Wechsel in der Drehrichtung der Ranken. Beim Wilden Wein *(Parthenocissus)* dienen die an den Rankenenden sitzenden Haftscheiben zum Festheften an Hausmauern. Spezielle Haftwurzeln sind beim Efeu *(Hedera helix)* ausgebildet. Andere Pflanzen winden sich um eine feste Stütze herum (Stangenbohne, Hopfen, Winden). Im Gegensatz zu den meisten Windepflanzen sind der Hopfen *(Humulus lupulus)* und das Waldgeißblatt *(Lonicera periclymenum)* Rechtswinder. Zur Unterstützung des Kletterns sind häufig besonders gestaltete Haare ausgebildet (Hopfen, Klebkraut). Besonders schön sind Rankenbewegungen bei der Zaunrübe zu beobachten. Diese führen Suchbewegungen aus und krümmen sich, wenn sie mit einer Unterlage in Kontakt kommen, innerhalb von Minuten in Richtung der Unterlage. Diesen Vorgang können wir leicht zeigen, wenn wir eine freie Ranke berühren.

Am Stengel von Sonnenblumen lassen sich Spannungsunterschiede zwischen der Rinde und dem Innengewebe nachweisen. Wenn wir das Mark rundherum mit einem Korkbohrer von der festen Wand vorsichtig ablösen, ragt es nach kurzer Zeit aus dem Wandzylinder heraus. Einen Parallelversuch kann man mit den Blütenstielen des Löwenzahns machen. Diese werden über Kreuz aufgeschnitten, und ihre Veränderung an der Luft, in reinem Wasser und in einer Salzlösung wird beobachtet. Pilze sind jetzt reichlich zu finden. Man achte auf den Zusammenhang zwischen einzelnen Arten und dem Waldtyp, in dem sie vorkommen, da viele Pilze infolge ihrer Symbiose mit Waldbäumen (Mykorrhiza, s.o.) auf ganz bestimmte Arten spezialisiert sind.

Ein Sporenbild kann leicht hergestellt werden. Ein möglichst großer Pilzhut wird ohne Stiel mit den Lamellen nach unten auf Papier gelegt und möglichst

vor Zug geschützt liegengelassen. Nach einer Nacht gibt die Anordnung der ausgefallenen Sporen den Verlauf der Lamellen an. Um das Bild haltbar zu machen, werden die Sporen vorsichtig mit Fixativ angeklebt.
Im September finden wir auf Teichen Algenwatten von *Spirogyra,* die ein krauses Aussehen haben; sie zeigen jetzt Konjugation.

Noch lassen sich Insektenbeobachtungen machen, ähnlich wie im August. Häufige Gäste an Obst, besonders Pflaumen, sind Bienen und Wespen. Bei genauem Hinschauen entdecken wir bei den Wespen jetzt häufig auch Tiere, die längere Fühler als die anderen haben: es sind Männchen, die jetzt entstehen.
Im September verpuppen sich die Kohlweißlingsraupen. Wir können die verpuppungsbereiten Raupen dabei beobachten. Die Kohlweißlinge besitzen Gürtelpuppen, die sich mit einem Gürtel an einer senkrechten Unterlage festheften. Dabei werden wir häufig auch einige finden, die Schlupfwespenkokons an ihrem Körper haben. Die häufig vorkommende Hausspinne *(Tegenaria)* kann man in einem größeren Einmachglas halten. Wir können prüfen, wie sie sich verhält, wenn man ein Papierkügelchen, ein Stückchen Fleisch oder eine Fliege ins Netz bringt. Die bei der Häutung abgestreifte Exuvie läßt sich gut zu mikroskopischen Präparaten verarbeiten.
Je nach Trockenheit im Sommer gibt es nun im September, Oktober und November ein zweites Maximum an Bodentieren, die jetzt ebenfalls untersucht werden können. Gewöhnlich reicht es schon aus, die Oberflächenschicht feuchter Wälder Blatt für Blatt zu durchmustern. Wir finden Thekamöben, Nematoden, Milben, Springschwänze, Käfer, Tausendfüßler, Asseln, Spinnen u. a. Die gefundenen Tiere werden mit einem feuchten Pinsel berührt und in eine Fixierflüssigkeit gebracht (87 Teile 70%iger Alkohol, 5 Teile Glyzerin und 8 Teile Eisessig). Eine viel bessere Ausbeute erhält man, wenn man die Tiere mit Hilfe eines Berlesetrichters sammelt (s. Brucker & Kalusche 1976).

Oktober

Der Oktober ist ein typischer Erntemonat. In den Weinbaugebieten hat die Lese begonnen. In den Gärten ist jetzt die Ernte von Äpfeln und Birnen in vollem Gange. Sie werden zur Einlagerung gepflückt oder zur Mostverwertung geschüttelt. Auf den Feldern sind die Landwirte bei der Kartoffel- und Rübenernte.

Der **Laubwald** ist jetzt wunderschön und lädt geradezu zu einer biologischen Wanderung ein. Die Bäume bekommen nun buntes Laub und bereiten sich so auf den Blattabwurf vor. Mit der Laubverfärbung beginnt der Spätherbst. Das Grün verschwindet allmählich und macht gelben, roten und braunen Farben Platz. Jede Baumart hat ihre spezielle Färbung. Birken und Pappeln werden hell goldgelb, Eichen braun, und Roteichen fallen durch ihr Feuerrot auf. Lediglich Esche, Erle und Holunder verfärben sich nicht, sondern werfen grünes Laub ab. Sollten wir von anderen Bäumen grün abgefallenes Laub finden, so handelt es sich um durch Umweltgifte geschädigte Exemplare (siehe S. 55ff.). Auch bei der Umfärbung zeigen sich artspezifische Muster. So verfärbt sich z.B. das Blatt der Roßkastanie von der Spitze her, das des Spitzahorns beginnt mit der Umfärbung am Grund.
Das Verfärben hängt damit zusammen, daß jetzt in den Blättern Stärke, Eiweiß und Chlorophyll abgebaut und wertvolle Elemente wie Stickstoff, Phosphor, Eisen und Kalium in den Stamm verlagert werden. Das Blattgrün hatte

im Sommer die orangeroten Karotinoide und die gelben Xanthophylle in den Blättern überdeckt. Jetzt können diese Farben in Erscheinung treten. Das Feuerrot der Roteichen und des Wilden Weins entsteht allerdings durch Bildung von Anthocyan in den Zellsafträumen. Braun als Farbe tritt erst beim Absterben des Blattes auf. Dann werden Gerbstoffe zu braunen Farbstoffen (Phlobaphenen) oxidiert.
Das Abwerfen der Blätter ist ein durch Hormone gesteuerter aktiver Vorgang. Am Blattstiel wird eine Trennschicht ausgebildet, und wenn deren Zellen sich voneinander lösen, kann das Blatt abfallen. Ein Abschlußgewebe aus Kork verschließt die Wunde und schützt vor Wasserverlust und dem Eindringen von Schädlingen. Besonders große Blattnarben mit den ehemaligen, jetzt durchtrennten Leitungsbahnen kann man an den Zweigen der Roßkastanie sehen.
Auch beim Laubabwurf zeigen die Baumarten ein charakteristisches Verhalten. Während z.B. bei der Linde die Blätter am äußersten Ende der Zweige am längsten erhalten bleiben, fallen bei der Buche die spitzenständigen Blätter eher ab als diejenigen, die innen stehen.
Der Blattabwurf verhindert, daß über die große Oberfläche des Blätterdachs im Winter weiter Wasser verdunstet wird, das den Bäumen durch das Gefrieren des Bodens nicht mehr zur Verfügung steht; er stellt somit einen wirksamen Verdunstungsschutz dar. Gleichzeitig werden unerwünschte oder sogar giftige Stoffwechselendprodukte und gespeicherte Umweltgifte durch den Laubfall entfernt. Manche Eichen und Buchen zeigen allerdings einen sogenannten Treiblaubfall. Sie behalten ihr abgestorbenes Laub den Winter über und verlieren es erst beim Austreiben im nächsten Frühjahr.
In einem Laubwald fallen Jahr für Jahr pro Hektar 4 Tonnen Laubstreu an, und die Blätterschicht bedeckt den Boden fast 5 cm hoch. Trotzdem häufen sich im Laufe der Jahre unter einem 100jährigen Baum nicht 5 m Laub an. Wenn wir uns die Blätter der Laubstreu ansehen, so wissen wir, warum das so ist. Wir finden nämlich, je tiefer wir in die Laubstreu nach unten vordringen, sämtliche Stufen des Abbaus der Blätter (Abb. 27). Zuoberst sind die Blätter

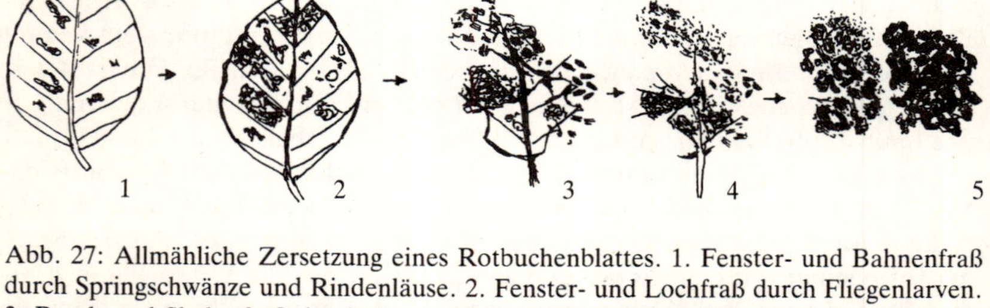

Abb. 27: Allmähliche Zersetzung eines Rotbuchenblattes. 1. Fenster- und Bahnenfraß durch Springschwänze und Rindenläuse. 2. Fenster- und Lochfraß durch Fliegenlarven. 3. Rand- und Skelettfraß durch Asseln, Schnurfüßer, Saftkugler usw. 4. Feinskelettierung durch Springschwänze. 5. Weitere Verarbeitung des Kots der Bodentiere durch Enchyträen und Ausbildung von feinkrümeligem Bodenmaterial.

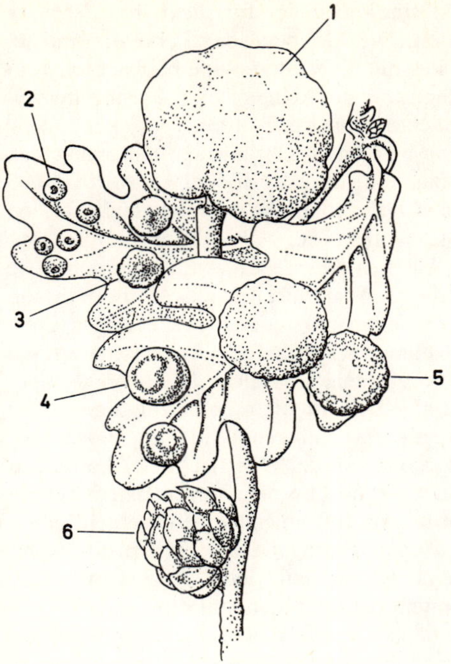

Abb. 28: Einige Gallformen an einer Eiche. In Klammern die Namen der verursachenden Gallwespenart.
1. Eichapfel *(Biorrhiza pallida)*,
2. Napfgallen *(Neurotes numismalis)*,
3. Linsengallen *(Neurotes quercus-baccarum)*, 4. Gestreifte Galläpfel *(Diplolepis longiventris)*,
5. Galläpfel *(Diplolepis quercusfolii)*,
6. Eichenrose *(Andricus fecundator)*.

noch unbeschädigt, etwas tiefer zeigen sie Löcher, und schließlich bleibt nur das Skelett aus den Blattrippen übrig. Unter dieser Lage findet sich am Schluß sogar nur noch feinkrümeliger Humus.

Besonders an Eichenblättern bemerken wir häufig Gallen (Abb. 28). Schneiden wir eine mit dem Messer auf, so stellen wir fest, daß sich die Klinge schwarz färbt (Gallussäure). In der Mitte der Kugel treffen wir oft noch kleine Maden. Außer den großen Gallen der Eichengallwespe begegnet man den ebenfalls von einer Gallwespe hervorgerufenen erbsengroßen roten Kugelgallen. Daneben gibt es zahlreiche Zweiggallen, darunter die großen Schwammgallen der Gallwespe *Biorhiza pallida,* die als „Kartoffelgalle" oder „Eichapfel" bekannt sind, sowie Knospengallen, z. B. der Eichenrosengallwespe, die jetzt erwachsene Larven enthalten.

Beim Durchmustern der Laubstreu treffen wir sicher auch auf einige Tiere, die unschwer zu identifizieren sind. Hauptsächlich Tausendfüßler, Asseln, Schnekken und Regenwürmer sind auf den ersten Blick zu entdecken. Beim genaueren Hinschauen werden wir sicher auch noch kleine weiße Würmer finden, es sind Enchyträen, die mit dem Regenwurm verwandt sind. Daneben zeigt ein geduldiges Untersuchen auch immer noch Insekten wie Käfer oder Insektenlarven.

Mit diesen Tieren haben wir schon einen Teil der für die Laubzersetzung verantwortlichen Organismen gesehen. Die Mehrzahl der Zersetzer sind jedoch winzig kleine Formen, die wir nur mit einer Stereolupe beobachten können. Dazu sollten wir uns für Untersuchungen daheim eine Plastiktüte voll Bodenstreu mitnehmen (s. tierkundliche Hinweise, S. 108).
Über die Zahl der an der Zersetzung beteiligten Organismen kann man sich kaum eine Vorstellung machen. So kann ein guter Waldboden bis zu 20000000 winzige Fadenwürmer beherbergen. Dazu kommen noch ungefähr bis zu 100000 Milben und bis zu 700000 Springschwänze. Nur schätzungsweise können die Zahlen für Bakterien, Pilze, Algen und Einzeller genannt werden – sie gehen in die Millionen. Die Mehrzahl der Waldtiere lebt also nicht oberhalb des Bodens, sondern im Boden. Wir sehen mit bloßem Auge wegen ihrer Kleinheit nur nicht viel von ihnen. Nehmen wir mit einem Thermometer eine Messung über und in der Laubstreu vor, so zeigt uns allein die höhere Temperatur zwischen den Blättern an, daß hier Umbauvorgänge stattfinden.
Die Springschwänze sind kleine, zu den Urinsekten gehörende, flügellose Gliederfüßer. Ihnen sieht man direkt an, ob sie an der Oberfläche der Laubstreu oder tiefer unten leben. Oberflächlich lebende Formen sind meistens relativ groß, pigmentiert, besitzen recht große Augen und Fühler und tragen häufig Haare. Die an das Leben in tieferen Schichten angepaßten Formen sind klein und unpigmentiert, sie besitzen kleine Fühler und kleine Augen. Ähnliche Anpassungen zeigen die zu den Spinnentieren gehörenden Milben.
Größere Springschwänze und Rindenläuse sind die ersten, die die Blätter von der unteren Epidermis her anfressen. Durch die als Fensterfraß bezeichneten Öffnungen gelangen nun Fliegenlarven an das Parenchym und fressen diese weichen Teile. An den Fenster- und Lochfraß schließt sich der sogenannte Skelettfraß an, wenn Schnecken, Asseln, Tausendfüßler, Ohrwürmer und Hornmilben das Blatt bis auf sein Skelett gefressen haben.
Das Skelettmaterial der Blätter widersteht der Zersetzung durch tierische Verdauungsenzyme. Jetzt kommt die Aufgabe der Bakterien und Pilze, die die Reste des Blattes endgültig abbauen.
Die Lebensgemeinschaft der Bodenorganismen besteht allerdings nicht nur aus laubfressenden Tieren. Vielfach treten auch Räuber auf, wie der zu den Tausendfüßlern gehörende Erdläufer oder die vielen Raubmilbenarten. Und schließlich wird der Kot der zahlreichen Tiere wiederum von anderen Tieren gefressen, und die letzten Reste organischen Materials werden verwertet, bis wieder anorganische Substanzen entstanden sind, die nun den Bäumen erneut als Nährsalze zum Aufbau organischen Materials zur Verfügung stehen. Der Kreislauf der Stoffe hat sich geschlossen.
Die einzelnen Blätter werden unterschiedlich schnell wieder in Humus überführt. Bei Esche und Ulme ist die Zersetzung bereits nach einem Jahr abgeschlossen, Hainbuchenblätter sind nach eineinhalb Jahren abgebaut, Ahornblätter nach zwei, Eichenblätter nach zweieinhalb und Buchenblätter nach drei Jahren. Länger dauert es bei den Nadeln der Nadelbäume. So sind diejenigen von Fichte und Kiefer erst nach mehr als drei Jahren und Nadeln der Lärche sogar erst nach fünf und mehr Jahren humifiziert.

Aber nicht nur Blätter oder Nadeln werden abgebaut, auch die großen Stümpfe gefällter Bäume werden mit der Zeit vollständig in Bodenmaterial überführt. Bereits im ersten Jahr nach dem Fällen wandern holzfressende Käfer bzw. deren Larven in den Baumstumpf ein. Von unten her erfolgt nun die Zersetzung des Zentrums, die äußerlich zunächst nicht wahrgenommen werden kann. Nach ca. drei Jahren löst sich die Rinde und holzzerstörende Pilze, wie Porlinge, durchdringen das Holz und bilden Fruchtkörper aus, die an den Seiten des Stumpfs heraustreten. Nach und nach besiedeln zuerst Blaualgen und später Moose die Schnittfläche, den sogenannten Deckel. Nach sieben Jahren überziehen Moospolster den gesamten Deckel. Dadurch können sich auch Bodentiere hier ansiedeln. Meistens kann man nach sieben bis zehn Jahren durch Aufstampfen mit dem Fuß den Deckel an einer Stelle zum Einbrechen bringen, während die Seitenteile noch fest sind. Nach zwölf Jahren schließlich sind auch die Seitenteile zum größten Teil zersetzt und die Mitte unterscheidet sich nicht mehr vom umgebenden Waldboden.
Waldböden sind sehr humusreich, man rechnet 150–350 t Humus pro Hektar Waldboden. Wie hoch der Humusgehalt eines Waldbodens ist, läßt sich auch ohne große Hilfsmittel einigermaßen abschätzen. Der Humusgehalt ist um so höher, je dunkler der Boden aussieht. Natürlich spielt auch die Art des Untergrundes eine Rolle. Während Lehm- und Tonböden bei einem Humusgehalt von 5 % schwarzgrau gefärbt sind, ist Sandboden bereits bei einem Humusgehalt von 1 % dunkelgrau gefärbt. Durch Humus werden nicht nur die Nährsalze für die Pflanzen freigesetzt, Humus hält sie auch unter normalen Bedingungen für die Pflanzen verfügbar. Durch die Übersäuerung des Bodens durch saure Niederschläge kommt es aber heute immer stärker zum Auswaschen wichtiger Mineralien, vor allem von Kalzium, Kalium und Magnesium. Zusätzlich werden durch die Übersäuerung des Bodens Aluminiumionen freigesetzt, die für die Feinwurzeln der Bäume giftig wirken. Beides scheint am Baumsterben beteiligt zu sein.

In unseren **Städten und Ortschaften** fallen nun solche Häuser, die mit Wildem Wein *(Parthenocissus)* berankt sind, durch die leuchtend rote Farbe, die die Blätter jetzt zeigen, stark ins Auge. Sie machen uns darauf aufmerksam, daß man mit Rankenpflanzen überall und fast jedes Haus begrünen kann. Eine derartige Hauswandbegrünung verschönert nicht nur eine kahle Betonmauer, sie bringt auch etwas Natur in die Stadt. Zur Begrünung eignen sich viele Arten, der immergrüne Efeu und der sich prächtig rot färbende Wilde Wein werden aber bevorzugt.
Eine von Kletterpflanzen zugewachsene Wand bildet für viele Tiere Versteckmöglichkeiten. Sie wird deshalb gern von Vögeln zum Brüten angenommen, so von Amsel, Zaunkönig, Rotkehlchen, Zilpzalp und anderen Arten. Zählungen haben ergeben, daß der Efeu von mehr Vogelarten zum Brüten angenommen wird als der Wilde Wein. Aber auch Insekten finden sich hier ein. Der Efeu hat sogar einen großen Vorzug vor anderen einheimischen Pflanzen: er blüht erst spät im Jahr, wenn kaum andere Blumen vorhanden sind, und bildet für die Bienen auch im November noch eine Trachtquelle für Blütenstaub. Aber nicht

nur Bienen, sondern auch andere Insekten finden sich auf den unscheinbaren Blüten ein. So günstig die Blütezeit des Efeus für die Tierwelt ist, so günstig ist auch die Zeit des Fruchtens: seine Beeren reifen nämlich im April und Mai, wenn noch keine anderen Früchte im Freiland vorhanden sind. Sie werden deshalb gern von Vögeln aufgesucht.

Pflanzen- und tierkundliche Hinweise

Wie im Vormonat stehen noch zahlreiche Früchte für Untersuchungen zur Verfügung: z.B. Äpfel, Birnen, Kastanien, Eicheln und die Früchte der Rot- und Weißbuchen. Rote Beeren hat *Cotoneaster,* blau oder schwarz sind die der Zaunrübe *(Bryonia dioica),* des Wilden Weins *(Parthenocissus),* des Ligusters *(Ligustrum vulgare)* und des Schneeballs *(Viburnum opulus).* Die Rosensträucher hängen voll von Hagebutten. Es lohnt sich auch, die unscheinbaren Samen der Melde *(Atriplex),* des Fuchsschwanzes *(Amaranthus)* und der Winden *(Convolvulus)* zu betrachten.

Die Zahl der blühenden Pflanzen ist stark zurückgegangen. Wilde Möhren *(Daucus carota),* Bärenklau *(Heracleum sphondylium),* Kamille *(Matricaria chamomilla),* Wegwarte *(Cichorium intybus),* Nachtschattengewächse, Wegerich *(Plantago)* und Taubnesseln *(Lamium)* sind noch regelmäßig zu finden. Einige Kreuzblütler [Graukresse *(Berteroa incana),* Hirtentäschelkraut *(Capsella bursa-pastoris),* Nachtviole *(Hesperis matronalis)* u.a.] tragen nebeneinander Blüten und Früchte.

Wer noch Farne untersuchen will, muß sich beeilen. An günstigen Stellen sind noch Adlerfarn *(Pteridium aquilinum)* und Eichenfarn *(Gymnocarpium dryopteris)* anzutreffen, meist allerdings schon welkend. Andere Arten, wie z.B. Rippenfarn *(Blechnum spicant)* und Tüpfelfarn *(Polypodium vulgare),* sind noch länger zu haben. Meistens fehlen ihnen aber dann die Sporenhäufchen.

Wenn es nicht zu kalt ist, finden wir im Wald immer noch Pilze. Man sollte nicht versäumen, einmal ein Mycel vorsichtig freizulegen. Über die Flugfähigkeit von Pilzsporen kann man sich an einem alten Bovist orientieren, wenn man ihn ruckartig zusammenpreßt.

Die Zahl der Vögel ist jetzt deutlich geringer geworden, dafür kann man die Tiere auf den kahler werdenden Bäumen aber besser beobachten.

Da die einheimischen wechselwarmen Tiere jetzt mit der Winterstarre beginnen, gibt man den Tieren, die man im Terrarium gehalten hat, am besten die Freiheit.

Gelegentlich findet man kleine Igel, die aus einem zweiten Wurf dieses Jahres stammen und zu klein sind, um den Winter im Winterschlaf zu überstehen. Igel sind ganzjährig geschützte Tiere. Man darf sie also nicht mit nach Hause nehmen, um sie zu halten. Eine Ausnahme machen solche Exemplare, von denen angenommen werden muß, daß sie den Winter nicht überstehen. Das gilt für

Tiere, die im Spätherbst nicht das Mindest-Überwinterungsgewicht von ca. 700 g aufweisen. Mitte Oktober sollte ein Igel mindestens 400 g wiegen.
Fast alle Igel haben Zecken oder Flöhe, gegen die man etwas tun muß. Schlimmer ist allerdings der Befall mit Eingeweide- und Lungenwürmern, von denen nahezu 100% aller Igel befallen sind. Wird gegen sie nichts unternommen, so gehen die meisten Tiere im Laufe der Winter-Gefangenschaft ein. Eine Entwurmung nimmt am besten der Tierarzt mit Hilfe einer Injektion vor. Fast überall in Deutschland gibt es Igelschutzvereine und Igelstationen, die Merkblätter über eine sachgemäße Haltung während des Winters herausgeben. Auch bei dieser gut gemeinten Hilfe für Igel muß man sich klar sein, daß wir damit in den natürlichen Lebenslauf eines Tieres und damit in den Genpool einer Tierart und in die Evolution eingreifen.

November

Auch im November lohnt es sich, biologische Wanderungen durchzuführen. Die Zugvögel sind zwar fast alle fort, doch kommen Strich- oder Zugvögel aus dem Norden und Osten zu uns. Das läßt sich an den Nebelkrähen Ostdeutschlands gut beobachten, die nun bei uns auftauchen. Auch Saatkrähen kommen nun in großen Scharen nach Deutschland. Sie benutzen oft über Jahrzehnte hinweg dieselben Schlafplätze, wo sie in großer Zahl übernachten. Jeden Morgen und jeden Abend sehen wir ihre Scharen auf dem Flug zu ihren Futter- bzw. Schlafplätzen.

Wenn wir auf einem Gang durch den **Wald** auf geschädigte oder abgestorbene Bäume stoßen, deren Rinde sich an einigen Stellen schon gelöst hat, sollten wir einmal weitere Rindenteile ablösen und ihre Innenseite betrachten. Hier gibt es viel zu sehen. Meistens entdecken wir an derartigen Stämmen auch schon Löcher, die der Specht gehackt hat und die darauf hindeuten, daß hier Insektenlarven das Holz befallen haben.
Häufig laufen, vor allem bei schon abgestorbenen Bäumen, zwischen Rinde und Holz derbe, flache Stränge entlang, die wir wegen ihrer Konsistenz zunächst nicht einordnen können. Es handelt sich hierbei um das Fadengeflecht von Pilzen, die bereits beginnen, das organische Material des Baumes abzubauen.

Der Zwischenraum zwischen Rinde und Stamm bietet auch ideale Versteckmöglichkeiten für Insekten, Tausendfüßler und Spinnen, von denen wir immer welche finden können.

Interessant sind auch die Fraßgänge von Borkenkäfern (Scolytiden) und deren Larven, die wir fast immer zu Gesicht bekommen. Borkenkäfer sind kleine (1–6 mm) walzenförmige Käfer, deren Larven häufig auf eine Pflanzenart als Futter spezialisiert sind.

Die Fraßgänge mancher Arten sind derart regelmäßig aufgebaut, daß der Fachmann an ihnen die Käferart bestimmen kann. Die Namen Buchdrucker *(Ips typographus)* und Kupferstecher *(Pityogenes chalcographus)* deuten auf eine solche Regelmäßigkeit der Gänge hin (Abb. 29). Halten wir ein Borkenstück mit Fraßgängen von Borkenkäfern gegen das Licht, so erscheint es wie von einer Schrotladung durchlöchert. Es sind die Bohrlöcher, durch die die Käfer in das Holz eingedrungen sind bzw. die geschlüpften Tiere den Baum verlassen haben. Zur genauen Bestimmung der Gänge siehe AMANN (1976).

Die weiblichen Käfer legen unter der Rinde einen Muttergang an, der an einer Stelle bei vielen Arten eine Erweiterung aufweist, die sogenannte „Rammelkammer". In ihr findet die Paarung der entwickelten Käfer statt. Die Form der Eiablage ist von Art zu Art verschieden. Das Weibchen legt im Muttergang die Eier entweder einzeln in einigem Abstand voneinander oder auf einem Haufen ab. Die schlüpfenden Larven fressen sich nun ihre Gänge senkrecht zum Muttergang oder radial von der Eiablagestelle durch das nährstoffreiche, noch lebende Gewebe. Hierdurch kann ein Baum bei einem Massenbefall erheblich geschädigt und zum Absterben gebracht werden. Die Larven nehmen im Laufe ihres Larvenlebens stark an Umfang zu, so daß die Gänge mit der Zeit auch

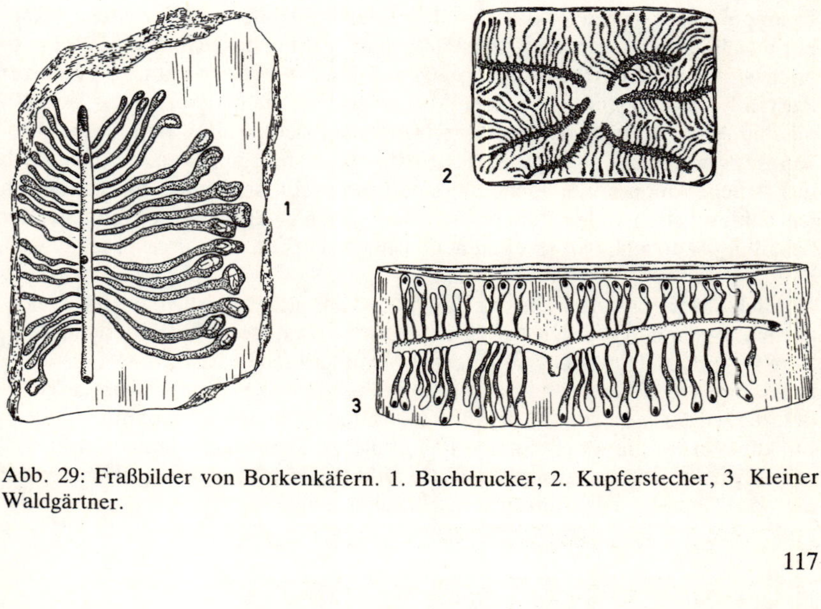

Abb. 29: Fraßbilder von Borkenkäfern. 1. Buchdrucker, 2. Kupferstecher, 3. Kleiner Waldgärtner.

immer weitlumiger werden. Am Ende des Ganges findet dann die Verpuppung statt. Bei einem Teil der Borkenkäferarten nagen die Weibchen die Larvengänge selbst, und die Larven ernähren sich von den sich in den Bohrgängen entwickelnden Ambrosiapilzen.

Borkenkäfer befallen nur bereits leicht geschädigte und normalerweise keine gesunden Bäume. Kränkelnde Bäume sind daher die Voraussetzung für Massenvermehrungen dieser Schadinsekten. Früher kam es deswegen häufig nach Wind- oder Schneebrüchen, wo viele geschädigte Bäume anfielen, zu sporadischen starken Vermehrungen und zu Massenbefall. Unter diesen Voraussetzungen werden dann auch gesunde Bäume befallen. Von kranken Bäumen sind heute genügend vorhanden, so daß Massenvermehrungen kaum mehr Schranken gesetzt sind. Früher schädigte man einzelne Bäume absichtlich, die dann die Masse der in einem Wald vorkommenden Käfer anzog. Waren diese sogenannten „Fangbäume" besiedelt, fällte man den Stamm und vernichtete dann die Rinde mit der Brut.

Heute bedient sich die Forstwirtschaft weitaus subtilerer Methoden bei deren Bekämpfung. Die Geschlechter der Borkenkäfer finden sich nämlich durch Sexuallockstoffe (Pheromone), deren chemischen Aufbau man inzwischen entschlüsselt hat und die man synthetisch herstellen kann. Solche synthetischen Lockstoffe benutzt man also folglich, um die Käfer in Fallen zu locken und zu fangen. Borkenkäferfallen sind heute fast überall in den Wäldern zu sehen.

Ein Massenbefall von Borkenkäfern tritt vor allem in reinen Beständen einer Baumart, sogenannten Monokulturen, auf. Nehmen nämlich in einem Mischwald die Schädlinge einer Baumart zu, so konzentrieren sich die Räuber, z. B. die Spechte, auf diese Schädlinge und reduzieren sie auf ein für das Ökosystem erträgliches Maß. In einer Fichtenmonokultur ist dagegen für die Schädlinge Nahrung in fast unbegrenzter Menge vorhanden, die Zahl der den Schädling reduzierenden Räuber aber gering.

In einem Mischwald wird das Verhältnis der Individuenzahlen zwischen Räuber und Beute einigermaßen konstant gehalten. Man bezeichnet dies als biologisches oder ökologisches Gleichgewicht. Dieses Gleichgewicht ist kein starrer Zustand, sondern stellt eher einen Mittelwert dar, um den herum das Verhältnis der Arten pendelt. Dieser Mittelwert stellt sich in einer naturnahen Biozönose, etwa einem Mischwald, langfristig ein. Greift der Mensch aber durch das Anlegen monotoner Fichtenmonokulturen ein, so schlägt das Pendel im Verhältnis zwischen den Räuber- und Beutearten gelegentlich so weit nach der Schädlingsseite aus, daß von einem Gleichgewicht nicht mehr gesprochen werden kann.

Ähnliche Monokulturen, die nur durch den Einsatz von Pestiziden „im Gleichgewicht" gehalten werden können, finden wir auf den Feldern (siehe Juni, S. 62ff., und August, S. 89f.) oder im Weinberg (siehe Juni, S. 69f.).

Spätestens jetzt haben alle Pflanzen im Wald ihre Früchte und Samen ausgebildet, die wir uns nun anschauen können. Lediglich der Efeu blüht immer noch.

Für die Verbreitung ihrer Samen haben die verschiedenen Baumarten unterschiedliche Strategien entwickelt. Eiche und Buche bilden Trockenfrüchte aus, die von Tieren wie Eichhörnchen, Eichelhähern, Spechten, Bergfinken oder

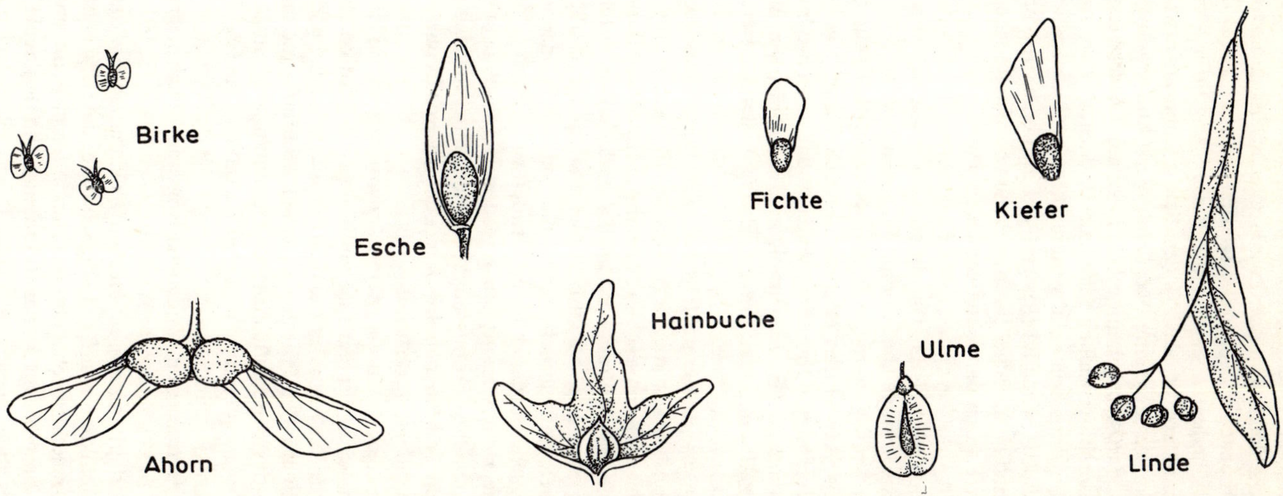

Abb. 30: Einige Früchte mit Windverbreitung. Birke und Ulme werden als „Scheibenflieger“ bezeichnet, die übrigen als „Flügelflieger“.

Mäusen verschleppt werden. Auch die Fleischfrüchte der Eberesche werden von Drosseln oder Rotkehlchen gefressen, wodurch die Samen, die die Darmpassage unbeschadet überstehen, verbreitet werden.
Viele Bäume allerdings bedienen sich für die Verbreitung ihrer Samen, wie auch bei der Bestäubung, der Hilfe des Windes. Selbst innerhalb der Windverbreitung gibt es wieder verschiedene Möglichkeiten (Abb. 30). Birke und Ulme besitzen Samen, die als sogenannte Scheibenflieger verbreitet werden. Das geringe Gewicht der Birkensamen führt zudem dazu, daß sie vom Wind über mehrere Kilometer mitgenommen werden können. Die meisten Samen sind sogenannte Schrauben- oder Flügelflieger, so z.B. die der Kiefer, Fichte, Esche, Linde, Ahorn und Hainbuche. Für den Samen der Kiefer sind 2 km als Verbreitungsmöglichkeit durch den Wind gemessen worden.

Auf die **Felder** wird jetzt Mist als Dünger aufgebracht. Der Landwirt verteilt den Dung in der Regel sofort gleichmäßig mit Hilfe einer Maschine. Wenn er erst später verteilt werden soll, wird der Mist zum Schutz vor Austrocknung zunächst in Haufen gelagert. So darf er allerdings nicht lange liegen bleiben, weil der Boden an dieser Stelle überdüngt wird, so daß später „Geilstellen“ entstehen, auf denen die Pflanzen zwar üppig ins Kraut schießen, sich dann aber lagern, wodurch z.B. beim Getreide der Ertrag wesentlich herabgesetzt wird.
Auf jeden Fall sollten wir an dieser Stelle einen Vergleich zwischen natürlichem Dünger und Kunstdünger anstellen.
Natürlicher Dünger lockert durch seine strohige Beschaffenheit den Boden auf und fördert dadurch die Durchlüftung, die für die Bodenfauna vorteilhaft ist. Mikroorganismen können nun die organischen Bestandteile weiter abbauen; es entstehen so wieder viele anorganische Salze, die von den Pflanzen benötigt werden und aufgenommen werden können. Andererseits werden durch das organische Material die Bodenorganismen gefördert, wodurch eine gute Bodengare geschaffen wird. Diese Abbautätigkeit liefert dabei reichlich Kohlendioxid, das sich in den bodennahen Luftschichten anreichert und von den Pflanzen bei der Fotosynthese verarbeitet wird.
Der natürliche Dünger reicht nicht aus, dem Landwirt, der davon leben muß, die heute notwendigen hohen Ernteerträge zu bringen. So wird viel mit Mineraldünger nachgeholfen. Ihn kann der Landwirt in seiner Menge und Zusammensetzung dem Boden und den Pflanzen anpassen. Überdüngung mit Kunstdünger kann allerdings durch Beeinflussung der Bodenfauna zu einem einseitigen Besatz mit Bodenorganismen führen, wobei das biologische Gleichgewicht des Bodens zerstört wird.
Die Wintersaat ist jetzt schon grün; die jungen Roggenpflänzchen sind an der rötlichen Farbe sofort zu erkennen.
Ein Blick über die jetzt pflanzenlosen Flächen macht uns klar, daß solche Kultursteppen große Gefahren in sich bergen, wenn sie ohne den Schutz einer Pflanzendecke den Klimaeinflüssen ausgesetzt sind. Abschwemmungen sind auf geneigten Flächen nach jedem Regen zu erkennen; in den Senken bilden sich Schwemmkegel des abgetragenen Materials. In Trockenperioden bläst der

Wind die feinen Bodenteilchen aus. Leichte Böden sind hiervon besonders stark betroffen. In Lößgebieten sind im Frühjahr regelrechte Staubwolken zu sehen, die zu erheblichen Verwehungen führen können.
Wie stark dagegen eine geschlossene Pflanzendecke den Boden zu schützen vermag, zeigt jeder Feldrain, der gegen Auswehung und Abschwemmung weitgehend gesichert ist, während Wagenrinnen beispielhaft Abschwemmungserscheinungen zeigen.

In den **Gärten** werden jetzt Wintervorbereitungen getroffen. Die Ernte ist vorüber, und es wird aufgeräumt. Jetzt werden die Obstbäume geschnitten. Dabei sollte man sich einmal klarmachen, welche Grundsätze beim Baumschnitt zu beachten sind. Alle kranken oder abgestorbenen Äste werden entfernt. Da, wo sich zwei Äste reiben, entstehen Wunden, die zu Infektionen führen könnten; also muß einer weggenommen werden. Die Krone darf kein Gewirr von Ästen sein, sondern soll möglichst weitgehend die Sonnenstrahlen eindringen lassen, damit auch die innen hängenden Früchte gut reifen; also muß sie durchlichtet werden.
Wenn wir die beim Schnitt oder im Laufe des Jahres anfallenden Äste und Zweige nicht verbrennen, sondern in einem Winkel des Gartens aufschichten, so schaffen wir damit Winterquartiere für viele Kleinsäuger. In Reisighaufen überwintert gern der Igel, der uns dann vielleicht im nächsten Jahr hilft, die Schnecken zu dezimieren, und auch das Mauswiesel sowie das Hermelin, die als Kampfgenossen gegen Wühlmäuse in Frage kommen, überwintern gern an solchen Stellen. Häufig finden sich auch Spitzmäuse ein, die als Insektenfresser keinen Winterschlaf durchmachen, sondern den gesamten Winter über auf Insektenfang gehen müssen. Sie sind für uns besonders hilfreich, da so kleine Tiere wie die Spitzmäuse ein sehr ungünstiges Verhältnis von Körperoberfläche zu ihrem Körpervolumen haben. Sie verlieren daher im Verhältnis zu ihrem Körpergewicht viel Wärme und müssen sehr viel Nahrung zu sich nehmen – eine Spitzmaus benötigt täglich ihr eigenes Gewicht an Nahrung –, um überleben zu können.

Pflanzen- und tierkundliche Hinweise

In der freien Natur sind es jetzt hauptsächlich Samen und Früchte, die uns noch für Untersuchungen zur Verfügung stehen. Die Samen von Ahorn, Linde, Holunder, Schneeball, Pfaffenhütchen u.a. hängen noch an den Zweigen. Ahorn und Linde haben Flugfrüchte, die auf die Verbreitung durch den Wind spezialisiert sind. Es sind sogenannte „Wintersteher“, Früchte, die erst im Winter abfallen, wenn windigeres Wetter herrscht und damit die Chance, verweht zu werden, größer ist.
Auch Garten- und Feldfrüchte lassen sich jetzt noch zu Untersuchungen heranziehen. Aus Kartoffeln ist bequem Stärke zu gewinnen und zu färben. Zum Vergleich sehe man sich die Stärkekörner von Bohnen und Getreide an. Gute Schnitte lassen sich auch durch Dahlienknollen machen, an denen der Nach-

weis von Inulin als Speicherstoff gelingt. Selbst ein angefaulter Apfel läßt sich untersuchen. Man mache ein Quetschpräparat der Faulstelle. Neben den lokkeren, oft zerstörten Zellen des Apfelfleisches treten Pilzfäden hervor, die die kranke Frucht nach allen Richtungen durchziehen. Saugt man verdünnte Iodiodkaliumlösung durch das Präparat, so heben sich nach einigen Minuten die Pilzfäden deutlich vom Apfelfleisch ab.

Tiere werden jetzt draußen schon sehr selten. Das gilt vor allem für Gliederfüßer. Lediglich in Kellern oder auf Böden überwinternde Schmetterlinge, Mükken, Fliegen, Florfliegen, Spinnen und Asseln sind noch zu finden. Asseln und Tausendfüßler finden sich auch noch unter feuchten Brettern.
Bodentiere gibt es noch mindestens ebenso häufig wie im Hochsommer. Zerzupft man Moos und schüttelt es mit Wasser in einem Glas aus, so kann man häufig interessante Bewohner entdecken. Man findet Amöben, Würmer und nicht selten auch Bärtierchen, zu deren Entdeckung man aber ein gutes Mikroskop benötigt.

Dezember

Im Dezember setzen wir uns als Ziel unserer Wanderung am besten einen Wald, da auf den freien Flächen jetzt wenig zu sehen ist.

Bei dieser Wanderung begegnen wir beim Gang über die offene Landschaft sicher auch **Hecken** (siehe auch Juni, S. 65f). Uns fällt sofort auf, daß die Hecken eine ausgesprochene Windschutzfunktion besitzen, für die sie in manchen Gegenden auch gepflanzt wurden. Im Januar haben wir gesehen (S. 9), daß die bremsende Wirkung auf den Wind von der Breite eines Waldes unabhängig ist. Eine Hecke erfüllt daher wie ein Wald ihre Funktion als Windschutz. Die windbremsende Wirkung läßt das Erdreich in ihrer unmittelbaren Nachbarschaft nicht so leicht austrocknen, Taubildung ist daher im Sommer verstärkt möglich. Alle diese Bedingungen führen dazu, daß hinter einer 8 m hohen Hecke auf dem Feld die Erträge bis zu 20% höher liegen können als auf dem offenen Gelände (s. auch Abb. 1).
Im unbelaubten Zustand kann man an den jetzt sichtbaren Vogelnestern erkennen, wie viele Vögel die Hecke als Nistplatz nutzen. Dabei ist zu bedenken, daß wir viele Nester auch jetzt gar nicht entdecken können, da manche Arten direkt am Boden oder in Bodennähe (z.B. Heckenbraunelle, Zaunkönig, Dorngrasmücke, Rotkehlchen) nisten.
Das winterliche Leben in einer Hecke ist nach einem frischen Schneefall natürlich besonders gut zu erkennen. In der ausgeräumten Kulturlandschaft bieten

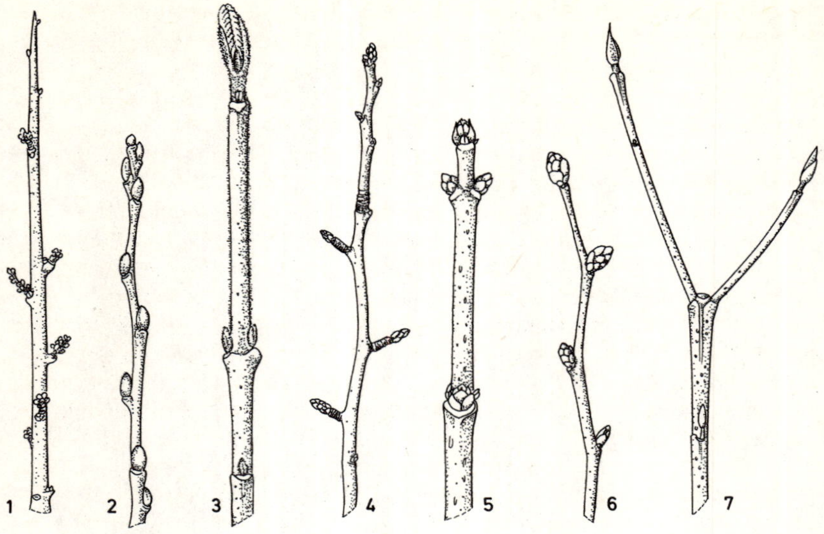

Abb. 31: Zweige und Knospen der wichtigsten Heckensträucher. 1. Schlehe *(Prunus spinosa)*, 2. Salweide *(Salix caprea)*, 3. Wolliger Schneeball *(Viburnum lantana)*, 4. Weißdorn *(Crataegus monogyna)*, 5. Holunder *(Sambucus nigra)*, 6. Hasel *(Corylus avellana)*, 7. Hartriegel *(Cornus sanguinea)*.

die Hecken Schutz-, Ruhe- und Rückzugsgebiete für viele Tierarten und stellen für Fleischfresser einen Ausgangspunkt bei ihrer Nahrungssuche dar. Spuren im Schnee zeigen jetzt, welche Arten von der Hecke aus auf Jagd gehen. Es hat sich gezeigt, daß Steinmarder und Fuchs bis zu 1000 m von ihrem Ausgangspunkt Hecke jagen, Hermeline bis zu 300 m, Igel bis zu 250 m, Spitzmäuse als eifrige Insektenvertilger bis zu 200 m und Mauswiesel sowie Erdkröten bis zu 150 m. Dazu kommen noch viele Vogelarten, die die Hecke als Aussichtspunkt benutzen.

Daneben stellen Hecken auch eine gute Deckung für viele Niederwildarten wie Hase, Fasan oder Rebhuhn dar. Der Rückgang des Rebhuhns in Deutschland ist maßgeblich durch den Rückgang an Hecken bedingt.

Auch die Sträucher der Hecke kann man nun anhand ihrer Verzweigungsform und ihrer Knospen bestimmen (Abb. 31). Einen bebilderten Bestimmungsschlüssel findet man z. B. in Streeter, Richardson u. Dreyer (1985).

Die Früchte der Heckensträucher bilden jetzt wertvolle Nahrung für die bei uns verbliebenen Vogelarten, besonders die Drosseln. Aber selbst die giftigen Früchte des Pfaffenhütchens werden von den Rotkehlchen und Wintergästen, wie dem Seidenschwanz, gern gefressen.

Im **Wald** sind auch im Winter immer verschiedene Vogelarten zu entdecken. Wir sollten einmal die Vögel näher betrachten, die an einem Baum, z. B. einer Fichte, nach Nahrung suchen.
Der Specht nutzt den Stamm, wo er Bohrgänge von Insektenlarven aufmeißelt. Der Baumläufer sucht ebenfalls am Stamm nach Insekten, allerdings kann er mit seinem spitzen, leicht nach unten gebogenen Schnabel Insekten in den Ritzen der Borke suchen, die für den Specht gar nicht als Nahrung von Bedeutung sind. Meisen suchen auf den Ästen nach Insekten. Wegen ihrer Größe und ihrem höheren Gewicht können sie aber die Zweigenden nicht absuchen. Die bleiben den leichten Goldhähnchen vorbehalten. Der Kreuzschnabel schließlich holt sich an der Fichte ebenfalls seine Nahrung. Allerdings ist er auf die Samen in den Zapfen spezialisiert. Obwohl also Specht, Baumläufer, Meisen, Goldhähnchen und Kreuzschnabel denselben Baum als Nahrungsraum nutzen, machen sie sich keine Konkurrenz, da sie alle unterschiedlich spezialisiert sind. Diese verschiedenen Anpassungen an die vielfältigen Bedingungen der Umwelt bezeichnet man als „ökologische Nischen". Der Begriff Nische bedeutet nicht so sehr einen Raum, sondern die Spezialisierung innerhalb der vielen Möglichkeiten in einer bestimmten Tätigkeit, hier der Nahrungssuche. Man bezeichnet die ökologische Nische gelegentlich auch als Planstelle oder Beruf einer Art.
Auch beim Brüten zeigen die den Baum nutzenden Vogelarten unterschiedliche ökologische Nischen. Während sich z. B. Spechte, Stare und Kleiber hinsichtlich der vorhandenen Höhlen am Baum Konkurrenz machen, sind solche Brutmöglichkeiten für Drosseln oder Greifvögel ohne Bedeutung, da sie freie Nester bauen. Es können also durchaus mehrere verschiedene Arten an einem Baum nisten.
Verschwindet eine Art aus dem Wald, so können andere Arten ihren Nahrungsraum in diese Nische ausdehnen, die sie vorher aufgrund zu starker Konkurrenz nicht besetzen konnten. Solche Überlegungen gelten nicht nur für die Vogelarten und ihren Nahrungsraum, sondern für sämtliche Organismen in allen Bereichen. Eingriffe des Menschen, die vordergründig nur eine Art zu betreffen scheinen, verändern so immer das gesamte Beziehungsgefüge in einer Lebensgemeinschaft.
Bei der Bestimmung von Pflanzen richten sich die meisten Bestimmungsbücher nach den Blüten. Unsere Waldbäume sind aber sehr gut an ihrer Wuchsform, ihrer Rinde, den Knospen und bei den Nadelbäumen an ihren Zapfen und Nadeln zu bestimmen. Jetzt im laubfreien Zustand sollte man im Wald einmal den Versuch machen, die einzelnen Bäume auf diese Art erkennen zu lernen. Die meisten Bäume haben eine für sie typische Wuchsform, die es dem Fachmann ermöglicht, sie schon von weitem zu erkennen. Im dichten Bestand des Waldes ist diese Wuchsform durch die Raumkonkurrenz mit anderen Bäumen kaum typisch ausgeprägt und nur schwer zu erkennen.
Was man jetzt in Augenhöhe sieht, ist zunächst einmal der Stamm und die Rinde. Einige Baumarten sind an Hand ihres Stammes eindeutig zu identifizieren, am leichtesten an ihrer weißen Borke die Birke. Sonst sind die Unterschiede in der Borke einzelner Arten oft sehr gering und man muß weitere Merkma-

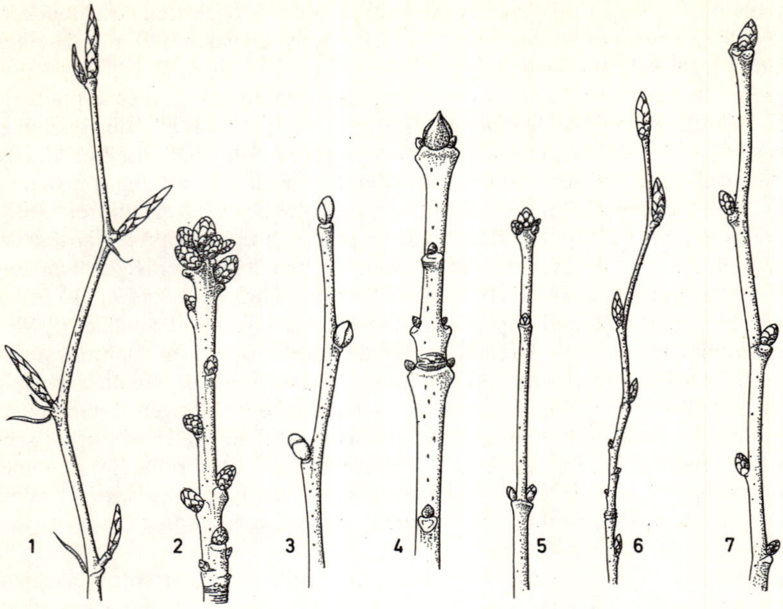

Abb. 32: Zweige und Knospen einiger wichtiger Laubbäume des Waldes. 1. Rotbuche *(Fagus sylvatica)*, 2. Eiche *(Quercus robur)*, 3. Winterlinde *(Tilia cordata)*, 4. Esche *(Fraxinus excelsior)*, 5. Feldahorn *(Acer campestre)*, 6. Weißbuche *(Carpinus betulus)*, 7. Ulme *(Ulmus minor)*.

le, wie Verzweigung, Knospen und Früchte zu Hilfe nehmen, um eine sichere Aussage treffen zu können.

Unsere Eichenarten fallen zwar durch ihre grobrissige Borke auf, eine ähnlich stark, z. T. sogar noch stärker gefurchte Borke zeigt die Robinie. Sie kann aber von der Eiche meistens leicht dadurch unterschieden werden, daß an ihren Zweigen den ganzen Winter über noch einzelne ihrer Früchte, in diesem Fall die typischen Hülsen der Schmetterlingsblütler, hängen.

Vereinzelte noch am Baum hängende Früchte lassen sich als Unterscheidungsmerkmal zwischen Eichen und den Linden, die ebenfalls eine rissige, dunkle Borke aufweisen, heranziehen. Linden verzweigen sich zudem sehr fein, so daß, wenn man von unten durch ihre Kronen gegen den Himmel schaut, ein feines, filigranartiges Muster zu sehen ist. Eichen besitzen viel stärkere, gekrümmte Zweige.

Zu den Baumarten, die man noch relativ leicht an ihrem Stamm erkennen kann, zählen auch die Hainbuche und die Rotbuche. Bei der Hainbuche fällt ihr Drehwuchs auf. Die Rotbuche ist ein großer Baum, der im Wald eine hoch ansetzende Krone zeigt. Ihre Rinde sieht glatt und silbergrau aus. Typisch sind für die Rotbuche sogenannte „Chinesenbärte“. Das sind dunkle Streifen, die

von den vorhandenen oder ehemaligen Astansätzen seitwärts nach unten ziehen. Sie kommen zustande, wenn es durch das Dickenwachstum des Stammes über den spitzwinklig abgehenden Seitenästen zu Stauungen im Rindengewebe kommt.
Am Stamm schwierig erkennbar sind die Ahornarten. Während der Spitzahorn eine schwärzliche, fein längsrissige Borke ausbildet, hat der Bergahorn eine glatte, braungraue Borke, die in Schuppen abblättert.
Am besten gelingt eine Determination unserer Laubbäume, wenn wir uns die Zweige mit den Knospen näher anschauen (Abb. 32). Die erste wichtige, aber leicht zu treffende Entscheidung ist die Frage nach der Knospenstellung. Bei Esche, Roßkastanie, Spitz- und Bergahorn stehen sich die Knospen am Zweig gegenüber, sie sind gegenständig, bei unseren übrigen wichtigen Laubbäumen stehen sie abwechselnd rechts und links am Zweig, sie sind wechselständig. Weitere wichtige Merkmale, nach denen auch einem Laien eine Bestimmung möglich sein sollte, entnehme man der Abbildung 32.
Viel leichter als die Laubbäume sind unsere Nadelhölzer zu erkennen. Bis auf die Lärche, die ihre Nadeln abwirft, bieten sich die Nadelbäume jetzt genauso dar wie im Sommer. Hat man außer Zweigen und Nadeln auch noch Zapfen

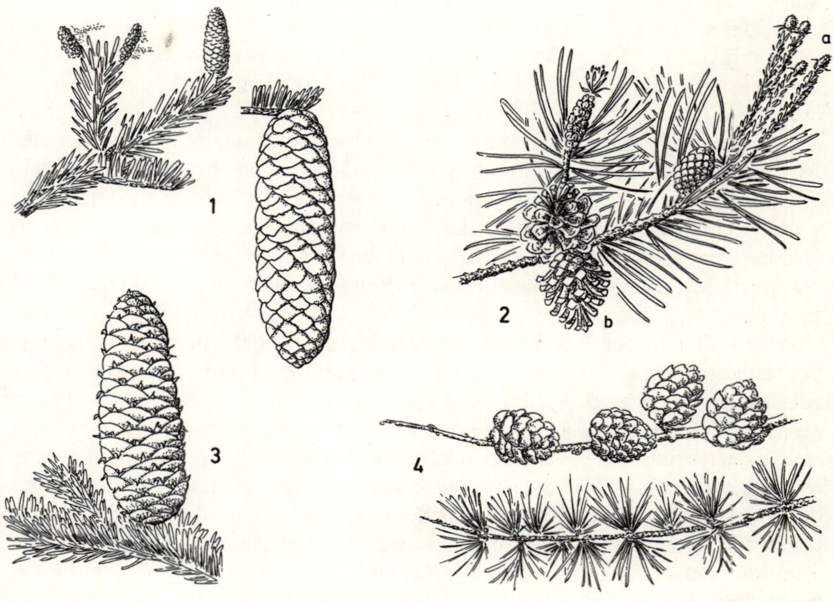

Abb. 33: Zweige und Zapfen von 1. Fichte *(Picea abies)*: der Zapfen hängt am Zweig; 2. Kiefer *(Pinus sylvestris)*: 2 Generationen von Zapfen am selben Baum – a. die an der Spitze der Jahrestriebe sitzenden diesjährigen und b. die reifen weiblichen Zapfen; 3. Tanne *(Abies alba)*: der Zapfen steht auf dem Zweig; 4. Lärche *(Larix decidua)*.

gefunden, so ist die Bestimmung sehr einfach (Abb. 33). Man achte auf Form und Stellung der Nadeln.

Tannen, Fichten, Kiefern und Lärchen sind unsere häufigsten Nadelbäume. Dazwischen finden sich aber auch immer wieder Exoten, von denen die nordamerikanischen Arten Douglasie und Weymouthkiefer (= Strobe) die am häufigsten angepflanzten sind.

An den kahlen Bäumen fallen uns jetzt noch weitere Dinge auf, die wir im Sommer nicht sehen konnten: Misteln, Hexenbesen, Vogelnester und Eichhörnchenkobel treten jetzt deutlich hervor.

Die Mistel *(Viscum album)*, ein epiphytischer Halbschmarotzer, kommt bei uns in drei Unterarten vor, die jeweils auf ganz bestimmte Wirte beschränkt sind. Wir unterscheiden Laubholzmisteln (besonders auf Obstbäumen und Pappeln), Föhrenmisteln (auf Kiefern und Fichten) und Tannenmisteln (auf Weißtannen). Die Misteln sind, wie schon ihre grüne Farbe erkennen läßt, hinsichtlich ihres Kohlenstoffhaushalts autotroph und treiben ihre Senker nur in die Gefäßbahnen des Wirtes vor, aus denen sie Wasser und Mineralsalze beziehen. Bei starkem Befall können die Wirtspflanzen aber doch erheblich geschädigt werden.

Wir sollten versuchen, einige Mistelzweige zu erhalten. Da sie als Weihnachtsschmuck dienen, bekommt man sie leicht in Blumengeschäften oder auf dem Markt. Jede Gabelung der dichotomen Verzweigung entspricht einem Jahrestrieb. Beim Zerdrücken der glasartigen weißen Beeren kann man sich von der Klebfähigkeit des Fruchtfleisches überzeugen. Der Versuch macht verständlich, weshalb die Drosseln sich bemühen, am Schnabelrand sitzende Reste durch Wetzen und Scheuern loszuwerden. Da die Beeren Samen enthalten, tragen die Vögel zur Verbreitung der Pflanze bei. Auch der Same, der den Vogeldarm durchwandert hat, bleibt keimfähig. Hexenbesen, die auf Kirschen, Pappeln, Birken und anderen Laubbäumen vorkommen, entstehen, wenn Schlauchpilze in das Holz des Baumes eindringen. Sie veranlassen die Knospen zu einem übersteigerten Ausschlagen. Die Hexenbesen der Weißtannen gehen auf einen Rostpilz zurück. Hexenbesen werden zu den Gallbildungen gerechnet.

Von den Vögeln des Waldes können wir besonders gut Spechte und Kleiber beobachten. Wer darauf achtet, findet sicher einige Spechtschmieden (S. 25). Kleiber legen ebenfalls solche Schmieden an und können darin sogar Haselnüsse aufhämmern.

Bei Sonnenschein sind auch oft Eichhörnchen unterwegs. Sie finden noch ausreichend Samen und Früchte. Vielleicht entdecken wir auch ihre Winternester, die Kobel. Sie sind aus Reisig geflochten und innen mit Moos ausgepolstert. Die Öffnung ist nach unten gerichtet und daher gegen Einregnen geschützt. Die Wände sind dicht mit weichem Material gepolstert, so daß Zug und Kälte gemindert werden. Die Tatsache, daß die Tiere jetzt munter sind, zeigt uns, daß sie keinen echten Winterschlaf halten, sondern daß sie Winterruher sind, die bei gutem Wetter umherschweifen. Ähnlich machen es die Dachse.

Die echten Winterschläfer erwachen dagegen im Winter in der Regel nicht oder nur selten und nehmen während des Winterschlafs keine Nahrung zu sich.

Von den einheimischen Säugern gehören hierher Garten- und Siebenschläfer, Haselmaus, Igel, Hamster, die seltene Birkenmaus und in den Alpen das Murmeltier.
Die wechselwarmen Lurche und Reptilien verfallen wie die Wirbellosen in eine Winterstarre, die vom Winterschlaf der gleichwarmen Säuger unterschieden werden muß. Sie verkriechen sich dazu in Erd- und Mauerhöhlen, in Gesteinsspalten und sind oft unter Laub und Moos verborgen. Man wird nur selten Gelegenheit haben, solche Winterquartiere zu entdecken.

Pflanzen- und tierkundliche Hinweise

Am Barbaratag (4. 12.) geschnittene Kirschzweige, die man in einem warmen Zimmer ins Wasser stellt, blühen zum Jahresende auf. Auch Flieder kann man zu Treibversuchen verwenden. Dazu taucht man Blütenknospen tragende Zweige etwa 10 Stunden in Wasser von 30° C, das allerdings während des Versuchs auf annähernd der gleichen Temperatur bleiben muß.
Die zu Weihnachten käuflichen Mistelzweige eignen sich für Schnitte durch Blätter und Stamm. Klebt man die Samen auf eine Fensterscheibe oder auf Holzstücke in einem kühlen Raum, so bilden sich nach einiger Zeit Haustorien.
Um die Speicherfunktion des Holzes nachzuweisen, werden nicht zu dünne Längsschnitte durch Baumzweige (besonders gut eignet sich Eschenholz) angefertigt und in eine Iodiodkalium-Lösung gelegt. Nach dem Austreiben der Bäume, also im Mai, wiederhole man den Versuch und vergleiche die Ergebnisse.

Tabelle I: Wann blüht die Pflanze? Wo ist sie zu finden?

Die Ziffern geben die Monate an. Die Buchstaben kennzeichnen die Lebensgemeinschaften: **A** Acker, **G** Garten, **Bw** Bergwald, **Lw** Laubwald, **Nw** Nadelwald, **H** Heide, **Ru** Ruderalpflanze, **Ge** Gebüsch, **So** sonnige Hügel, **Wi** Wiese, **Su** Sumpf, **Wa** in und am Wasser.
Über die geschützten Pflanzen informiere man sich in der Bundesartenschutzverordnung.

	Monate								Lebensgemeinschaften											
	3.	4.	5.	6.	7.	8.	9.	10.	A	G	Bw	Lw	Nw	H	Ru	Ge	So	Wi	Su	Wa
Hahnenfußgewächse																				
Pfingstrose			×	×						×										
Sumpfdotterblume	×	×	×	×														×	×	
Scharbockskraut	×	×	×													×		×		
Scharfer Hahnenfuß			×	×	×													×		
Knolliger Hahnenfuß			×	×	×	×			×									×		
Kriechender Hahnenfuß			×	×	×	×												×		
Gifthahnenfuß				×	×	×	×	×											×	
Ackerhahnenfuß			×	×	×					×										
Wasserhahnenfuß				×	×	×	×													×
Flutender Hahnenfuß				×	×	×														×
Windröschen (gelb, weiß)	×	×										×				×				
Leberblümchen	×	×										×								
Gemeine Kuhschellen	×	×	×	×							×		×	×						
Gemeine Waldrebe				×	×	×	×			×		×				×				
Feldrittersporn			×	×	×	×			×	×										
Akelei				×	×						×		×					×		
Sturm(Eisen)hut, Aconitum				×	×	×					×									
Nieswurzarten	×	×									×									
Frühlings-Teufelsauge		×	×															×		
Seerosengewächse																				
Weiße Seerose				×	×	×	×													×
Gelbe Teichrose		×	×	×	×	×	×													×
Hornblattgewächse																				
Gemeines Hornblatt				×	×	×	×													×
Osterluzeigewächse																				
Gemeine Osterluzei			×	×						×										
Pfeifenstrauch					×	×				×										
Haselwurz	×	×	×									×								
Mohngewächse																				
Klatschmohn			×	×	×				×					×						
Schlafmohn				×	×	×				×										
Großes Schöllkraut			×	×	×	×	×			×		×				×				
Hohler Lerchensporn	×	×	×									×				×				
Gemeiner Erdrauch		×	×	×	×	×	×	×	×					×	×					
Tränende Herzblume		×	×							×										

Forts. Tab. I: Wann blüht die Pflanze? Wo ist sie zu finden?

	Monate								Lebensgemeinschaften											
	3.	4.	5.	6.	7.	8.	9.	10.	A	G	Bw	Lw	Nw	H	Ru	Ge	So	Wi	Su	Wa
Kreuzblütlergewächse																				
Kohl-Arten		×	×	×	×	×	×			×										
Wiesenschaumkraut		×	×	×	×													×		
Ackersenf				×	×	×	×		×											
Hederich				×	×	×			×											
Goldlack			×	×						×										
Echte Brunnenkresse			×	×	×	×														×
Knoblauchsrauke		×	×	×					×		×				×	×				
Besenrauke			×	×	×				×						×	×				
Gemeine Graukresse				×	×	×	×	×							×	×	×			
Frühlings-Hungerblümchen	×	×	×	×					×						×		×			
Gem. Hirtentäschelkraut	×	×	×	×	×	×	×	×	×	×				×	×	×		×		
Ackerhellerkraut		×	×	×					×						×					
Meerrettich			×	×	×					×										
Gartenkresse			×	×	×					×										
Bittere Schleifenblume			×	×	×	×			×											
Veilchengewächse																				
März-Veilchen	×	×								×		×		×						
Hundsveilchen		×	×	×								×	×			×		×	×	
Waldveilchen		×	×	×								×				×				
Ackerstiefmütterchen			×	×	×	×	×	×	×					×	×	×		×		
Sonnentaugewächse																				
Rundblättriger Sonnentau				×	×	×													×	×
Hartheugewächse																				
Tüpfel-Johanniskraut				×	×	×								×	×	×	×	×		
Dickblattgewächse																				
Fetthennen-Arten				×	×	×	×				×						×	×		
Mauerpfeffer				×	×	×								×			×			
Echte Hauswurz					×	×	×			×	×						×			
Steinbrechgewächse																				
Stachelbeere		×	×							×										
Rote Johannisbeere		×	×							×										
Knöllchensteinbrech			×	×														×		
Traubensteinbrech			×	×	×	×					×									
Gold-Milzkraut		×	×	×								×							×	×
Sumpf-Herzblatt					×	×	×												×	×
Platanengewächse																				
Platane		×	×									×								

Forts. Tab. I: Wann blüht die Pflanze? Wo ist sie zu finden?

	Monate								Lebensgemeinschaften											
	3.	4.	5.	6.	7.	8.	9.	10.	A	G	Bw	Lw	Nw	H	Ru	Ge	So	Wi	Su	Wa
Rosengewächse																				
Birnbaum		×	×							×		×				×				
Apfelbaum			×	×						×		×								
Weißdorn			×	×						×		×				×				
Eberesche (Vogelbeere)			×	×	×						×	×				×				
Japanische Scheinquitte		×	×							×										
Süßkirsche		×	×							×										
Sauerkirsche		×	×							×										
Hauspflaume, Zwetschge		×	×							×										
Pfirsich		×	×							×										
Mandelbaum	×	×	×							×										
Schlehdorn	×	×								×	×	×				×	×			
Weichselkirsche		×	×							×						×	×			
Traubenkirsche		×	×	×						×		×				×				
Heckenrose				×	×									×		×				
Walderdbeere			×	×								×	×	×		×				
Himbeere			×	×						×	×	×	×	×		×				
Brombeere				×	×						×	×	×	×		×				
Frühlings-Fingerkraut	×	×	×														×	×		
Gänsefingerkraut			×	×	×	×												×		
Echte Nelkenwurz			×	×	×	×	×	×				×				×				
Gewöhnl. Odermenning				×	×	×										×	×			
Echtes Mädesüß				×	×	×												×	×	
Großer Wiesenknopf				×	×	×	×											×		
Gemeiner Frauenmantel			×	×	×	×	×					×	×			×		×		
Schmetterlingsblütler																				
Gartenerbse			×	×						×										
Saatwicke			×	×	×				×											
Vogelwicke				×	×				×											
Zaunwicke			×	×					×						×			×		
Frühlings-Platterbse		×	×									×				×				
Wiesenplatterbse				×	×													×		
Saubohne			×	×	×				×	×										
Robinie			×	×						×				×						
Gelber Blasenstrauch				×	×					×										
Wiesenklee			×	×	×	×	×		×			×						×		
Weißklee			×	×	×	×	×		×						×			×		
Futter-Esparsette			×	×	×				×											
Seradella				×	×	×			×											
Echter Steinklee			×	×	×	×	×		×						×			×		
Gemeiner Goldregen		×	×	×						×										
Besenginster			×	×									×	×						
Luzerne			×	×	×	×	×		×											
Gemeiner Hornklee			×	×	×	×	×											×		

Forts. Tab. I: Wann blüht die Pflanze? Wo ist sie zu finden?

	Monate								Lebensgemeinschaften											
	3.	4.	5.	6.	7.	8.	9.	10.	A	G	Bw	Lw	Nw	H	Ru	Ge	So	Wi	Su	Wa
Lupine				×	×	×	×		×											
Dorniger Hauhechel				×	×								×	×						
Deutscher Ginster			×	×								×	×	×						
Nachtkerzengewächse																				
Schmalblätt. Feuerkraut				×	×	×							×	×	×			×		
Gemeine Nachtkerze			×	×	×	×								×	×					
Wassernußgewächse																				
Wassernuß				×	×	×	×													×
Seidelbastgewächse																				
Seidelbast	×	×									×									
Lindengewächse																				
Winterlinde				×	×							×								
Sommerlinde				×								×								
Weiderichgewächse																				
Blutweiderich				×	×	×	×											×	×	
Malvengewächse																				
Wegmalve				×	×	×	×	×							×					
Echter Eibisch					×	×	×			×								×		
Stockrose					×	×	×			×										
Leingewächse																				
Flachs				×	×	×			×											
Storchschnabelgewächse																				
Schierlings-Reiherschnabel		×	×	×	×	×	×	×	×						×	×		×		
Wiesenstorchschnabel				×	×	×												×	×	
Ruprechtskraut			×	×	×	×	×	×				×	×			×				
Sauerkleegewächse																				
Wald-Sauerklee		×	×									×	×			×				
Kapuzinerkresse				×	×					×										
Balsaminengewächse																				
Rührmichnichtan					×	×	×					×	×							
Kleinblütiges Springkraut		×	×	×	×	×	×	×		×		×	×							
Gartenspringkraut					×	×				×										
Roßkastaniengewächse																				
Roßkastanie			×	×																

Forts. Tab. I: Wann blüht die Pflanze? Wo ist sie zu finden?

	Monate								Lebensgemeinschaften											
	3.	4.	5.	6.	7.	8.	9.	10.	A	G	Bw	Lw	Nw	H	Ru	Ge	So	Wi	Su	Wa
Ahorngewächse																				
Spitzahorn		×	×									×								
Bergahorn		×	×								×									
Feldahorn			×									×								
Spindelbaumgewächse																				
Pfaffenhütchen			×	×	×							×	×			×				
Stechpalmengewächse																				
Stechpalme			×	×								×				×				
Weinrebengewächse																				
Weinrebe				×	×					×										
Wilder Wein					×	×				×										
Kreuzdorngewächse																				
Faulbaum			×	×								×				×				
Doldengewächse																				
Wilde Möhre			×	×	×													×		
Pastinak					×	×				×										
Echter Kümmel			×	×	×					×									×	
Große Bibernelle				×	×	×	×									×		×		
Giersch (Geißfuß)			×	×	×	×	×											×		×
Wiesenkerbel		×	×	×	×	×												×		
Wiesen-Bärenklau				×	×	×	×	×		×						×		×		
Echter Sellerie				×	×	×	×	×		×										
Dill					×	×				×										
Fenchel					×	×	×	×		×										
Garten-Petersilie				×	×					×										
Gefleckter Schierling				×	×	×	×		×							×				
Gift-Wasserschierling					×	×	×											×	×	×
Hecken-Kälberkropf			×	×	×												×	×		
Feld-Männertreu					×	×	×											×		
Stranddistel				×	×	×	×	×							×					
Efeugewächse																				
Efeu							×	×		×			×			×				
Hartriegelgewächse																				
Kornelkirsche	×	×										×				×				
Roter Hartriegel			×	×								×					×			
Weißer Hartriegel				×	×					×										

Forts. Tab. I: Wann blüht die Pflanze? Wo ist sie zu finden?

		Monate								Lebensgemeinschaften											
		3.	4.	5.	6.	7.	8.	9.	10.	A	G	Bw	Lw	Nw	H	Ru	Ge	So	Wi	Su	Wa
Birkengewächse																					
Haselnuß	×	×	×								×		×								
Hängebirke			×	×										×	×					×	
Schwarzerle		×	×										×							×	×
Weiß- od. Hainbuche			×	×									×								
Buchengewächse																					
Steineiche			×	×									×								
Stieleiche			×	×									×								
Rotbuche			×	×									×								
Walnußgewächse																					
Echte Walnuß			×	×							×										
Weidengewächse																					
Salweide		×	×																×		×
Korbweide		×	×														×				×
Zitterpappel	×	×	×								×		×								
Schwarzpappel		×	×										×								×
Silberpappel		×	×								×		×								
Nesselgewächse																					
Große Brennessel					×	×	×	×	×				×		×						
Kleine Brennessel				×	×	×	×	×	×		×				×						
Ulmengewächse																					
Feldulme		×	×										×								
Bergulme		×	×									×	×				×				
Maulbeerbaumgewächse																					
Maulbeere				×							×										
Hanfgewächse																					
Gemeiner Hopfen				×									×								
Mistelgewächse																					
Mistel		×	×								×	×	×	×							
Knöterichgewächse																					
Buchweizen					×	×	×			×											
Vogelknöterich				×	×	×	×	×			×					×			×		
Wasserknöterich					×	×	×	×												×	×
Gr. Ampfer, Sauerampfer				×	×						×					×			×		
Kleiner Ampfer				×	×	×										×			×		
Rhabarber				×	×						×										

Forts. Tab. I: Wann blüht die Pflanze? Wo ist sie zu finden?

	Monate								Lebensgemeinschaften											
	3.	4.	5.	6.	7.	8.	9.	10.	A	G	Bw	Lw	Nw	H	Ru	Ge	So	Wi	Su	Wa
Gänsefußgewächse																				
Runkelrübe				×	×	×	×		×											
Gemeine Melde					×	×	×	×		×					×					
Guter Heinrich		×	×	×	×	×	×	×	×						×			×		
Queller						×	×	×												×
Nelkengewächse																				
Steinnelke				×	×						×							×		
Heidenelke				×	×	×	×						×	×				×	×	
Prachtnelke				×	×	×	×											×		
Karthäusernelke				×	×	×							×	×						
Mauer-Gipskraut				×	×	×	×	×	×					×						
Kornrade				×	×	×	×		×											
Kuckuckslichtnelke			×	×	×	×										×		×		
Beeren-Taubenkropf					×	×	×									×		×		
Gemeines Seifenkraut			×	×	×	×	×								×			×		
Taubenkropf-Leimkraut			×	×	×	×	×		×									×		
Gemeine Pechnelke			×	×	×													×	×	
Weiße Nachtnelke				×	×	×	×		×			×	×				×	×		
Rote Nachtnelke		×	×	×	×	×	×		×			×	×				×	×		
Vogel-Sternmiere ×	×	×	×	×	×	×	×	×	×	×					×					
Große Sternmiere		×	×	×								×				×				
Ackerhornkraut		×	×	×	×	×	×		×									×		
Feldspark				×	×	×	×	×	×								×	×		
Wolfsmilchgewächse																				
Sonnenwolfsmilch		×	×	×	×	×	×	×	×	×										
Gartenwolfsmilch				×	×	×	×	×	×											
Zypressenwolfsmilch		×	×	×	×									×		×	×	×		
Einjähriges Bingelkraut			×	×	×	×	×	×		×					×					
Heidekrautgewächse																				
Heidekraut					×	×	×	×					×	×						
Glockenheide					×	×								×					×	
Heidelbeere			×	×									×	×					×	
Preiselbeere			×	×	×								×	×					×	
Wintergrüngewächse																				
Fichtenspargel				×	×	×						×	×							
Kleines Wintergrün				×	×	×							×							
Schlüsselblumengewächse																				
Duftende Schlüsselblume		×	×													×		×		
Hohe Schlüsselblume	×	×	×									×				×		×		
Aurikel		×	×	×							×									

Forts. Tab. I: Wann blüht die Pflanze? Wo ist sie zu finden?

	Monate								Lebensgemeinschaften											
	3.	4.	5.	6.	7.	8.	9.	10.	A	G	Bw	Lw	Nw	H	Ru	Ge	So	Wi	Su	Wa
Roter Gauchheil				×	×	×	×	×	×	×						×				
Pfennigkraut			×	×	×											×		×		
Gemeiner Gilbweiderich				×	×	×						×							×	×
Windengewächse																				
Ackerwinde			×	×	×	×	×	×	×								×			
Gemeine Zaunwinde				×	×	×	×			×						×				
Europäische Seide				×	×	×	×		×											
Kleeseide					×	×	×		×							×	×			
Rauhblattgewächse																				
Gemeiner Beinwell			×	×	×													×	×	×
Echtes Lungenkraut	×	×	×									×				×				
Sumpfvergißmeinnicht			×	×	×	×	×	×	×						×		×		×	×
Gemeine Ochsenzunge			×	×	×	×	×		×										×	
Natterkopf				×	×	×	×	×												
Gemeine Hundszunge			×	×					×											
Boretsch			×	×	×	×	×			×										
Lippenblütler																				
Wiesensalbei			×	×	×	×			×									×		
Echter Salbei				×	×					×										
Feldthymian			×	×	×	×	×	×	×				×	×	×					
Gundermann		×	×	×														×		
Kriechender Günsel			×	×	×	×			×			×	×			×				
Gemeine Braunelle				×	×	×	×					×						×		
Weiße Taubnessel		×	×	×	×	×			×						×	×				
Gefleckte Taubnessel		×	×	×	×	×	×			×		×			×	×				
Stengelumfass. Taubnessel	×	×	×						×	×					×					
Goldnessel		×	×	×	×							×				×				
Schwarznessel		×	×	×	×										×	×				
Hohlzahn, gemeiner					×	×	×	×	×	×					×	×				
Echter Ziest					×	×										×		×		
Ackerminze					×	×	×		×									×		
Wasserminze					×	×	×	×											×	×
Lavendel					×	×				×										
Rachenblütler																				
Gemeines Leinkraut				×	×	×	×		×						×					
Zymbelkraut				×	×	×	×			×	×									
Acker-Löwenmaul					×	×	×		×											
Knotige Braunwurz				×	×							×				×			×	×
Fingerhut, roter				×	×						×		×							
Fingerhut, gelber				×	×	×					×									

Forts. Tab. I: Wann blüht die Pflanze? Wo ist sie zu finden?

	Monate								Lebensgemeinschaften											
	3.	4.	5.	6.	7.	8.	9.	10.	A	G	Bw	Lw	Nw	H	Ru	Ge	So	Wi	Su	Wa
Kleinblütige Königskerze					×	×	×								×		×			
Gamander-Ehrenpreis			×	×	×	×			×							×		×		
Bachbunge			×	×	×	×													×	×
Kleiner Klappertopf			×	×	×	×	×		×									×		
Gemeiner Augentrost			×	×	×	×	×	×				×	×	×				×		
Sumpfläusekraut			×	×														×	×	
Hainwachtelweizen				×	×	×	×					×	×			×				
Wiesenwachtelweizen			×	×	×	×	×					×						×		
Schuppenwurz		×	×									×				×				
Wasserschlauchgewächse																				
Gemeines Fettkraut			×	×	×	×													×	×
Gemeiner Wasserschlauch				×	×	×														×
Nachtschattengewächse																				
Kartoffel				×	×	×	×		×											
Tabak				×	×	×	×		×	×										
Schwarzer Nachtschatten				×	×	×	×	×	×						×					
Bittersüßer Nachtschatten				×	×	×						×				×			×	×
Tollkirsche				×	×	×					×	×								
Bocksdorn				×	×	×				×										
Tomate					×	×	×	×		×										
Judenkirsche			×	×	×	×				×		×	×							
Bilsenkraut				×	×	×	×	×	×						×					
Stechapfel				×	×	×	×	×		×					×					
Wegerichgewächse																				
Mittlerer Wegerich			×	×	×	×	×		×						×			×		
Spitzwegerich			×	×	×	×	×		×									×		
Großer Wegerich				×	×	×	×	×	×						×				×	
Ölbaumgewächse																				
Liguster				×	×				×			×	×			×				
Flieder			×	×						×										
Gewöhnliche Esche		×	×						×			×								
Enziangewächse																				
Echt. Tausendgüldenkraut					×	×	×		×								×	×		
Immergrün	×	×	×	×						×		×				×				
Deutscher Enzian			×	×	×	×	×	×						×				×	×	
Geißblattgewächse																				
Waldgeißblatt			×	×								×				×				
Wohlriechendes Geißblatt			×	×	×					×						×				
Schwarzer Holunder				×	×					×		×								
Gemeiner Schneeball			×	×	×					×		×				×				

Forts. Tab. I: Wann blüht die Pflanze? Wo ist sie zu finden?

	Monate								Lebensgemeinschaften											
	3.	4.	5.	6.	7.	8.	9.	10.	A	G	Bw	Lw	Nw	H	Ru	Ge	So	Wi	Su	Wa
Kardengewächse																				
Wilde Karde				×	×				×			×								×
Acker-Witwenblume			×	×	×	×	×		×									×		
Tauben-Skabiose					×	×	×	×									×	×		
Rötegewächse																				
Klebkraut			×	×	×	×	×	×							×	×				
Echtes Labkraut			×	×	×	×	×		×							×		×		
Waldmeister		×	×									×								
Kürbisgewächse																				
Kürbis				×	×	×	×			×										
Gurke				×	×	×				×										
Zweihäusige Zaunrübe				×	×	×	×			×		×				×				
Glockenblumengewächse																				
Glockenblumen-Arten			×	×	×	×	×			×		×		×		×		×		
Ährige Teufelskralle			×	×	×	×					×					×		×		
Berg-Sandglöckchen				×	×	×					×					×		×		
Korbblütler																				
Sonnenblume					×	×	×	×		×										
Gemeiner Löwenzahn		×	×						×	×							×			
Gemeine Ringelblume				×	×	×	×	×	×	×					×					
Echte Goldrute					×	×	×	×		×		×				×				
Topinambur						×	×	×		×										
Gartenaster					×	×	×	×		×										
Dahlie						×	×	×		×										
Gänseblümchen	×	×	×	×	×	×	×	×										×		
Wiesen-Wucherblume			×	×	×	×	×	×		×								×		
Huflattich	×	×							×	×										
Gemeine Pestwurz	×	×	×															×	×	×
Arnika			×	×	×	×					×			×			×	×		
Gemeine Schafgarbe				×	×	×	×	×	×									×		
Dreiteiliger Zweizahn					×	×	×	×										×	×	×
Echte Kamille			×	×	×	×	×		×						×					
Duftlose Kamille				×	×	×	×	×												
Gemeines Greiskraut	×	×	×	×	×	×	×	×	×											
Frühlingsgreiskraut			×	×	×	×	×	×	×				×							
Kanadisches Berufkraut				×	×	×	×	×		×					×					
Knopf- od. Franzosenkraut			×	×	×	×	×	×	×	×										
Gemeiner Beifuß					×	×	×	×	×	×		×								×
Wermut					×	×	×			×					×		×			
Sandstrohblume					×	×	×	×					×	×			×			
Gemeine Flockenblume				×	×	×	×	×	×							×	×	×		

Forts. Tab. I: Wann blüht die Pflanze? Wo ist sie zu finden?

	Monate								Lebensgemeinschaften											
	3.	4.	5.	6.	7.	8.	9.	10.	A	G	Bw	Lw	Nw	H	Ru	Ge	So	Wi	Su	Wa
Nickende Distel					×	×	×								×	×		×		×
Ackerkratzdistel					×	×	×		×											
Große Klette					×	×	×		×							×				×
Wiesenbocksbart			×	×														×		
Gemeine Wegwarte					×	×	×		×							×		×		
Habichtskraut-Arten			×	×	×	×					×		×	×	×		×	×		
Stachellattisch					×	×	×								×		×			
Garten-Schwarzwurzel				×	×	×				×										
Acker-Gänsedistel					×	×	×	×	×	×					×					
Liliengewächse																				
Tulpe		×	×							×										
Zweiblättr. Blaustern	×	×								×		×								
Acker-Gelbstern	×	×	×									×						×		×
Schmalbl. Träubelhyazinthe		×	×	×						×							×	×		
Feuerlilie			×	×	×						×							×		
Hyazinthe		×	×							×										
Bärenlauch			×	×								×								
Küchenzwiebel				×	×	×				×										
Schnittlauch					×	×				×										
Herbstzeitlose						×	×	×										×		
Germer				×	×	×					×							×		
Maiglöckchen			×	×						×		×				×				
Vielblütige Weißwurz (Salomonssiegel)			×	×								×	×							
Schattenblume		×	×	×							×	×								
Einbeere			×									×								
Spargel			×	×					×	×										
Binsengewächse																				
Flatterbinse				×	×	×						×						×	×	×
Behaarte Hainsimse	×	×	×								×	×				×			×	
Narzissengewächse																				
Schneeglöckchen ×	×	×								×										
Frühlingsknotenblume ×	×	×									×	×						×		
Narzissen	×	×	×							×	×							×		
Schwertliliengewächse																				
Sumpf-Schwertlilie			×	×															×	×
Krokus	×	×								×										
Gladiolen (Siegwurz)			×	×						×										
Froschlöffelgewächse																				
Schwanenblume				×	×	×														×

Forts. Tab. I: Wann blüht die Pflanze? Wo ist sie zu finden?

	Monate								Lebensgemeinschaften											
	3.	4.	5.	6.	7.	8.	9.	10.	A	G	Bw	Lw	Nw	H	Ru	Ge	So	Wi	Su	Wa
Gemeiner Froschlöffel				×	×	×	×												×	×
Pfeilkraut				×	×	×													×	×
Froschbißgewächse																				
Froschbiß			×	×	×	×														×
Wasserpest			×	×	×	×														×
Krebsschere			×	×	×															×
Laichkrautgewächse																				
Laichkräuter				×	×	×	×													×
Gräser																				
Roggen			×	×					×											
Saatweizen				×					×											
Spelz oder Dinkel				×					×											
Gerste				×	×				×											
Hafer				×	×				×											
Mais					×	×	×		×											
Gemeine Quecke				×	×				×	×								×		
Taumellolch				×	×	×			×											
Deutsches Weidelgras (Engl. Raygras)			×	×	×	×	×											×		
Mäusegerste				×	×	×	×	×	×					×	×					
Silbergras				×	×	×							×	×						
Glatthafer				×	×												×	×		
Echtes Federgras				×	×	×											×			
Taube Trespe			×	×					×							×				
Rotes Straußgras				×	×	×					×			×				×		
Rasenschmiele					×	×	×											×	×	
Wiesenrispengras			×	×	×				×									×		
Wiesen-Knäuelgras			×	×					×									×		
Zittergras			×	×	×	×	×											×		
Wolliges Honiggras				×	×	×						×						×		
Wiesenschwingel				×	×													×		
Schilfrohr					×	×	×												×	×
Rohr-Glanzgras				×	×	×														×
Riedgräser																				
Seggen		×	×	×	×	×			×					×			×	×	×	×
Wollgras-Arten	×	×	×																×	×
Orchideen																				
Breitblätt. Knabenkraut			×	×								×						×	×	
Geflecktes Knabenkraut			×	×	×	×						×						×		
Zweiblätt. Kuckucksblume			×	×	×							×				×				
Großes Zweiblatt			×	×	×							×						×		

Forts. Tab. I: Wann blüht die Pflanze? Wo ist sie zu finden?

	Monate								Lebensgemeinschaften											
	3.	4.	5.	6.	7.	8.	9.	10.	A	G	Bw	Lw	Nw	H	Ru	Ge	So	Wi	Su	Wa
Frauenschuh			×	×	×							×	×			×				
Nestwurz			×	×								×								
Aronstabgewächse																				
Aronstab		×	×									×								
Kalmus				×	×														×	×
Wasserlinsengewächse																				
Kleine Wasserlinse			×	×																×
Dreifurchige Wasserlinse				×																×
Rohrkolbengewächse																				
Breitblättriger Rohrkolben				×	×															×
Igelkolbengewächse																				
Ästiger Igelkolben				×	×	×														×
Kieferngewächse																				
Waldkiefer			×	×									×							
Fichte		×	×	×									×							
Bergkiefer			×	×									×							
Weimutskiefer			×										×							
Weißtanne			×	×									×							
Europäische Lärche		×	×	×									×							
Zypressengewächse																				
Heidewacholder		×	×										×	×						
Lebensbaum		×	×							×										
Eibengewächse																				
Eibe	×	×										×	×							

Tabelle II: Blütenlose Pflanzen

1. Farnartige Gewächse

a) Farne

	Sporenreife	
Gemeiner Wurmfarn	6–9	kalkhold; feuchte Wälder, Gebüsche an Bachufern usw.
Wald-Rippenfarn	7–9	kalkfeindlich; saure bis nasse Wald- und Heideböden
Gemeiner Tüpfelfarn	6–9	kalkmeidend; Felsen, Baumstümpfe, Buchen-, Eichenwälder
Adlerfarn	7–10	Sandböden; lichte Wälder, an Kahlschlägen
Wald-Frauenfarn	7–9	feuchte, schattige Wälder; Buchen, Eichen
Hirschzunge	7–9	schattenliebend; feuchter, steiniger Waldboden
Mauerraute	6–7	an besonnten Mauern und Felsen; kalkliebend

b) Schachtelhalme

Ackerschachtelhalm	3–4	lehmiger Sandboden; in Unkrautgesellschaften
Waldschachtelhalm	5–6	kalkmeidend; feuchte, schattige Wälder (Fichten-, Auwälder)
Sumpfschachtelhalm	5–7	Sumpfwiesen, verlandende Ufer
Teichschachtelhalm	5–6	verlandende Gebiete, im Röhricht in flachem Wasser

c) Bärlappgewächse

Kolbenbärlapp	7–8	Heiden, Nadelwälder; Säureanzeiger!
Andere Bärlapparten	7–9	vorwiegend in feuchten Nadelwäldern

2. Moose

	Antheridien u. Archegonien	
Goldenes Frauenhaar	4–8	Säureanzeiger; feuchte Wald- und Heideböden
Torfmoosarten	5–8	feuchte, saure Wälder; Moor
Weißmoos *(Leucobryum)*	9–10	Säureanzeiger; Fichten-, Eichen-, Buchenwälder
Sternmoose *(Mnium)*	4–6	feuchtigkeitsliebende Waldbodenmoose; einige sind Nässeanzeiger
Brunnenmoos *(Fontinalis)*	6–8	in fließenden, seltener stehenden, auch in austrocknenden Gewässern, kalkhold

Brunnenlebermoos	6–8	Bachränder, Sumpfwiesen, feuchte Standorte
Kammkelchmoos	5–8	auf feuchtem Boden und morschen Baumstümpfen

3. Algen

	zu finden:	
Schraubenalge	6–9	Konjugation 8–9; in Tümpeln; im Standortwasser aufbewahren!
Kieselalgen	ganzjährig	feuchte Moosrasen; im Wasser oft pelzartiger Überzug auf Steinen, Pfählen; im Plankton vorwiegend im Frühjahr
Vaucheria	ganzjährig	in stehendem Wasser freischwimmende Watten; am Rande von Gewässern, auf feuchter Erde, an feuchten Blumentöpfen als grüner Überzug
Cladophora	7–11	in gut durchlüftetem fließendem Wasser; im Winter meist verkrustet
Kraushaaralge (*Ulothrix*)	vorwiegend 4–6	teilweise ganzjährig; bevorzugt reines, sauerstoffreiches Wasser; am sichersten in fließendem Wasser; grüne Strähnen bildend
Baumalge (*Pleurococcus*) *Zoochlorella*	ganzjährig	grüner Überzug auf Baumrinde, Mauern; bedingt grüne Farbe des Süßwasserpolypen
Pediastrum	vorwiegend 6–8	Plankton
Armleuchtergewächse	ganzjährig	7–9 Antheridien und Oogonien; am Boden von Seen, Teichen, Mergelgruben; Rasen bildend; kalkliebend
Euglena	ganzjährig vorw. 6–8	verjauchte Gräben, Tümpel; überlebt sogar Einfrieren
Chlamydomonas	ganzjährig	Plankton pflanzenreicher Seen; in Pfützen, die gelegentlich rot gefärbt werden
Gonium	5–8	Teiche, langsam fließende Gewässer
Volvox	5–9	Eizellen 8–9; Seenplankton
Schwingalge	6–9	in Tümpeln, aber auch in verschmutzten Aquarien

4. Pilze

a) Ständerpilze

	zu finden:	
Ständerpilze	6–10	auf zerfallender organischer Substanz, in Symbiose mit Bäumen, vorwiegend Wälder

Echter Getreiderost	4–6	Bechersporen auf Berberitze
(Schwarzrost)	5–6	rote Sommersporen auf Getreide und anderen Gräsern
	7–8	schwarze Lager von Wintersporen auf Getreide und Gräsern
Erbsenrost	4–6	auf Zypressenwolfsmilch, deren Blätter verkümmern und bräunliche Flecken zeigen
	6–7	Sommersporen auf Erbse und anderen Schmetterlingsblütlern
	7 –9	Wintersporen auf Erbsen u.a.
Schmier- oder Stinkbrand	7–8	zerstört Früchte von Hafer, Gerste, Roggen, Weizen; innen mit einem schwarzen, übelriechenden Pulver (Sporen) erfüllt

b) Schlauchpilze

Mutterkornpilz	4–5	Sklerotien in Roggenähren
	7–8	rötlich-braune Sporenkörper aus Sklerotium
Runzelschorf	7–9	schwarze Flecken auf Ahornblättern
Becherpilz *(Peziza)*	5–11	schüsselförmige, orangefarbige oder braune Fruchtkörper am Boden; in Wäldern und auf Feldern
Pinselschimmel	ganzjährig	auf Brot, Kartoffeln; leicht zu ziehen
Meltau, echter	7–9	weißer mehlartiger Überzug auf den Weinblättern, unter denen braune Flecken entstehen; vorzeitiger Blattfall. Befallene Beeren platzen auf
Meltau, falscher	7–8	gelbliche „Ölflecken" auf den Blättern; auf der Unterseite weißer Schimmel. Blätter trocknen vom Rande her ein und fallen ab. Befallene Beeren schrumpfen lederig zusammen, „Lederkrankheit"
Apfelmeltau	7–8	flockiger, mehliger Überzug, Blätter gerollt
Stachelbeermeltau (amerikanischer)	6–7	Blätter und Beeren bekommen einen anfangs weißen, später braunen Überzug
Schorf *(Fusicladium)*	7–9	auf Äpfeln und Birnen; Blätter: schwarze Flecken; Früchte: schwarze Flecken, Risse
Fruchtfäule *(Monilia)*	6–9	Faulstellen mit im Kreis herum geordneten weißlich-bräunlichen Schimmelpolstern; Bildung von Fruchtmumien
Taschenkrankheit der Pflaumen (Taphrinapilz)	7–8	unreife Früchte werden zu hohlen Gebilden

5. Flechten

Wandflechte	ganzjährig	gelbe, gelappte Lager an Baumstämmen, Brettern, Wänden, Steinen
Schriftflechten	ganzjährig	krustenartige Überzüge auf Bäumen, Felsen
Rindenflechten }	ganzjährig	auf Stämmen und Zweigen von Bäumen, oft
Laubflechten }	ganzjährig	in dicker Schicht
Bartflechten	ganzjährig	lange, bartähnliche Strähnen an Gebirgsbäumen
Isländisches Moos	ganzjährig	trockene Heideflächen, Gebirgswälder
Becherflechten	ganzjährig	trockene Stellen am Boden, Felsen; rote Knöpfchen sind die Fruchtkörper
Rentierflechte	ganzjährig	trockener Wald- und Heideboden

6. Algenpilze

Köpfchenschimmel	ganzjährig	Pferdedung in Petrischale, frisches Brot, feucht gehalten: nach 3–7 Tagen
Pillenwerfer	ganzjährig	nach dem Köpfchenschimmel kommend (in 5–10 Tagen) auf Pferdedung
Kartoffelpilz	7–9	graugrüne Flecken mit zartem, weißem Pilzrasen auf der Blattunterseite; Blätter faulen oder vertrocknen
	10–6	trockene und nasse Kartoffelfäule
Kartoffelkrebs	9–6	bei lagernden Kartoffeln weißliche Wucherungen, die die Kartoffeln in schwarze Masse verwandeln
Wasserschimmel *(Saprolegnia)*	ganzjährig	an toten Insekten, die auf Teichwasser schwimmen; an Kiemen von Fischen
Fliegenschimmel	9–10	an Fliegen

7. Schleimpilze

Lohblüte	ganzjährig	Gerberlohe
Didymium	8–9	von Saubohnenstengeln zu züchten, s. S. 91
andere Schleimpilze	6–10	auf faulendem Holz und dgl. in feuchten Wäldern, oft zartfarbige Fruchtkörper
Kohlhernie	6–10	Kohlwurzeln (Kohlrübenwurzeln mit großen knolligen Anschwellungen; 8–10 Bildung von Dauersporen)

Tabelle III: Die biologische Klassifizierung der Gewässergüte von Flüssen und Bächen

Güteklasse Bezeichnung	Wasser-zustand	O_2-Gehalt (mg/l)	Indikatororganismen und dominierende Arten	Charakterisierung
I oligosaprob	unbelastet bis sehr gering belastet	> 8	Strudelwürmer *(Euplanaria gonocephala, Polycelis cornuta, Planaria alpina)* Hakenkäfer (*Riolus subviolaceus, Helmis maugei* u. a.), Zwergschwimmer *(Oreodytes rivalis)* Larven von Eintagsfliegen (*Ephemera danica, Ecdyonurus venosus, Hydraena belgica, Rhitrogena* u. a.), Steinfliegen *(Leuctra)*, Köcherfliegen (*Silo nigricornis* u. a.) Groppen, Forellen	Stufe der vollendeten Oxidation und Mineralisation (kaum Schlamm). Bakterien nur gering vertreten. Mäßig dicht besiedelter Bereich: Insektenlarven bilden die Nahrungsgrundlage für Edelfische (Forellen). Organismen sehr empfindlich gegenüber O_2- und pH-Wert-Schwankungen und gegenüber Fäulnisstoffen
I–II	gering belastet	> 8	Flohkrebse *(Gammarus, Carinogammarus)* Hakenkäfer (*Limnius tuberculatus, Riolus cupreus* u. a.) Larven von Köcherfliegen (*Anabolia nervosa, Hydroptila* u. a.), Steinfliegen *(Perla)*, Eintagsfliegen *(Ephemerella ignita, Baetis)*, Schnepfenfliegen *(Atherix ibis)* Mützenschnecken Groppen	Wasser klar und nährstoffarm. Edelfischgewässer

Fortsetzung Tabelle III

Güteklasse Bezeichnung	Wasser- zustand	O_2-Gehalt (mg/l)	Indikatororganismen und dominierende Arten	Charakterisierung
II beta-meso-saprob	mäßig belastet	> 6	Algen: *Vaucheria, Cladophora* Pflanzen: Quellmoos, Wasserstern, Tausendblatt, Krauses Laichkraut, Haarblättriger Hahnenfuß Strudelwürmer (weißer Strudelwurm, *Planaria torva, Polycelis tenius*) Moostierchen *(Plumatella repens)* Schneckenegel Schwimmkäfer *(Platambus maculatus)*, Wassertreter *(Brychius elevatus)* Larven von Kriebelmücken, Köcherfliegen (z.B. *Hydropsyche, Polycentropus, Rhyacophila*), Blauflügel-Prachtlibellen Deckelschnecken, Tellerschnecken *(Gyraulus albus, Planorbis)*, Kugelmuscheln, Erbsenmuscheln Schmerlen	Verstärkte Oxidation und Mineralisation, keine Faulschlammbildung. Sehr reich an Algen und höheren Wasserpflanzen. Laichgewässer für Amphibien. Organismen empfindlich gegen O_2- und pH-Wert-Schwankungen
II–III	kritisch belastet	> 4	Einzeller: Trompetentierchen *(Stentor coeruleus)*, Glockentierchen *(Vorticella campanula)* Pflanzen: Schraubenbandalge *(Spirogyra)*, Kamm-Laichkraut Pferdeegel, Plattegel, Rollegel Wasserasseln Wassertreter *(Haliplus lineatocollis)*	Wasser stets leicht getrübt infolge Belastung mit organischen Stoffen. Insektenlarven reich vertreten, aber keine Steinfliegenlarven. Meist Massenentwicklung einzelner Arten. Ertragreiche Fischgewässer ohne Edelfische. Sauerstoffzehrung kann gelegentlich zu Fischsterben führen.

Fortsetzung Tabelle III

Güteklasse Bezeichnung	Wasserzustand	O_2-Gehalt (mg/l)	Indikatororganismen und dominierende Arten	Charakterisierung
III alpha-mesosaprob	stark verschmutzt	> 2	Abwasserbakterien *(Sphaerotilus natans)* Einzeller: Glockentierchen *(Carchesium)* Pantoffeltierchen *(Paramecium aurelia)* Pflanzen: Teichfaden Schwämme Rädertierchen Rollegel, *Nais*-Arten, Schlammröhrenwürmer *(Tubifex)* Schlammschwimmer *(Ilybius fuliginosus)* Larven von Waffenfliegen, Roten Zuckmücken	Hohe Bakterienzahlen, Massenentwicklung von Grünalgen. Höhere Wasserpflanzen fehlen meist. Einige Fischarten (Schleie, Aal, Karpfen, Karausche) gedeihen gut. Brauner Schlamm (Oxidation des Schwefeleisens zu Eisenoxyhydrat). Gelegentlich auch Faulschlamm. Periodisches Fischsterben infolge O_2-Mangels
III–IV	sehr stark verschmutzt	< 2	Abwasserbakterien Pantoffeltierchen *(Paramecium caudatum)* Von höheren Tieren höchstens noch: Rattenschwanzlarven (Schwebfliegen), Rote Zuckmückenlarven, *Tubifex*	Untergrund meist schlammig (Faulschlamm). Reich an Bakterien und bakterienfressenden Geißel- und Wimpertierchen. Oft Massenentwicklung von *Tubifex*. Fische fehlen.
IV polysaprob	übermäßig verschmutzt	< 2	Augentierchen *(Euglena viridis)* Von höheren Tieren höchstens noch: Rattenschwanzlarven, Rote Zuckmückenlarven, *Tubifex*	Wenige, gegen H_2S und Ammoniak resistente Organismen meist in hoher Zahl. Massenentwicklung von Bakterien. Fäulnisprozesse überwiegen. Schwarzer Schlamm (Schwefeleisen). Der „Abwasserpilz" (Abwasserbakterie) bildet ausgedehnte schleimige, fellartige Überzüge

Tabelle IV: Wann und wo finde ich das Tier?

Wirbeltiere sind nicht berücksichtigt.
Die Ziffern geben die Monate an: 5–8 heißt also Mai bis August.
Über die geschützten Arten informiere man sich in der Bundesartenschutzverordnung.

Namen	Ei	Raupe	Puppe	Schmetterling	überwintert als
1. Schmetterlinge					
Schwalbenschwanz	5–6; 8 an Doldengewächsen	5–6; 8–9 Möhre, Dill u. a. Doldengewächse	6–7; 8–4 Gürtelpuppe	4–6; 7–8	Puppe der 2. Generation
Baumweißling	6–7 Obstbäume	8–10 und 4–5 Obstbäume, Schlehe, Weißdorn	5–6; Gürtelpuppe	6–7	Jungraupen in Gespinsten an Obstbäumen, Weißdorn
Kohlweißling	Unterseite von Kohlblättern	6–7; 8–10 an Kreuzblütlern, vorwiegend Kohlarten	7; 8; 10–5 Gürtelpuppe	4–6; 7–8; 9–10	Puppe der Herbstgeneration
Aurorafalter	5	5–7; Wiesenschaumkraut	8–4	4–6	Puppe
Zitronenfalter	6	6–7; Faulbaum	7; Gürtelpuppe an Zweigen	7–6 (11 Monate!)	Falter; unter Blättern, Dachböden
Kuhauge	8 zwischen Gräsern	9 überwinternd 5 Gräser	5–6	5–8	Raupe
Admiral	6–8	6–10; Brennesseln, in gefaltetem Blatt	9–10 Stürzpuppe	5–6; 7–8; 9–10 an süßen Früchten	Wandern im Frühjahr aus dem Süden ein, im Herbst zurück
Distelfalter	6–8	6–10; Disteln, Brennnesseln, Melden u. a.	9–10 Stürzpuppe	6; 7–10 Einwanderer	Wandern im Herbst nach Süden zurück

Forts. Tab. IV: Wann und wo finde ich das Tier?

Namen	Ei	Raupe	Puppe	Schmetterling	überwintert als
Kleiner Fuchs	5; 7	5–6; 7–8; Brennesseln	Stürzpuppe	6–7; 8 überwinternd –5–6	als Falter
Großer Fuchs		5–7; Obstbäume, Weide, Ulme	7; Stürzpuppe	7– überwinternd –5 Gärten, Wälder	als Falter
Tagpfauenauge		5–7; Brennesseln, Hopfen	7; Stürzpuppe	7– überwinternd –5	als Falter (♀), oft in Häusern
Trauermantel		6–7; Weide, Birke, Pappeln	7; Stürzpuppe an Zweigen oder Rinde	7– überwinternd –6	als Falter
C-Falter		5–6; 7–8; Brennesseln Weiden, Johannisbeeren u. a.	6; 8; Stürzpuppe	6–7; 8–überwinternd –6	als Falter
Kaisermantel	9 an Baumrinde in Nähe von Veilchen	4–6 Waldveilchen (Himbeere)	6 Stürzpuppe	6–9 Waldwege	Ei; bodennah an Baumrinde
Landkärtchen	5; 7	6–7; 8–9 gesellig auf Brennesseln	Stürzpuppe	4–6 Frühjahrsform 7–8 Sommerform	Puppe
Bläulinge		asselförmig, vielfach von Ameisen wegen Honigdrüse besucht	6–7 und 9– überwinternd –5	oft 2 Generationen 4–6; 7–8 Geschl.-dimorphismus	Ei, Raupe oder Puppe
Totenkopf		8–10, Nachtschattengewächse	10–5; in Erde; stirbt bei uns	6–7 aus Süden einwandernd	Puppe
Windenschwärmer		8–10; Ackerwinde	10–5; Erdhohle	6; 8–9; an stark duftenden Pflanzen Phlox, Tabak	Puppe

Forts. Tab. IV: Wann und wo finde ich das Tier?

Namen	Ei	Raupe	Puppe	Schmetterling	überwintert als
Ligusterschwärmer		6–9; Liguster, Flieder, Esche	9–6; Erdhöhlen	5–7	Puppe
Kiefernschwärmer	5–6; an Kiefernnadeln	6–10; Kiefern, Fichten, Lärchen	10–5; Erdhöhlen	5–7; oft an Stämmen in 1–2 m Höhe	Puppe unter Moos in Stammnähe
Lindenschwärmer		7–9; Linde, Birke, Erle, Ulme	9–5; Erdhöhlen	5–7; am Fuß von Linden	Puppe
Wolfsmilchschwärmer		7–8; selten 9–10 Wolfsmilcharten	9–6; Erdhöhlen	6–7; 9	Puppe
Abendpfauenauge		6–9; Weiden, Pappeln, Apfel	9–6	6–7	Puppe
Weinschwärmer		6–8; Labkraut, Weidenröschen	9–5	5–6	Puppe
Taubenschwanz		6–8; Labkraut		7–10, dann abwandernd	Puppe
Hausmütterchen		9– überwinternd –5 an niedrigen Pflanzen		6–7; 8–9; zeitweise in Wohnungen	Raupe
Kohleule		7–8; 9 an Salat, Rüben, Kohl („Herzwurm“)	in Erde überwinternd	5–6; 8–9	Puppe
Moderholzeule		6–8 an niederen Pfl.		8– überwinternd 6	Schmetterling
Rotes Ordensband		5–6 Pappeln, Weiden	in leichtem Gesp.	7–9	Ei
Kiefern- oder Forleule		5–7, Kiefern	überwintert im Moos	3–5, am Tage fliegend	Puppe

Forts. Tab. IV: Wann und wo finde ich das Tier?

Namen	Ei	Raupe	Puppe	Schmetterling	überwintert als
Apfelwickler	4 8	5–6 oder 5–4 8–10	7 4	8 4–5	Raupe der 1. oder 2. Generation
Traubenwickler		5–6 Heuwurm an Blüten 8–9 Sauerwurm an Beeren	überwintert	4–5; 7–8 fliegt bei Dämmerung	Puppe
Mondfleck		6–10, gesellig, Linde, Eiche, Weide, Birke, Pappel	in Erdhöhlen	5–7 Kulturfolger	Puppe
Eichenprozessionsspinner	9–5	5–7, Gespinstnester an Eichen; „Prozessionen“	im Gespinst	8–9; in Kronen von Eichen fliegend	Ei
Kiefernprozessionsspinner		5–6, gesellig im Gespinst; „Gänsemarsch“	im Boden; viele direkt beieinander	8	Puppe
Schwammspinner	9–5, mit bräunlicher Wolle bedeckt	5–6	6–7, in Rindenspalten zwischen Blättern	7–9, Geschlechtsdiphormismus	Ei
Nonne	Zu 15–25 Stück an Rinde	4–6, Kiefer, Fichte	6–7; am Stamm mit Fäden gehalten	7–8	Ei
Goldafter	auf Blattunterseite mit Afterwolle bedeckt	8– überwinternd –5 gemeinsam in Raupennestern; Eiche, Obstbäume	Zwischen Blättern	7–8	Raupe

Forts. Tab. IV: Wie und wo finde ich das Tier?

Namen	Ei	Raupe	Puppe	Schmetterling	überwintert als
Ringelspinner	8– überw. –4 Ringe an dünnen Zweigen 100–300 Eier	4–6; Laubholz, Obstbäume	Gelblichweißer Kokon zwischen Blättern	6–8; Kulturfolger	Eier im Ring
Kiefernspinner		8 im Boden zwischen Nadeln überwinternd –6	6–7, längliche Kokons an Zweigen	6–7, Kiefernwälder	Raupe
Kleines Nachtpfauenauge	in Ringen um dünne Zweige	5–8, Schlehen, Rosen, Brombeere, Weißdorn	8–4; Kokon mit „Reuse“ an Sträuchern	4–5	Puppe
Brauner Bär		8– überwinternd –5 auf Wiesen, an niederen Pflanzen	in Gespinst	7–8	Raupe
Gemeiner (kleiner) Frostspanner		3–6, Laubbäume	6–10, in der Erde	10–12, ♀ fliegt nicht; Flügelstummel	Ei
Großer Frostspanner		5–6, Laubbäume, Obstbäume		10, 11	Ei
Stachelbeerspanner		8– unter Laub überwinternd –6, Obstgärten	6, in Blättern eingesponnen	6–8	Raupe

Forts. Tab. IV: Wann und wo finde ich das Tier?

	Monat	Tageszeit	Lebensraum
2. Käfer			
Maikäfer	5	Dämmerung	Baumkronen; Käfer schlüpft im Herbst
Junikäfer	6	abends	Baumkronen
Mistkäfer	3–10	ganztägig	Waldwege, vielfach an Tierkot
Nashornkäfer	6–7	Dämmerung	Mistbeete, Komposthaufen; dort die sehr großen Engerlinge
Hirschkäfer	6–7	Dämmerung	Blutende Bäume, vor allem Eichen
Laufkäfer	5–8	Dunkelheit	tagsüber unter Moos, morscher Rinde
Sandlaufkäfer	5–8	Sonnenschein	sandige Feld- und Waldwege, Kies- und Sandgruben
Puppenräuber	3–11	ganztägig	Wälder (Kiefern, Eichen); oft an Bäumen kletternd; überwintert
Totengräber	4–10	tagsüber	Tierleichen, Dung
Saatschnellkäfer	6–9	tagsüber	Getreidefelder, Feldraine
Gelbrand	3–10	ganztägig	zwischen Wasserpflanzen; Eiablage 4–5; fliegt 6 und 8–10 über Land
Kolbenwasserkäfer	3–10	ganztägig	zwischen Wasserpflanzen; Tümpel
Taumelkäfer	4–10		Jungkäfer 8–9; im Ufermoos oder am Grunde des Wassers überwinternd
Apfelblütenstecher	5	ganztägig	überwintert
Fichtenrüßler	8–10		Eiablage 4–5; überwintert
Kornkäfer	ganzj.		bei Temperaturen über 12 °C beweglich, darunter Starre
Rebenstecher	4–5		Weinreben, Laubhölzer
Buchdrucker	4–5		bevorzugt kranke Fichten!
Großer Pappelbock	6–7	tagsüber	Pappeln, Weiden
Hausbock	7–8		Nadelholz, auch lagerndes
Kartoffelkäfer	6–10	ganztägig	überwintert in Erde; sobald Kartoffeln beblättert, am Kraut
Pappelblattkäfer	5	ganztägig	Weiden, Pappeln
Erdflöhe		ganztägig	an Pflanzen; überwinternd
Leuchtkäfer	6–8	fliegen an warmen Abenden	flügelloses Weibchen im Gras
Ölkäfer	3–5	Dämmerung, auch tagsüber	im Gras, an Kräutern

Forts. Tab. IV: Wann und wo finde ich das Tier?

	Monat	Lebensraum
3. Hautflügler		
Erdbienen	4–7	Nest in Erdlöchern
Mörtelbienen	6–8	Mörtelnester an Mauern, Felsen; bis Größe eines Hühnereies
Blattschneidebienen	Ende 6–8	tapezieren Zellen (in Mauerlöchern) mit Rosenblattausschnitten
Spinnentöter	5–8	graben Löcher in sandigen Wegen, tragen Spinnen ein
Sandwespen	6–8	graben Nester in Sandboden; tragen Raupen ein
Erdhummel	♀ 4; ♂ 7	in Mauerlöchern; nur einzelne Weibchen überwintern; kurzrüßlig; „Blüteneinbrecher"
Ackerhummel	♀ 4; ♂ 8	Nest in Mauerritzen, Vogelnestern; bevorzugt Lungenkraut, Taubnesseln, Geißklee
Wiesenhummel	♀ 3; ♂ 5	unter Moos, in Eichhornnestern; ♀ bevorzugt Stachelbeere, ♂ Himbeere und Brombeere
Hornisse	♀ 5; ♂ 7	rundliche Bauten in hohlen Bäumen; fressen Insekten, Baumsaft
Gemeine Wespe	♀ 5; ♂ 7	rundliche Papiernester; fressen Insekten, Früchte
Kohlraupenschlupfwespe	7–10	Kokons an sich verpuppenden Kohlraupen
Eichen-Gallwespe	7; 11 nur ♀	Frühjahrsgeneration sticht Blätter an: kugelige Blattgallen; Herbstgeneration sticht Knospen an
Rosengallwespe	4–8	sticht nur wilde Rosen an
Kiefernblattwespe	4–5 u. 7–8	Larven der 2. Generation überwintern. Kiefernwälder
Stachelbeerblattwespe	4–5 u. 8	Larven an Stachelbeer- und Johannissträuchern
4. Fliegen		
Stechfliege	8–9	Entwicklung im Kuhdung
Rinderbremse	6–9	Larven entwickeln sich in der Erde
Raupenfliegen	6–9	Weinberge
Schwebfliegen	4–6	fliegen im Sonnenschein; Rattenschwanzlarven in Jauchegruben und verschmutztem Wasser
5. Netzflügler		
Ameisenjungfer	7–8	fliegt abends, tagsüber an Zweigen; Ameisenlöwen überwintern; Trichter 4–7
Florfliege	8–6	überwintert in Häusern, unter Baumrinde; im Sommer Blattlausjagd

Forts. Tab. IV: Wann und wo finde ich das Tier?

	Monat	Lebensraum
6. Schnabelkerfe		
Feuerwanze	4–10	Larven bereits im April
Beerenwanze	4–10	
Rückenschwimmer	4–10	Wasser; manche Arten überwintern ausgewachsen; 9–10 oft fliegend
Wasser-Skorpion	4–10	Vollinsekten überwintern; Eiablage: 5; Larvenzeit beendet: 9
Wasserläufer	3–11	Vollinsekten überwintern
Schaumzikade	6–7	während des Larvenstadiums an Kräutern, 5–10
Blutrote Singzikade	6–7	in Weinbergen, ♂ metallisch surrend; Larven in Schlehen
Blattläuse	4–10	so lange Blätter vorhanden sind; Eier überwintern; fliegende Generation 7
Blutlaus	5–10	Apfel, Birne; weiße Wachsausscheidung; überwintern als Larve unter Rinde
Fichtenlaus	7–9	siedelt sich im Herbst an; Ananasgallen
Reblaus	ganzjährig	Wurzelläuse überwintern am Weinstock
7. Geradflügler		
Grüne Laubheuschrecke	7–10	Larven ab 5; zirpt an warmen Abenden; Bäume, Gebüsch, Kartoffeläcker
Warzenbeißer	7–9	zirpt am Tage; feuchte Wiesen, Kleefelder
Oedipoda (rotflüglige Feldheuschrecke)	7–9	sonnige Hänge; fliegt ohne Schnarren auf
Maulwurfsgrille	7–10	überwintern als Larven; feuchte Felder, Gärten; kommen nachts an die Oberfläche
Feldgrille	5–7	trockene Wiesen, sandige Äcker, in Erdhöhlen
Heimchen	ganzjährig	alle Stadien gleichzeitig, in Küchen, Backstuben usw.
Schabe (amerik.)	ganzjährig	in warmen Räumen; Entwicklung 2–3 Jahre
Ohrwurm	ganzjährig	nur Weibchen überwintern und bewachen Junge
8. Köcherfliegen		
Köcherfliege	5–9	auf Pflanzen in der Nähe der Gewässer; Larven ganzjährig im Wasser
9. Libellen		
Coenagrion puella	5–9	stehende, langsam fließende Gewässer
Prachtlibellen *(Calopteryx virgo)*	5–9	Bäche mit reichem Uferbewuchs

Forts. Tab. IV: Wann und wo finde ich das Tier?

	Monat	Lebensraum
Blaue Libelle	7–10	kleinere Teiche; Weibchen oft weit vom Wasser entfernt
Vierfleck-Libelle *(Libellula quadrimaculata)*	6–8	Verbreiter eines Leberegels; Wanderzüge bekannt!
10. Eintagsfliegen		
Eintagsfliege *(Ephemera)*	7–8	warme Abende, an langsam fließenden Gewässern
Uferaas *(Polymitarcis)*	7–8	warme Abende
11. Tausendfüßler		
Steinkriecher	3–11	unter Steinen, am Boden liegendem Holz
Gemeiner Tausendfuß Kugel-Tausendfuß	ganzjährig	unter Steinen, Borke, alten Brettern; beide rollen sich bei Störungen zusammen
12. Spinnen		
Kreuzspinne	4–10	ausgewachsene Tiere im Herbst; Gebüsch, Mauerwinkel
Hausspinne	ganzjährig	Nester in Ecken von Zimmern, Ställen usw.
Wolfsspinnen	3–10	6–8 mit Eikokons, Felder, Wege, am Waldrand; am Boden laufend, Kokons mit sich schleppend
Springspinnen	3–5	z. B. Harlekinsspinnen; an sonnenbeschienener Rinde, in Weinbergen
Krabbenspinnen	4–10	10 Altweibersommer! oft auf Blüten, Blättern; im Frühjahr auf besonnter Rinde
Wasserspinne	ganzjährig	klares Wasser mit vielen Kleinlebewesen
Weberknechte	5–10	Dämmerungstiere, Mauern, alte Bäume; im Herbst in die Häuser kommend
Bücherskorpione	ganzjährig	in alten Büchern, zwischen alten Zeitungen
Samtmilbe	5–10	
Wassermilbe	ganzjährig	in allen Gewässern, oft auffällig gefärbt
Käfermilben	4–10	Käfer als Reittier benutzend; vor allem an Mistkäfern
Vogelmilben	ganzjährig	in der Streu von Hühnerställen, in Taubennestern; saugen nachts
Zecken	5–9	auf Farnen, Sträuchern; vorwiegend in Wäldern und Heiden

Forts. Tab. IV: Wann und wo finde ich das Tier?

	Monat	Lebensraum
13. Krebse		
Flußkrebs	ganzjährig	unter überhängenden Uferböschungen, Dämmerungstiere;
Wollhandkrabbe	ganzjährig	zur Nord- und Ostsee gehende Ströme
Kiemenfuß *(Triops)*	3–10	Tümpel der offenen Landschaft
Echter Kiemenfuß *(Branchipus)*	5–9	flache, austrocknende Tümpel, auf lehmigem Boden
Wasserflöhe	fast ganzjährig	viele Arten überwintern als Ei; in Gewässern aller Art
Hüpferlinge	ganzjährig	Gewässer aller Art, auch kleinste Tümpel
Muschelkrebse	ganzjährig	vorwiegend 4–10; pflanzenreiche Gewässer
Wasserasseln	ganzjährig	langsam fließende und stehende Gewässer
Flohkrebs	ganzjährig	Gewässer mit nicht zu niedrigem Sauerstoff- und Kalkgehalt, oft unter hohlliegenden Steinen
Kellerassel (Mauerassel), Rollassel	ganzjährig	an feuchten Stellen, unter Brettern, hohlliegenden Steinen

14. Weichtiere

a) Schnecken

Vorwiegend von Mai bis September, am besten bei feuchtem Wetter; in Trockenperioden verkriechen sich manche Arten oder fallen in Trockenstarre. Für die unterrichtliche Behandlung sind alle größeren Formen gut geeignet, auf die Art kommt es nicht an.

Weinbergschnecke	5–10	bevorzugt kalkigen Untergrund; in Erdnähe, weniger auf Bäumen; überwintert (mit Deckel!) in der Erde
Hainschnirkelschnecke	5–10	lichte Wälder, Gärten, Parks, Friedhöfe
Gartenschnecke	5–10	lichte Wälder, Gebüsche, Hecken; seltener in Nähe menschlicher Siedlungen
Baumschnecke	5–10	feuchte Laubwälder, Gebüsche mit reichen Krautbeständen
Bernsteinschnecke	4–11	an Uferpflanzen, in feuchten Wiesen, Auwäldern, vorwiegend bei hoher Luftfeuchtigkeit
Große Wegschnecke	5–10	feuchte Wälder, Gebüsche, vorwiegend in Bodennähe
Ackerschnecke	4–10	Schädling in Gärten; im Sommer zahlreich
Egelschnecke	ganzjährig	in feuchten Kellern
Schlammschnecke	ganzjährig	stehende oder langsam fließende, pflanzenreiche Gewässer; sehr gefräßig!

Forts. Tab. IV: Wann und wo finde ich das Tier?

	Monat	Lebensraum
Tellerschnecke	ganzjährig	stehende oder langsam fließende pflanzenreiche Gewässer
Sumpfdeckelschnecke	ganzjährig	am Grund stehender Gewässer, vor allem der Ebene
b) Muscheln		
Flußmuschel	ganzjährig	im Sande von Flüssen, Gräben, Seen, Teichen
Teichmuschel	ganzjährig	in stehenden oder langsam fließenden Gewässer
Dreiecksmuschel	ganzjährig	an Steinen, Pfählen mit Byssusfäden angeheftet
15. Würmer		
Regenwurm	4–10	im Winter tief im Boden; beste Sammelzeit 4/5
Schlammröhrenwurm *(Tubifex)*	ganzjährig	Schlamm- und Sandboden von Gewässern
Naïden	3–10	an Wasserpflanzen und im Schlamm stehender Gewässer; Tierketten!
Blutegel, mediz.	ganzjährig	moorige Weiher und Seen
Pferdeegel	ganzjährig	stehende und fließende Gewässer
Fischegel	ganzjährig	in pflanzen- und fischreichen Gewässern; oft an Fischen sitzend; mit Wasserpflanzen ins Aquarium kommend
Rundwürmer	ganzjährig	leicht zu züchten an einem toten, auf Blumenerde liegenden Regenwurm
Strudelwürmer		
Rhabdocoele	6–9	stehende, pflanzenreiche Gewässer mit höheren Temperaturen
Tricladen	ganzjährig	kühles, fließendes Wasser (Bäche, Quellen), lichtscheu; unter Steinen, Blättern
16. Nesseltiere		
Süßwasserpolyp	5–9	Eibildung beim grünen S. durch Erwärmung des Wassers ausgelöst (Frühjahr); bei anderen Arten durch Abkühlung (Herbst). Während der kühlen Jahreszeit viele Arten am Grund des Gewässers
17. Schwämme		
Süßwasserschwämme	5–10	viele überwintern als Gemmulae (Bildung 9, 10); Samen- und Eizellen 6–7

Forts. Tab. IV: Wann und wo finde ich das Tier?

	Monat	Lebensraum
18. Einzeller		
Nackte Amöben	ganzjährig	Polster von Laub- und Torfmoosen, Schlamm kleiner Gewässer, auf Wasserpflanzen, Pfählen usw.
Amoeba vespertillio		an der Oberfläche algenreicher Gewässer
Amoeba proteus		fauliges, bakterienreiches Wasser
Pelomyxa palustris		sehr stark faulende Gewässer
Beschalte Amöben	ganzjährig	Schlamm, aber auch in Moosen, Torfmoosen usw. Aufgüsse auf Kompost, Dung usw. Laufende Kontrolle nötig, da nur vorübergehend beschalte Amöben auftreten!
Arcella		häufig an veralgten Aquarienscheiben
Difflugia	5–10	in sauren Torfmoosrasen
Heliozoen	5–10	nur in Gewässern: an Wasserpflanzen, im Schlamm, im Plankton
Augentierchen *(Euglena)*	ganzjährig	verjauchte Gräben, Tümpel, überlebt sogar Einfrieren
Pantoffeltierchen	ganzjährig	Aufgüsse von Schlamm aus Teichen, Kompost, Dünger, Strohhäcksel, Salatblättern; läßt sich in 0,02%iger Fleischextraktlösung züchten
Vorticella, Stentor	ganzjährig	in gut bewachsenen Aquarien oft an Pflanzen sitzend

Tabelle V: Zugzeiten und Winteraufenthalt einheimischer Vögel

Die Ziffern 1, 2, 3 unter den Monatsnamen geben an: erstes, zweites, drittes Drittel des Monats.

Name	Februar			März			April			Mai			August			Sept.			Okt.			Nov.			Winteraufenthalt
	1	2	3	1	2	3	1	2	3	1	2	3	1	2	3	1	2	3	1	2	3	1	2	3	
Buchfink				×	×	×	×	×	×							×	×	×	×	×	×				i.a. ♀ nach Süd-Eur.; ♂, bisweilen auch ♀, hierbleibend
Heidelerche	×	×	×	×	×	×										×	×	×	×	×	×				Süd-Eur. bis Nord-Afr., in S-Deutschland teilweise Standvögel
Baumpieper								×	×							×	×	×							Mittelmeerländer, Afr. südl. d. Sahara bis Rhodesien
Wiesenpieper				×	×	×	×	×	×	×	×	×				×	×	×	×	×	×	×	×	×	Mittelmeerländer
Weiße Bachstelze				×	×	×													×	×	×				trop. Afrika
Schafstelze							×	×	×				×	×	×	×	×	×							trop. u. südl. Afrika
Neuntöter									×	×						×	×	×							Mittelafrika
Gartengrasmücke										×	×	×				×	×	×							Afrika
Mönchsgrasmücke								×	×	×	×	×				×	×	×	×	×	×	×	×	×	S-Europa bis Mittelafrika
Zaungrasmücke								×								×	×	×	×	×	×				N- und NO-Afrika
Dorngrasmücke									×	×	×	×				×	×	×							tropisches Afrika
Zilpzalp					×											×	×	×	×	×	×	×	×	×	N- und NW-Afrika
Fitis-Laubsänger								×								×	×	×	×	×	×				Mittelmeerl. u. ganz Afrika
Waldlaubsänger									×	×					×	×	×	×							Kamerun, Oberguinea, Kongo, Abessinien
Schilfrohrsänger							×	×	×							×	×	×	×	×	×				Erythraea, Abessinien bis Transvaal
Drosselrohrsänger									×				×	×	×	×	×	×							fast ganz Afrika
Gelbspötter										×			×	×	×										trop. Afrika, südl. des Äquators
Misteldrossel	×	×	×	×	×	×	×	×	×										×	×	×	×	×	×	Mittelmeerländer; einige sind bei uns Standvögel

Forts. Tab. V: Zugzeiten und Winteraufenthalt einheimischer Vögel

Name	Februar			März			April			Mai			August			Sept.			Okt.			Nov.			Winteraufenthalt
	1	2	3	1	2	3	1	2	3	1	2	3	1	2	3	1	2	3	1	2	3	1	2	3	
Singdrossel	×	×	×	×	×	×										×	×	×	×	×	×				S-Eur. (besonders S-Spanien), seltener in N-Afrika
Wacholderdrossel				×	×	×	×	×	×	×									×	×	×	×	×	×	N-Afrika
Nachtigall									×						×	×	×	×							Mittel- und W-Afrika
Rotkehlchen				×	×	×										×	×	×	×	×	×				S-Eur. bis N-Afrika, etliche in S-Deutschland
Gartenrotschwanz							×												×	×	×				Zentralafrika
Hausrotschwanz				×															×	×	×				S-Europa und N-Afrika
Steinschmätzer						×	×	×	×	×					×	×	×	×	×	×	×				Steppengeb. d. trop. Afrikas
Heckenbraunelle				×	×	×	×	×	×							×	×	×	×	×	×				z. T. Standvogel; S-Frankr., Spanien NW-Afrika
Trauerfliegenschnäpper								×	×	×					×	×	×	×	×						S-Afrika
Rauchschwalbe							×									×	×	×	×	×	×				ganz Afrika
Hausschwalbe (Mehlschwalbe)																									über Italien n. O-Afrika; über Spanien n. W-Afrika (Oberguinea)
Uferschwalbe								×	×	×			×	×	×	×	×	×	×						Afrika
Kuckuck							×	×	×				×	×	×	×	×	×							Mittel- bis S-Afrika
Ziegenmelker							×	×	×	×	×	×	×	×	×	×	×	×							S-Afrika
Mauersegler									×	×			×												ganz Afrika
Wiedehopf								×								×	×	×	×	×	×				Afrika
Star			×	×	×	×													×	×	×	×	×	×	S-Eur.; einige N-Afrika, viele in Deutschland Standvögel
Pirol									×	×						×									ganz Afrika
Wendehals								×	×	×					×	×	×	×							N- und Mittelafrika
Sperber				×	×	×	×	×	×						×	×	×	×	×	×	×				Mittelmeergebiet bis trop. Afrika

Forts. Tab. V: Zugzeiten und Winteraufenthalt einheimischer Vögel

Name	Februar			März			April			Mai			August			Sept.			Okt.			Nov.			Winteraufenthalt
	1	2	3	1	2	3	1	2	3	1	2	3	1	2	3	1	2	3	1	2	3	1	2	3	
Turmfalke	×	×	×	×															×	×	×	×	×	×	Zentralafrika; in wärmeren Gegenden auch bei uns
Mäusebussard				×	×	×	×	×	×							×	×	×	×	×	×				in Mittel- u. Ostdeutschland Strich- oder Zugvogel; nach der Küste zu Standvogel
Schwarzer Milan						×	×									×	×	×							trop. u. südl. Afrika
Roter Milan							×											×	×	×	×				SW-Europa, N-Afrika
Kranich						×	×	×	×													×	×	×	oberes Niltal
Storch	×	×	×	×	×	×	×	×	×				×	×	×	×	×	×							Mittel- und S-Afrika
Fischreiher				×	×	×	×	×	×							×	×	×	×	×	×				Afrika
Zwergrohrdommel									×	×					×	×	×	×	×	×	×	×	×	×	O-Afrika bis Kapland
Graugans				×	×	×										×	×	×	×	×	×				S-Europa und N-Afrika
Stockente	×	×	×	×	×	×	×						(Juli)		×	×	×	×							SW-Eur. bis trop. Afrika
Krickente				×	×	×	×	×	×							×	×	×	×	×	×				SW-Europa, N-Afrika
Knäkente						×	×	×	×				×	×	×	×	×	×							Mittelmeer, trop. Afrika
Spießente						×	×	×	×							×	×	×	×	×	×				Mittel- bis W-Europa, trop. und O-Afrika
Löffelente						×	×	×					×	×	×	×	×	×							Mittelmeer bis trop. Afrika
Haubentaucher				×	×	×	×	×	×										×	×	×	×	×	×	Mittelmeerländer
Kiebitz				×									×	×	×	×	×	×	×	×	×				S-Europa bis N-Afrika
Brachvogel							×	×	×				(Juli)		×	×	×	×	×	×	×				S-Afrika. Viele ziehen nur durch Deutschland hindurch
Waldschnepfe				×	×	×	×	×								×	×	×	×	×	×				S-Europa und NW-Afrika
Bekassine				×	×	×	×	×	×				(Mitte Juli)			×	×	×	×	×	×	×	×	×	SW- und SO-Europa, Mittel- und N-Afrika
Wasserralle				×	×	×	×	×	×						×	×	×	×	×	×	×	×	×	×	Mittelmeergebiet
Bläßhuhn	n. d. Schnee-schmelze																		×	×	×	×	×	×	S-Europa. An offenem Wasser auch in Deutschland

Forts. Tab. V: Zugzeiten und Winteraufenthalt einheimischer Vögel

Name	Februar			März			April			Mai			August			Sept.			Okt.			Nov.			Winteraufenthalt
	1	2	3	1	2	3	1	2	3	1	2	3	1	2	3	1	2	3	1	2	3	1	2	3	
Lachmöwe				×	×								(Ende Juli)			×	×	×							Mittelmeer. An offenem Wasser auch bei uns
Wachtel												×		×	×	×	×	×	×	×	×				Viele auf Halbinseln S-Europas, Mehrzahl nach Afr. (bis Kapland)
Ringeltaube					×																×				S-Europa bis N-Afrika. In S-Deutschland Standvogel
Turteltaube									×	×			×	×	×	×	×	×							N-Afrika

Tabelle VI: Brutzeit einheimischer Vögel

(Zusammengestellt nach verschiedenen Autoren)
Die Ziffern 1, 2, 3 unter den Monatsnamen geben an: erstes, zweites, drittes Drittel des Monats.

Name	März			April			Mai			Juni			Juli			August		
	1	2	3	1	2	3	1	2	3	1	2	3	1	2	3	1	2	3
Haubentaucher						×	×	×	×	×	×	×	×	×	×			
Fischreiher			×	×	×	×	×	×	×	×	×							
Weißstorch				×	×	×	×	×	×									
Höckerschwan				×	×	×	×	×	×									
Brandgans								×	×	×	×	×	×					
Krickente							×	×	×	×	×	×						
Stockente	×	×	×	×	×	×	×	×	×									
Knäkente				×	×	×	×	×	×	×	×	×						
Mäusebussard			×	×	×	×	×	×	×	×	×	×	×					
Sperber							×	×	×	×								
Roter Milan				×	×	×	×	×	×	×	×	×						
Schwarzer Milan				×	×	×	×	×	×									
Turmfalke				×	×	×	×	×	×	×	×	×	×	×				
Rebhuhn					×	×	×	×	×	×	×	×	×					
Fasan			×	×	×	×	×	×	×	×	×	×						
Teichhuhn					×	×	×	×										
Bläßhuhn						×	×	×	×									
Austernfischer							×	×	×	×	×							
Flußregenpfeifer						×	×	×	×	×	×	×	×					
Bekassine						×	×	×	×	×	×	×	×	×	×			
Waldschnepfe				×	×	×	×	×	×	×	×	×	×	×	×			
Großer Brachvogel				×	×	×	×											
Lachmöwe						×	×	×	×	×	×	×	×					
Ringeltaube						×	×	×	×	×	×	×	×	×	×	×		
Waldkauz		×	×	×	×	×	×	×	×									
Waldohreule		×	×	×	×	×	×	×										
Ziegenmelker							×	×	×	×	×	×						
Mauersegler							×	×	×	×	×	×						
Wiedehopf							×	×	×	×	×	×						
Grünspecht					×	×	×	×	×	×	×							
Buntspecht									×	×	×	×	×	×	×			
Wendehals							×	×	×	×	×	×						
Heidelerche	×	×	×	×	×	×	×	×	×	×	×	×	×	×	×			
Feldlerche	×	×	×	×	×	×	×	×	×	×	×	×	×	×	×	×	×	×
Rauchschwalbe				×	×	×	×	×	×	×	×	×	×	×	×	×	×	×
Mehlschwalbe				×	×	×	×	×	×	×	×	×	×	×	×	×	×	×
Schafstelze							×	×	×	×	×	×						
Gebirgsstelze	×	×	×	×	×	×	×	×	×	×								
Bachstelze				×	×	×	×	×	×	×	×	×	×	×	×			
Baumpieper							×	×	×	×	×	×	×	×	×			
Wiesenpieper							×	×	×	×	×	×						
Neuntöter							×	×	×	×	×	×	×	×	×			
Zaunkönig							×	×	×	×	×	×	×	×				

Forts. Tab. VI: Brutzeit einheimischer Vögel

Name	März			April			Mai			Juni			Juli			August		
	1	2	3	1	2	3	1	2	3	1	2	3	1	2	3	1	2	3
Heckenbraunelle	×	×	×	×	×	×	×	×	×	×	×	×	×	×	×			
Feldschwirl						×	×	×	×	×	×	×	×	×	×			
Schilfrohrsänger							×	×	×	×	×	×	×	×	×			
Sumpfrohrsänger									×	×	×	×						
Teichrohrsänger							×	×	×	×	×	×	×	×	×	×	×	×
Drosselrohrsänger							×	×	×	×	×	×						
Gartengrasmücke							×	×	×	×	×	×						
Mönchsgrasmücke							×	×	×	×	×	×	×	×	×			
Klappergrasmücke							×	×	×	×	×	×						
Dorngrasmücke							×	×	×	×	×	×	×	×	×			
Zilpzalp						×	×	×	×	×	×	×						
Fitislaubsänger						×	×	×	×	×	×	×						
Waldlaubsänger								×	×	×	×	×						
Sommergoldhähnchen							×	×	×	×	×	×	×	×	×			
Grauschnäpper							×	×	×	×	×	×						
Trauerschnäpper							×	×	×	×	×	×						
Nachtigall							×	×	×	×	×	×						
Rotkehlchen				×	×	×	×	×	×	×	×	×	×	×	×			
Gartenrotschwanz							×	×	×	×	×	×	×	×	×			
Hausrotschwanz				×	×	×	×	×	×	×	×	×	×	×	×			
Steinschmätzer								×	×	×	×	×						
Misteldrossel					×	×	×	×	×	×	×	×	×	×				
Amsel			×	×	×	×	×	×	×	×	×	×	×	×	×			
Singdrossel				×	×	×	×	×	×	×	×	×	×	×	×			
Sumpfmeise					×	×	×	×	×	×								
Blaumeise					×	×	×	×	×	×	×	×						
Kohlmeise				×	×	×	×	×	×	×	×	×	×	×	×			
Kleiber				×	×	×	×	×	×									
Goldammer				×	×	×	×	×	×	×	×	×	×	×	×	×	×	
Rohrammer							×	×	×	×	×	×	×	×	×	×	×	×
Buchfink				×	×	×	×	×	×	×	×	×						
Girlitz				×	×	×	×	×	×	×	×	×						
Grünling				×	×	×	×	×	×	×	×	×						
Stieglitz							×	×	×	×	×	×						
Hänfling			×	×	×	×	×	×	×	×	×	×	×	×	×	×	×	
Gimpel							×	×	×	×	×	×	×	×	×			
Sperlinge				×	×	×	×	×	×	×	×	×	×	×	×	×	×	×
Star				×	×	×	×	×	×	×								
Pirol							×	×	×	×	×	×						
Eichelhäher					×	×	×	×	×	×	×							
Elster						×	×	×	×	×	×	×	×					
Saatkrähe	×	×	×	×	×	×	×	×	×									
Dohle				×	×	×	×	×	×	×								
Aaskrähe			×	×	×	×	×	×	×	×	×							

Tabelle VII: Wann und wo laichen unsere häufigsten Amphibien?
Die Ziffern 1, 2, 3 unter den Monatsnamen geben an: erstes, zweites, drittes Drittel des Monats.

Lurchart	Verläßt das Wasser (Larvenzeit)	Laich	Februar			März			April			Mai			Juni			Laichort
			1	2	3	1	2	3	1	2	3	1	2	3	1	2	3	
Feuersalamander	nach 6–12 Monaten	–							ganzjährig lebende Larven									Quellwässer, Bäche der Mittelgebirge
Bergmolch	nach 6–12 Monaten	einzeln					×	×	×	×	×	×	×	×				Waldtümpel, Waldbäche der Mittelgebirge
Kammolch	nach 3 Monaten	einzeln an Wasserpflanzen					×	×	×	×	×	×	×	×				Teiche, Tümpel
Streifenmolch	nach 3–4 Monaten	einzeln an Wasserpflanzen							×	×	×	×	×	×				kleine Tümpel, Gräben, Pfützen
Wasserfrosch	Aug.–Sept.	Klumpen												×	×	×	×	stehende od. langsam fließende, reich bewachsene, große und kleine Gewässer
Grasfrosch	Juli	gallertige Klumpen			×	×	×	×	×									wie Wasserfrosch
Laubfrosch	Aug.–Sept.	kleine Klumpen								×	×	×	×	×				Teiche, Seen
Erdkröte	Juli	Eier in Schnüren bis 10 m lang					×	×	×	×								Tümpel
Wechselkröte	Juli–August	Laichschnüre 2–4 m lang							×	×	×	×	×	×	×	×		Tümpel
Kreuzkröte	Juli–August	Laichschnüre einreihig, Eier schwarz							×	×	×	×	×	×	×	×	×	Tümpel
Knoblauchkröte	Juli–August des nachfolg. Jahres	Laichschnüre 15 cm lang					×	×	×	×	×	×	×	×				Tümpel
Gelbbauchunke	September	kleine Klumpen							April bis September									verkrautete Tümpel, Altwässer, Wagenspuren
Rotbauchunke	September	kleine Klumpen										×	×	×				Tieflandtümpel
Geburtshelferkröte	Herbst oder überwintert	Schnüre, die das Männchen um die Hinterbeine wickelt											×	×	×	×	×	

Tabelle VIII. Unsere häufigsten Reptilien

Name	Lebensraum	Aktiv in den Monaten	Fortpflanzung Monate; Nachkommen
Blindschleiche	mäßig feuchte Böden der Wälder und Waldränder, Lichtungen, Wiesen	3/4–10	8–9; 5–15 Jungtiere, schlüpfen bei der Geburt
Mauereidechse	nur in einigen Teilen Deutschlands (wärmeliebend); trockene, geröllbedeckte Halden, Felsen, Weinbergmauern	4–9/10	5–6; 2–3mal 2–8 Eier
Waldeidechse	Wälder, Waldränder, Lichtungen, Schneisen. Mehr feuchtigkeitsliebend als die anderen Eidechsen	4–9/10	6–8; 3–10 lebende Junge
Zauneidechse	weit verbreitet; sonnige Halden, Hänge, Wegränder, Eisenbahn- und Autobahndämme. Bis in die Städte vordringend	3/4–10 ♀♀ erscheinen etwas später	5–7; 5–14 Eier
Ringelnatter	im Hochsommer fast ausschließlich in der Nähe von Gewässern, sonst auch Wiesen, Felder, Gärten	3/4–10	7–8; bis 40 Eier
Glattnatter	trockene, steinige Hänge, Kahlschläge, Weinberge	3/4–9/10	8–9; 3–15 Junge, schlüpfen bei der Geburt
Kreuzotter	Waldränder, Waldlichtungen, Heidegebiete, Moore, Steinrücken	3–10 erscheinen sogar an warmen Wintertagen	8–9; 5–18 Junge

Literaturverzeichnis

AHLHEIM, K.-H. (Hrsg.): Wie funktioniert das? Die Umwelt des Menschen. – Mannheim, Wien, Zürich 1975.

AICHELE, D. & R. & H.-W. & A. SCHWEGLER: Die Natur in unserer Stadt. – Kosmos Taschenführer. – Stuttgart 1975.

AMANN, G.: Bäume und Sträucher des Waldes. – 5. Aufl. – Melsungen 1954.

AMANN, G.: Kerfe des Waldes. – 7. Aufl. – Melsungen 1976.

ANONYMUS: Schutz und Nutzen durch den Wald. Hallenführer zur Internationalen Grünen Woche 1966. – Hrsg.: Bundesministerium für Ernährung, Landwirtschaft und Forsten, Bonn 1966.

BANG, P. & P. DAHLSTRÖM: Tierspuren. – BLV Bestimmungsbuch 9. – München 1973.

BLUME, B.: Projekt: Bäume in der Stadt. – Praxis d. Nat.wiss. 32 (3), 67–79, 1983.

BREHM, J. & M. P. D. MEIJERING: Fließgewässerkunde. – Biol. Arbeitsbücher 36. – Heidelberg 1982.

BROHMER, P.: Fauna von Deutschland. – 17. Aufl. – Heidelberg, Wiesbaden 1988.

BRUCKER, G.: Lebensraum Boden. Daten, Tips und Tests. – Kosmos-Handbuch. – Stuttgart 1988.

BRUCKER, G., FLINDT, R. & K. KUNSCH: Biologische Techniken. – Biol. Arbeitsbücher 28. – Heidelberg 1979.

BRUCKER, G. & D. KALUSCHE: Bodenbiologisches Praktikum. – Biol. Arbeitsbücher 19. – Heidelberg 1976.

BUCK, H.: Statistische Untersuchungen zur Saprobität und zum Leitwert verschiedener Organismen. – Münchner Beitr. z. Abwasser-, Fischerei- und Flußbiologie 19, 14–44, 1971.

DREYER, W.: Die Libellen. – Hildesheim 1986.

DÜLL, R. & H. KUTZELNIGG: Botanisch-ökologisches Exkursionstaschenbuch. – 3. Aufl. – Heidelberg, Wiesbaden 1988.

DUNGER, W.: Tiere im Boden. – Die Neue Brehm-Bücherei 327. – Wittenberg 1974.

DYLLA, K. & G. KRÄTZNER: Das ökologische Gleichgewicht in der Lebensgemeinschaft Wald. – Biol. Arbeitsbücher 9. – 4. Aufl. – Heidelberg, Wiesbaden 1986.

EISENTRAUT, M.: Überwinterung im Tierreich. – Stuttgart 1955.

ELLENBERG, H.: Vegetation Mitteleuropas mit den Alpen in ökologischer Sicht. – 2. Aufl. – Stuttgart 1978.

FAHRENBERG, G. & J. MÜLLER: Luft und Wasser in Gefahr. – Göttingen 1972.

FITSCHEN, J.: Gehölzflora. – 8. Aufl. – Heidelberg, Wiesbaden 1987.

FREY, E.: Flechten. – Hallwag-Taschenbücher Band 89. – Bern 1969.

FRISCH, K. v.: Tiere als Baumeister. – Frankfurt, Berlin, Wien 1974.

GLEICHAUF, R.: Schmetterlinge sammeln und züchten. – Stuttgart 1968.

GRUPE, H.: Naturkundliches Wanderbuch. – 18. Aufl. – Frankfurt, Berlin, Bonn 1963.

HAGER, P.: Vom Leben des Ackers. – Stuttgart 1960.

HASELOFF, H.-P.: Bioindikatoren und Bioindikation. – BIUZ 12, 20–26, 1982.

HEDEWIG, R. (Hrsg.): Hochgebirge. – Unterricht Biologie Heft 69. – Seelze 1982.

HIGGINS, L. G. & N. D. RILEY: Die Tagfalter Europas und Nordwestafrikas. – Hamburg 1970.

HOEHER, S. & H. BELLMANN: Insekten im Kreislauf der Natur. – München 1976.

HOFMEISTER, H.: Lebensraum Wald. – München 1977.

HUTTER, C.-P., THIELCKE, G., HERRN, C.-P. & B. FAUST: Naturschutz in der Gemeinde. – Stuttgart 1985.

Illies, J.: Die Lebensgemeinschaft des Bergbachs. – Stuttgart 1961.
Jacobs, W. & M. Renner: Taschenlexikon zur Biologie der Insekten. – Stuttgart 1974.
Jahns, H. M.: Farne, Moose, Flechten. – BLV Bestimmungsbuch. – München, Wien, Zürich 1980.
Kalusche, D.: Ökologie. – Biol. Arbeitsbücher 25. – Heidelberg 1978.
Keil, W. & R. Rossbach: Winterfütterung der Vögel. – Frankfurt, o.J.
Kelle, A.: Lebendige Heimatflur. Teil 1 bis 5. – Dümmlerbuch 3301–3305. – Bonn 1963–1967.
Klapp, E.: Wiesen und Weiden. – 4. Aufl. – Berlin, Hamburg 1971.
Klee, O.: Kleines Praktikum der Wasser- und Abwasseruntersuchung. – Stuttgart 1972.
Kloft, W.: Ökologie der Tiere. – Stuttgart 1978.
Knodel, H. & U. Kull: Ökologie und Umweltschutz. – Stuttgart 1974.
Kraft, G.: Waldsterben – bei Exkursionen demonstriert. – Der Biologieunterricht 20 (3), 37–52, 1984.
Kreuter, M.-L.: Der Bio-Garten. – 3. Aufl. – München, Wien, Zürich 1982.
Kreutz, W.: Beeinflussung des Standortklimas durch Windschutz. – In: Buchwald, K. & W. Engelhardt (Hrsg.): Handbuch für Landschaftspflege und Naturschutz. Bd. 2. – München, Basel, Wien 1968.
Krumbiegel, I.: Wie füttere ich gefangene Tiere. – Frankfurt 1965.
Kuhn, K. & W. Probst: Biologisches Grundpraktikum. Bd. 1 u. 2. – Stuttgart 1975.
Larcher, W.: Ökologie der Pflanzen. – 2. Aufl. – Stuttgart 1976.
Linck, O.: Der Weinberg als Lebensraum. – Öhringen 1954.
Lobeck, K. & I. Meincke: Wald – Hecke – Strand. – Berlin 1966.
März, R.: Gewöll- und Rupfungskunde. – Berlin 1972.
Mitscherlich, G.: Der Wald als Ökosystem und das Problem seiner Belastung. – BIUZ 6, 105–110, 1976.
Molisch, H. & R. Biebel: Botanische Versuche und Beobachtungen ohne Apparate. – Stuttgart 1965.
Mosiman, Th.: Skitourismus und Umweltbelastung im Hochgebirge. – GR 38 (6), 303–311, 1986.
Müller, F.: Die Bedeutung von Rainen, Hecken und Feldgehölzen in der Landschaft. – Praxis der Naturw. Biologie 30 (10), 289–300, 1981.
Müller, H. J. (Hrsg.): Bestimmung wirbelloser Tiere im Gelände. – 2. Aufl. – Stuttgart 1986.
Mulsow, R.: Untersuchungen zur Siedlungsdichte der Hamburger Vogelwelt. – Abh. Verh. Naturwiss. V. Hamburg NF 12, 123–188, 1968.
Nagel, P.: Bildbestimmungsschlüssel der Saprobien. – Stuttgart 1989.
Niemeyer-Luellwitz, A.: Fließgewässerkunde. – Studienbücher Biologie. – Berlin, München 1985.
Osche, G.: Evolution. – 2. Aufl. – Freiburg 1973.
Osche, G.: Ökologie. – Freiburg 1975.
Peterson, R., Mountfort, G. & P. A. D. Hollom: Die Vögel Europas. – 14. Aufl. – Hamburg 1985.
Reisigl, H. & R. Keller: Alpenpflanzen in ihrem Lebensraum. – Stuttgart, New York 1987.
Rheinheimer, G.: Mikrobiologie der Gewässer. – Stuttgart 1981.
Ringler: Gefährdete Landschaft. – München, Wien, Zürich 1987.
Ruttner, F.: Grundriß der Limnologie. – Berlin 1962.
Sandrock, F. (Hrsg.): Fließgewässer. – Unterricht Biologie, Heft 59, 1981.
Schmeil, O. & J. Fitschen: Flora von Deutschland und seinen angrenzenden Gebieten. – 88. Aufl. – Heidelberg, Wiesbaden 1988.

Schmidt, E.: Ökosystem See. – Biol. Arbeitsbücher 12. – Heidelberg 1974.
Schopfer, P.: Experimente zur Pflanzenphysiologie. – Freiburg 1970.
Schwoerbel, J.: Einführung in die Limnologie. – Stuttgart 1977.
Schwoerbel, J.: Binnengewässer. – Studienhefte für Biologielehrer. – DIF, Tübingen 1978.
Siedentop, W. & R. Flindt: Arbeitskalender für den biologischen Unterricht. – Biologische Arbeitsbücher 2. – 3. Aufl. – Heidelberg 1977.
Slobodda, S.: Pflanzengemeinschaften und ihre Umwelt. – 2. Aufl. – Heidelberg, Wiesbaden 1988.
Steiner, S.: Das Zoologische Laboratorium. – Stuttgart 1963.
Steinecke, F.: Das Plankton des Süßwassers. – Biol. Arbeitsbücher 1. – Heidelberg 1977.
Steinecke, F. & R. Auge: Experimentelle Biologie. – Biol. Arbeitsbücher. – Heidelberg 1976.
Stern, H. u.a.: Rettet den Wald. – München 1979.
Straka, H.: Pollenanalyse. BIUZ 3, 51–59, 1973.
Streeter, D., Richardson, R. & W. Dreyer: Hecken: Lebensadern der Landschaft. – Hildesheim 1985.
Stresemann, E. (Hrsg.): Exkursionsfauna von Deutschland. – Berlin 1970.
Thielcke, G., Herrn, C.-P., Hutter, C.-P. & R. Schreiber: Rettet die Frösche. – Stuttgart 1983.
Thierer, M. & E. Hoh: Skipisten gefährden die alpine Gebirgslandschaft. – Praxis Geographie 12, 36–40, 1983.
Tischler, W.: Einführung in die Ökologie. – Stuttgart 1976.
Walter, H.: Einführung in die Phytologie. Bd. 3. – Stuttgart 1970.
Wartner, H.: Steinbrüche, vom Menschen geschaffene Lebensräume. – Landschaftsökologie Weihenstephan Heft 4, Freising 1983.
Westrich, P.: Wildbienen-Schutz in Dorf und Stadt. – Arbeitsbl. Naturschutz 1, 1–23, Karlsruhe 1985.
Wirth, V.: Flechtenflora. – Stuttgart 1980.
Zänkert, A. u. L.: Zwischen Strand und Alpen. – Stuttgart 1954.

Register

In das Register sind Tier- und Pflanzennamen nur dann aufgenommen, wenn über die betreffenden Organismen im Text eine ausführlichere Information gegeben wird.